本著作系海南大学"中西部高校提升综合实力工程"之
"海南文化软实力科研创新团队"系列成果之一

海南大学『中西部高校提升综合实力工程』之『海南文化软实力科研创新团队』系列成果

历史与现实观下的中国新闻事业研究

张军军◎著

社会科学文献出版社
SOCIAL SCIENCES ACADEMIC PRESS (CHINA)

摘　要

自人类社会诞生起，出于生活、生产的需要，人类新闻信息传播活动开始出现。作为世界文明古国之一，中国的新闻信息传播活动可谓源远流长，其表现形式也由简到繁、由单一到多样。应大一统的封建帝国的新闻信息传播的需求，"邸报"等被统称为中国古代报纸的新闻信息传播形式在唐代以后开始出现并不断发展，至清代时已出现类似于近代报刊形式的《京报》。随着商业的出现与发展，广告也应运而生。印刷广告在宋代的问世，使中国成为世界上第一个出现印刷广告的国家，这比西方国家至少要早300年。

自20世纪初以来的100年，是世界新闻传播事业飞速发展的100年，更是中国新闻事业飞速发展的100年。其中最近的30多年，即中国改革开放以来的30多年，其发展得尤为迅猛。进入21世纪以后，中国新闻事业发展的势头更为迅猛。报纸、期刊、通讯社、广播电台、电视台的数量在宏观调控下，虽无大变化，但软硬件的实力都有了很大的提高。网络的普及革新了新闻传播的方式和内容，给传统传媒带来了机遇和挑战，媒介融合趋势不断加强，融媒体时代中国新闻业如何发展是当前不容忽视的议题。

本书立足于中国新闻事业，从历史与现实观的视角出发，在新闻理论与现实的基础上，深入分析了中国新闻事业的发生与发展过程、新闻与新闻传播理论、新闻舆论与监督、新闻伦理与法制建设、新媒体的发展以及中国新闻事业面临的机遇与挑战，为读者展现了一段真实详尽的中国新闻事业全貌。

笔者对中国纵横交错的新闻脉络及其错综复杂的社会动因，进行了独具匠心的剖析和阐发，对晦涩枯燥的新闻理论进行了细致通俗的讲解，对中国新闻事业的发展出路提出了科学合理的建议。本书系统深入地揭示了中国新闻业的风雨历程和运行规律。全书内容丰富，注重理论和现实的联系，既有横向展开又涉及纵向延伸，思之回味无穷；更兼言辞真挚，正心诚意，文笔清新，读之赏心悦目。

前　言

中国新闻传播事业的发展是一个漫长的历史过程,其经历了从封建社会到现当代社会的演变。20世纪以来,我国的新闻传播事业迅猛发展,随着社会的进步、科技的发展,新的传播媒体相继涌现,新闻传播手段也日益多元化、现代化。21世纪社会信息化高度发展,新闻传播事业已成为信息经济和知识经济的支柱产业之一。在未来社会的发展中,新闻传播事业也将越来越广泛地影响人们的思想和生活,改变人类社会的生产生活环境和存在方式,并在今后的国家建设和社会发展中发挥出更加重要的作用。

了解中国新闻事业发展的历史脉络,不仅有助于提高新闻业务技能,而且对当前媒体的宏观操作有很强的指导意义。本书秉承着革故鼎新、与时俱进的精神,对中国新闻事业的历史与现实进行了深入探究,论述了中国新闻传播的发展历程,进而对现代新闻传播事业的发展进行了探索,并以开阔的视野对新媒体信息时代的新闻事业的发展特色展开了论述,以期为中国新闻事业发展贡献一份力量。

本书共七章。第一章是对新闻事业的概述,阐释了新闻事业的性质、特征和社会功能,并对不同性质的新闻事业展开了探索。第二章是对中国新闻事业的溯源,对其产生与发展进行了探究,概述了中国古代新闻传播活动的源起及新中国成立前后我国新闻事业的发展。第三章是对新闻与新闻传播理论的研究,主要论述了新闻学与新闻传播学的关系,对新闻的定义与种类、新闻传播的功能与模式等方面的内容进行了分析研究。第四章对新闻舆论展开了探索性研究,论述了舆论与新闻舆论的关联、新闻传播中舆论的导向作用及舆论的监督与新闻批评等方面的内容。第五章主要是针对新闻伦理的研究,对新闻传播伦理及其失衡、新闻传播中的侵权现象与新闻传播的法律制度等进行了详细论述。第六章是对新媒体环境下新闻传播事业的探索，对新媒体与新闻传播的研究，对网络新闻传播在整个新闻事业中的定位及微博新闻传播的路径等问题展开了论述。第七章是对当今中国新闻事业发展的探究，对中国新闻事业在发展过程中存在的问题及其解决对策进行了论述。

伴随着信息时代新闻传播事业的高速发展，对新闻传播理论的探索，对中国新闻事业的研究，是中国新闻行业工作者的长期课题。笔者在本书撰写过程中，结合自身研究经验进行了创新性研究，参阅并借鉴了国内外很多相关的研究成果、著作、期刊，以及新闻传播学的新研究成果，在此谨对相关学者、作家表示诚挚的感谢！同时，由于笔者的学术水平有限及受各种现实条件的限制，书中仍存在一些不足之处，需要进一步完善，欢迎广大读者的批评和指正。

张军军

2017 年 5 月

目　录

| 第一章 |

新闻事业理论研究

人类社会发展到一定阶段，新闻传播不再是分散的个人活动或家庭作坊式的生产，而逐步发展成为一种规模型的社会事业，即新闻事业，新闻机构是新闻事业的组成部分。新闻事业不仅是指新闻媒介，即报刊、广播、电视，而且指人类社会需要的、有专门采访和发布机构的、在社会上发挥重大作用的大规模的新闻活动。本章将对新闻事业的产生和发展、新闻事业的功能及不同性质的新闻事业发展等问题进行论述。

第一节 新闻事业的性质与特征

一 新闻事业的产生与发展

（一）何谓新闻事业

"新闻事业"是我国数十年来一直沿用至今的重要概念。在阐述新闻事业的定义之前，我们先要弄清"事业"的含义。

《现代汉语词典》对"事业"的解释是"人所从事的，具有一定的目标、规模和系统，并影响社会发展的经常活动"，或者是"特指那些没有生产收入，而由国家经费开支，不进行经济核算的事业（与企业相区别）"。

那么，何谓"新闻事业"呢？王中在《新闻学原理大纲》中认为："一种以收集信息、供给信息为专门事业的活动，就叫新闻事业，如报社、通讯社、广播电台、电视等。新闻事业就是传播新闻和供给新闻的这样一种事业。"① 我们称之为"活动说"。

王益民在《系统理论新闻学》中认为:"我们通常所说的新闻事业,就是指报社、通讯社、电台,以及电视台这些新闻机构的总称,更为确切地讲,就是以上这些机构、工作人员,以及其传播活动的总称。"② 我们称之为"总称说"。

程世寿、胡继明在《新闻社会学概论》中认为,"新闻事业是现代社会从事新闻传播活动的社会组织系统及其社会目标系统"。③

"活动说"和"总称说"分别从不同方面揭示了新闻事业的本质,各有道理,但因其各执一端又略有缺憾。这里新闻事业被定义成由广大的新闻从业人员从事,经具有相当规模的各种专门机构,通过各种方式对新闻进行采集并传播,反映舆论,从而深远影响社会生活产生的一种经常性活动。

新闻事业可简称为"新闻机构及其各项业务的总称"。现代新闻事业就是以报纸、广播、电视、新闻图片、新闻期刊以及新闻电影等为传播媒介,主要通过报社、通讯社、广播电台、电视台、新闻期刊社及新闻电影制片厂等一些专门机构进行的新闻活动。

(二) 新闻事业的起步与发展

人类传播活动古已有之。在我国,相传公元 1 世纪的汉代就产生了"邸报"。唐代有邸报,宋代以来有大量流行民间的"小报"。

15 到 16 世纪,意大利城市威尼斯出现了一种"手抄小报"(新闻信)。这种小报,无报名、无标题,大都不定期。其内容主要是船期公告、商品行情、政治、战争等方面的消息。这种手抄小报算不上正式的报纸,但它以传播各种消息为职能,由一批专门人员进行采集、编写、销售,与后来的"新闻纸"同质。因此,通常认定它标志着人类新闻事业的正式产

---

① 郑旷主:《当代新闻学》,长征出版社,1987,第 76 页。
② 王益民:《系统理论新闻学》,华中理工大学出版社,1996,第 131 页。
③ 程世寿、胡继明:《新闻社会学概论》,新华出版社,1997,第 50 页。

生，是新闻事业发展历史的开端。

16 到 18 世纪，资本主义的商品经济处于萌芽阶段，这正是封建社会向资本主义过渡的时期，所以这个过程的新闻事业发展是缓慢的、艰难的。16 世纪初，在商业中心威尼斯出现了手抄新闻，也称为威尼斯公报，其内容主要是商业、金融信息，还有政治、军事动态，它面向社会公开发行，收取一定费用。1702 年，英国伦敦出版了《英国每日新闻》，按日出版，四开小张，两面印刷，是最早的现代日报。

17 世纪中叶到 19 世纪初，欧美许多国家爆发了资产阶级革命，报纸作为资产阶级的舆论工具，历经了周报、周刊和日报勃兴阶段。1838 年发明了有线电报，1876 年发明了电话，1895 年发明了无线电报。同时，摄影机、轮转印刷机、自动排版机等在这期间也相继出现。这些技术和发明的出现，使新闻收集和传播的质量和速度大大提高，新闻事业得以迅猛发展。

20 世纪之后，三大新闻媒介（报刊、广播、电视）鼎足而立，承担传播信息的使命。世界新技术革命的蓬勃发展，使人们的生产方式和生活方式发生了很大的变化。新技术的进步，将为传播工具的应用提供物质基础。由此可知，每一次技术进步，都给新闻事业带来了革命性的震撼。

二　新闻事业的性质

对于新闻事业的性质，有种种不同的理解和表述。西方比较流行的说法认为，新闻事业是寻找真理路上的伙伴、监督政府的第四等级、独立自主经营的私人企业。国内有论著认为，新闻事业的属性有新闻性、舆论性、倾向性等。本书认为，新闻事业是广泛反映并影响社会的大众传播事业，其性质体现在以下几个方面。

（一）新闻的意识形态性

新闻事业的本质属性体现为它是社会的经济基础通过新闻手段的反映，新闻事业在整个社会组织构成中不属于生产力，也不属于生产关系即经济基础环节，而是属于上层建筑。

上层建筑分为两个部分，即政治上层建筑和思想上层建筑。政治上层建筑是建立在一定经济基础上的政治法律制度及其设施，其构成了社会的政治结构；而思想上层建筑，是社会文化结构的重要组成部分，是社会的意识形态。新闻事业属于思想上层建筑，即它是意识形态的一个组成部分。新闻具有意识形态属性，是观念上层建筑。作为新闻机构及其业务活动的总称的新闻事业，是新闻这种意识形态的物质附属外壳。简言之，新闻传播活动在本质上是一种精神活动，是人对客观世界的反映，因此，新闻传播机构在整个社会系统中属于一定的上层建筑范畴，为它的经济基础服务，具有突出的意识形态性质。

新闻事业作为社会上层建筑领域的一部分，主要是通过新闻手段来反映经济基础并为它服务的。所谓新闻手段，是消息、通信、评论、新闻图片及其编排方法和传播形式的总称。它们是新闻媒介用来报道和评论事实、宣传一定的政策和思想的重要方式。新闻手段的一个重要特点是报道事实，用事实说话，就事实发表评论。

作为一种社会文化结构，同哲学、文学、艺术等社会意识形态相比，新闻事业具有更强烈的政治性，对经济基础的作用更直接，反映社会生活更加迅速、范围更加广大、影响更为重要。它通过特有的新闻手段为社会经济基础服务，是推动社会经济基础发展和完善的重要力量。

所谓主流媒体，是指集中代表和体现国家、政府利益并传播其价值取向的新闻传播机构。在有的国家，在有些时期，政府会以不同的方式赋予这样的新闻传播机构以权威性，使它们担负起维护占统治地位的意识形态的重任，其通过新闻报道引导舆论，传播思想，强化国家意志。

江泽民同志 1996 年 9 月在视察《人民日报》时指出："经济基础决定上层建筑，上层建筑对经济基础又有巨大的反作用，这是马克思主义的一个基本观点。新闻舆论，作为上层建筑、意识形态的一个重要组成部分，由于其自身的特点和优势，同社会政治、经济、文化生活的各个领域都有密切的联系，都会产生广泛而深刻的影响。"[1] 如上所述，新闻是一种对人

---

① 蔡铭泽：《新闻学概论新编》，暨南大学出版社，2004，第 27 页。

民群众进行宣传、教育及动员的舆论形式，也是一种意识形态，其将党和国家的政治立场、主张及观点直接或者间接地反映出来。

新闻事业是"批判的武器"。新闻事业与国家机器不同，也和政治、法律等机构不同，它是"批判的武器"，而非"武器的批判"。其作为一种观念形态的东西，不是物质的力量，更不是国家的暴力专政机关。换句话说，新闻传播机构的活动没有如立法、司法、行政机构那样的强制性，它是以传播新闻信息为主要活动内容，以满足人们获取新闻信息的社会需要为主要目的的活动形式。

任何一家新闻机构都不能强迫人们接收和接受它所传播的内容，特定的新闻信息传播出去，是否为人们接收和接受，只能取决于人们的愿意与否。任何一家新闻机构，都有着自己的政治目标和宣传思想，最终都要将自己的政治目标和宣传思想寓于新闻信息中，最后在社会舆论中传播这些新闻信息。这样的做法才能使其拥有者和控制者的政治目标和宣传思想收到预期的宣传效果。因此，强调新闻机构的意识形态性质，并不等同于将新闻机构看作意识形态的宣传机关，它对意识形态的传播是渗透在新闻信息的传播活动中的。

（二）新闻的社会性

新闻事业面向整个社会和一切受众，具有广泛的社会性。新闻事业是一种活的社会事业，它与社会有紧密的联系。

新闻事业的社会性，是指新闻事业要面向整个社会，为各个阶层的社会公众提供信息服务。在社会发展的进程中，作为一种大众传媒，新闻事业已经彰显了极其突出的社会功能，这主要体现在其具有重要的社会整合功能和社会公众服务功能。社会是一个宏大的系统，新闻事业与这个大系统的各部分是一种互动共生的关系，社会发展及环境变迁，均会造成传媒的调整和变化；大众传媒可以培养大众的欣赏趣味、引导舆论以及推动社会迈向文明等，因此，其在一定程度上促进了社会的发展。

新闻事业广泛反映社会、影响社会。新闻事业的社会性，在于它是一种传播的工具和手段，充当专职传播者的社会角色，及时和广泛地为社会和大众"通风报信"。眼观六路，耳听八方，在新闻事业这里真正得到兑现。它运用各种形式和方式进行传播，组成打破时空的网络和通道，每日每时为社会和大众进行传播。若打开一张报纸或收听一天的广播，则俨然"一天百事通"。社会分工五行八作、三教九流，而在全面反映今日世界、反映社会现实的广度上，在广泛而深刻地影响今天的速度上，没有哪一行业、哪一部门可与新闻事业相比。即使是政治色彩十分鲜明的政党报刊、广播、电视，其不但面向本政党本阶级及其同盟者，同时也面向其敌手或反对派。因而，新闻事业对社会的影响是极其广泛的，它渗透到社会现实和大众生活的各个领域、各个角落。

在新闻事业的作用下，世界得以息息相通，连成一体；大众得以知己知彼，立身行事。现实社会正是因为有了新闻事业的传播，才变得如此丰富多彩，充满活力与生机。总之，新闻事业以从事传播为标志和特征。所谓的"地球村"，盖因新闻事业及其作用而形成，是传播的地球村，新闻事业的传播也是地球村的传播。这是新闻事业独立存在的资格和价值所在，也是它与其他社会事业的区别所在。戈公振在《中国报学史》中说："报纸者，报告新闻，揭载评论，定期为公众而刊行者也。"[①] 报纸是如此，其他新闻传媒无不是如此。若不担当传播任务、不能履行传播职责、不成为大众传播工具，则新闻事业就不复存在。

新闻事业的社会性表现为它的服务对象具有社会性，其是为全社会服务的。不同的新闻媒介虽然有不同的服务目标和社会目标，但报纸一经出版，广播、电视节目一经播出，任何人只要具有购买能力、阅读和视听能力，就可以接受新闻信息，或者不接受新闻信息。而且新闻媒介总是希望更多的人接受它传播的新闻信息，遵循受众最大化原则。

新闻事业的传播内容具有社会性。新闻事业要达到预期目的，必须争取尽可能多的受众；而受众是多层次的，受众的需要也是多方面的，这就决定了新闻传播的内容必须丰富多彩，从自然现象到社会生活，从国家大事到琐屑趣闻，都在新闻传播的范围之内。

---

① 戈公振：《中国报学史》，上海古籍出版社，2003，第 8 页。

新闻事业从业人员的活动方式也具有社会性。一个合格的新闻工作者必须是社会活动家，是为公众服务的社会工作者。记者的职业特征就是搜集信息、传播信息，这决定了记者必须深入社会生活的方方面面，和各色各样的人打交道。

（三）新闻的组织传播性

新闻事业是新闻信息传播的工具，现代新闻事业无时无刻不在向世界各个角落传递新近发生的事实的信息。新闻事业具备组织传播的性质，这突出表现为新闻传播机构的构成和运作的系统化和组织化。记者们将在不同区域里采集的新闻发回各自所属的新闻机构，再使新闻从这里传播出去；新闻传播机构连续不断地提供新闻以及相关信息，成为现代生活中不可缺少的一个构成部分。所谓其组织性，具体表现在如下几个方面。

第一，政府确立和实施对新闻传播活动的监管。虽然不同的国家和政府在监管的具体方式、内容和程度上不尽相同，但都通过相关的新闻政策和法规来规范和控制新闻传播者的活动。这在很大程度上决定了新闻传播的空间和这一空间中新闻的面目。

第二，作为组织传播者的新闻机构，首先要遵照国家政府的有关规定来组织传播，才能取得合法的存在；其次，它要按照一定的流程和分工来安排新闻采集、制作、编辑和传播的工作；最后，它还要通过一系列的规章制度来管理本机构的工作人员。

第三，新闻传播者作为个体，不仅需要通过程度不同的职业训练和资格认证来获得身份，而且其存在必须依存于新闻机构，将自身的价值实现纳入集体作业的完成之中。在这种意义上，我们可以说，任何一条新闻都不是单个的传播者所完成的。正是如此高度组织化的传播者，在连续不断地向社会公众提供新闻。

新闻事业的信息传播性质体现在以下几方面。

第一，新闻事业是新闻信息传播的工具，现代新闻事业无时无刻不在向世界各个角落传递新近发生的事实的信息。

第二，新闻事业可以积极地组织传播公众发表的意见、促进信息的交流。我国宪法第三十五条规定，公民享有发表言论的自由。这种权利通过新闻事业表现出来，就是公民在法律允许的范围内通过新闻媒介享有知的权利、言的权利和批评监督的权利。公民可以通过来稿、来信、接受采访等方式在新闻媒介上发表意见与建议，对党、国家和社会施加影响。

第三，新闻事业可以引导舆论，通过舆论导向引导公众的思想、行为。虽然其没有如各级权力机关、军队、警察、司法等具有强制性的硬控制，但其作用也不可忽视。新闻事业自身的特点和优势，使其最适合充当社会权力机构主体实施社会制衡的"中介"，成为其"耳目喉舌"，以达到传播信息的目的。

作为大众传播事业，新闻事业的传播视野宽广，触角众多，包罗万象。人类的一切物质生产和精神生产，人类物质文明和精神文明的种种成果，新闻事业都予以传播。除新闻信息之外，其对知识、思想和文化的传播尤为突出。新闻事业对知识、思想和文化的传播，或者与新闻传播是一体性的，或者借助新闻之力而另设板块，对社会和广大受众具有极为广泛而深刻的影响。可以说，新闻事业同时是知识传播事业、思想传播事业和文化传播事业。

三 新闻事业的特征

新闻事业与新闻的特征不同，其也不同于报业特征。新闻，即新闻事业所提供的主要信息资源和传播的主要内容，有时专指新闻作品而言；报业是新闻事业的一个主要组成部分，而不是新闻事业的整体。新闻事业的特征是建立在新闻传播特性基础之上的，其具体表现为以下几点。

（一）舆论特征

传播新闻与信息以及引导舆论是所有新闻机构及媒介视为己任的内容。此为新闻事业和其他的文化教育事业相区别的基本特征。时代在不断发展，社会的需求也在不断地变化，很多新闻传媒将各种信息容量不断进行扩大，以此吸引更多的受众。但其最主要的传播内容还是新闻，何况新闻的外延也在不断地被进行扩展。与此同时，新闻机构作为社会舆论的中心与集散地，向来被看作舆论机关，其功能是不容置疑的。

（二）倾向性特征

新闻事业主要向社会提供报纸、杂志、广播电视节目等文化产品和文化服务，其有意识形态属性，必然带有一些鲜明的思想倾向。在阶级社会中，不同阶级的阶级性是思想倾向的主要表现。尽管并非所有的精神产品都有阶级性，如对环境保护、公共卫生、城市建设等的不同观点和意见，但对政治、经济、文化等基本问题的主张、观点和对有关事件的反映，都无可否认地表现出明显的乃至强烈的思想倾向，代表着不同阶级、阶层或集团的利益。

（三）活动特征

新闻事业的主要功能是在客观外界发生新的变化的时候迅速地向全社会报道。由此决定新闻事业的活动具有现实性、广泛性和服务性三个特征，有的人也将新闻事业的活动特征概括为开放性、实践性和服务性。[①]

第一，现实性。其是反映社会进程的"秒针"。现实性来源于它所报道的新闻内容的及时性，现实性迫使新闻事业尽最大的努力去追赶社会生活的步伐。正如马克思所说，"报纸最大的好处，就是它每日都能干预运动，能够成为运动的喉舌，能够反映当前的整个局势，能够使人民和人民的日刊发生不断的、生动活泼的联系"。

现实性要求新闻事业运用写实（写真）的手法，即用最准确的文字图像符号，传达事物的实际面貌。任何虚构、夸张、歪曲和嫁接新闻的方法，都是违反新闻事业的纪实性的要求的。

第二，广泛性。这指其报道的无所不在、无所不及的新闻信息流。新闻事业的广泛性，首先是指传播内容的广泛性。新闻事业是对社会的综合性反映和全景式的报道。无论何人何事何物，都可以被纳入它的报道范

---

① 黄浩：《提倡"新三性"，深化新闻改革》，《新闻战线》1992 年第 10 期。

围。虽然它不可能做到"有闻必录",但不允许"要闻不录"。

新闻事业的广泛性,还指它的传播范围的广泛性。新闻事业的"接收器"是面向全社会敞开的,新闻事业的"传送器"也是面向全社会开放的。因此,无论何地都是新闻事业获取新闻和传递新闻的场所。新闻事业的广泛性,还表现为服务对象的广泛性和参与人员的广泛性。

第三,服务性。其为最广大的受众服务。新闻事业的广泛性决定了它的服务。所谓服务性,是指新闻事业要为社会服务、为企业服务、为物质文明建设和精神文明建设服务、为最广大的受众服务。以前只讲指导性,这是不够的,还应该讲服务性。这就要求新闻事业贴近时代、贴近生活、贴近受众。

"通过服务,指导或引导的目的也就能更好地达到。"新闻事业的服务性可以通过许多途径来实现,提供信息是服务,刊播广告,特别是各种公益广告是服务,进行受众调查是服务,开展各项社区工作也是服务。

(四) 关联性特征

第一,在空间上,新闻事业与社会有着广泛的联系。虽然就某一个新闻媒介而言,它传播的对象和内容是有限的,其新闻工作人员的活动范围也是相对固定的,这是"个别态"和"现实态"。但就新闻事业整体而言,新闻工作者的目光聚焦于世界各个角落有价值的新闻和采访的对象,这是"整体态"和"理想态"。新闻事业在空间上和社会接触的广泛性是其他任何事业不可比拟的。

第二,在时间上,新闻事业与社会有着紧密的"共时"联系。文学和哲学对社会的反映可以滞后,也可以超前,当然也可以反映现时代,它们在时间上的要求是很宽泛的,既可以怀古,也可大胆展望未来。新闻事业被限定在"当时",它和世界是"共时"联系,这要求它要反映新近发生的事实和意见。在思想形态方面,它既不可以泥古,也不可以超越现实。

第三,新闻事业发展水平和生产力状况紧密相关。文学、哲学事业的发展和生产力水平不是呈直线相关关系的,而新闻事业发展状况和生产力水平直接相联。新闻媒介直接依赖科学技术的发明和创造。造纸术、金属活字印刷术、有线及无线电技术、电视技术和电脑网络技术，都预示着一场意义深远的传播革命的到来。新闻事业在每一个关口，又总以无与伦比的敏感性将新技术为我所用，展示了新闻事业对新技术强大的吸纳消化能力。

第二节 新闻事业的社会功能

一 新闻事业的一般功能

对于新闻传播事业的功能，众说纷纭。在西方，最早有自由主义理论"三能说"：报道情况，提供娱乐，出售广告。接着又有社会责任理论的"六能说"：作为监督政府的一个哨兵，以保卫个人权利；启发公众，使他们能够自治；维持财政的自给自足，使报纸不受特殊利益的压迫；提供关于公共事务的消息、评论和辩论，为政治制度服务；主要通过广告的媒介沟通商品服务的买卖双方，为经济制度服务；提供娱乐。

（一）传播信息

新闻事业的功能是指新闻事业在社会生活中所起的作用。关于报纸的作用，毛泽东说，对于全体人民而言，往往一张报纸就"有极大的组织、鼓舞、激励、批判、推动的作用"。由此可见，新闻事业在社会生活中所起的作用是多种多样的而不是单一的，而且新闻事业社会功能的作用与其政治立场和职业密切相关。[1]

新闻事业最基本的社会功能就是传播信息，即在社会公众之间的"情况沟通"与"意见联系"。普利策曾经说："倘若一个国家是一条航行在大海上的船，新闻记者就是船头的瞭望者。他要在一望无际的海面上观察一切，审视海上的不测风云和浅滩暗礁，及时发出警告。"[2]

---

[1] 蔡铭泽：《新闻学概论新编》，暨南大学出版社，2004，第91页。
[2] 刘建勋：《新闻传播理论概要》，北京大学出版社，2007，第102页。

人类作为一种具有思维能力的社会性动物，对信息的倚赖不言而喻，对信息的需求更是复杂多样。人类从个体到组织、群体，都不能和其对外部世界的了解分割开。人们需要不断地进行新信息的获取，根据周围世界新的变化来对以后的行动做出决定。

从小处来说，人们需要了解衣、食、住、行等方面的最新行情和变化；随着物质生活的不断丰富，人们对精神消费也有了更高的期待，所以人们还需要了解娱乐、健身等方方面面的信息。从大处来讲，个体与组织、社会与国家、政治团体与经济实体，都需要随时了解周围世界的变动情况。西方有"新闻欲"一说，其意思是说，人们对新闻有本能的需求。资产阶级新闻学者离开了人类共同的社会生活和共同的生产劳动这一本质，从人们的心理和人体结构特点上探寻新闻产生的原因。于是，他们得出这样的结论：新闻的产生、新闻传播现象的存在，是由于人体内有一种本能的欲望，即"新闻欲"。

总之，周围世界发生的与其利益相关的一切信息，都是人们所关心、所急于知道的。特别是在现代充满信息活动的社会中，生产技术、科学知识、人们的社会生活，都在以前所未有的速度进行发展。随着人们越来越频繁的交往和联系，为了随时调整自己的言论和行动，以适应情况变动的需要，人们就需掌握各方面的信息。新闻就是通过有组织、不间断的报道活动，每日每时甚至是每分每秒地给人们提供客观世界变动的各种真实信息，满足人们对信息获取以及了解情况的需要，建构周围世界的运动变化的真实图景，提高人们认识及改造世界的能力。

新闻传播事业的基本功能即信息功能，这可以说是其看家武器。自从有了专门从事新闻信息传递的人，人类社会的运转更加灵敏，对外部世界的把握能力大大加强，社会发展加速，他们激活了政治、经济、文化、科技等各个领域与全社会的关系，使其共同前进发展。

现代新闻传播事业的信息服务具有公共性，面向全社会，以推动全社会良好发展、实现全社会共同目标为生存发展的基本依据，服务于全社会。不论是大众还是小众，都不能缺少信息传递，新闻信息传递也使社会各个领域之间有更好的协调，使全社会的发展一致，形成合力。信息功能是新闻事业最重要、最基本的社会功能，其对全社会有着重要的作用。我国社会主义新闻事业是党和人民的耳目喉舌，同时也是联系党和政府与人民群众的重要纽带和桥梁。新闻事业将决策层的信息自上而下迅速传递给广大人民群众，将人民群众的信息自下而上传递给决策层，使民主决策良性互动，使党的纲领、路线、方针、政策能够密切联系实际，更好地得到制定和贯彻执行。

（二）传播知识

新闻事业具有传播事实、进行教育的功能，即新闻传播媒介可以对某种知识或技能进行传播。新闻事业尽管不同于一般的文化教育事业，但新闻传播媒介在知识传授的手段方面，有时超过传统教育方式，所以，新闻传播媒介素有"良师益友"之称。人们习惯于把报纸称为每日必读的"百科全书"，把广播视为不见面的"老师"，把电视看作"没有围墙的大学"。

第一，新闻媒介每天报道的大量的新情况、新经验、新思想和新成果，就是人们创造的新鲜的活的知识。新闻媒介对此加以报道，既是在报道新闻，也是在传播文化知识。人们的生产、工作和生活，都需要大量的新知识、新技术。

新闻事业利用它的广泛性、及时性、多样性以及可授性的特点，从多渠道以多种形式为受众提供各种科学知识，并通过典型报道启发人们重视知识、重视科学、应用知识，推广先进的科学技术。它除在大量的新闻报道中包含着丰富的知识内容（如数、理、化、天、地、人、海、陆、空、衣、食、住、行等）外，还可以根据社会需要，设置各种专栏、节目。所以有人称"报纸是活的百科全书"。

同时，由于新闻事业的触角可以到达社会生活的各个领域，因而它在广泛报道社会生活中各种新闻事件的同时，负载的知识面也就特别宽广。所有这些都说明，进行知识教育是新闻事业为社会提供的一项重要任务。报纸、广播、电视等新闻传播媒介可以通过设置专门的栏目或讲座，直接向群众传授知识。

第二，新闻事业传播文化知识的目的是促进社会物质文明和精神文明的进步。精神文明的内容极为丰富，它不仅包括教育、科学文化、艺术等，而且包括政治、法律、宗教、伦理、道德等。新闻媒介可以设置各种专栏、专刊、专版或者专门节目来传播这些方面的知识。

近几年来，我国的广播、电视在传播知识方面充分发挥了电子传播媒介的优势，广播电视教育遍布城市乡村。现在，我国的广播电视教育已经形成了一个多层次、多学科的教育结构，培养了数以万计的各方面的专业人才。我国的报纸、广播、电视等大众传播媒介，还在努力传播各种新知识。如在新闻传播媒介中，经常出现新产品、新技术、新工艺的新闻报道，这类报道，既报道了社会上出现的新情况，又传播了这方面的知识。

第三，新闻事业在传播新鲜的活的知识的同时，也介绍与这些知识相关的历史、地理、科技常识和其他背景材料。这些背景材料对于那些文化水平不高的受众理解新闻、开阔视野是有极大的帮助的。

新闻事业在传播科学知识的同时，也传播着科学精神，进行文化的普及。文化作为一种社会现象，包含着丰富、复杂的内容，既有各种思想、意识、观念及其物态化形式（著作、作品等），又有人类自由创造的各种物质财富。新闻事业作为社会新闻信息流通的中介组织，也担负着向社会提供信息咨询业务服务的职能。新闻事业的这种社会功能主要是通过传播文化知识、全面提高人的素质这两个方面来实现的。在传播文化知识、全面提高人的素质方面，新闻媒介具有其他媒介不可替代的作用。人们的生产和生活需要不断地获得大量的新知识和新技术，而人们获取这些新知识和新技术除借助于书本和教师之外，主要是依靠新闻媒介。

（三）服务生活

文化娱乐生活是人类生活之中不可或缺的一个部分。人们对精神生活的需求随着物质生活的不断丰富越来越高，兴趣也随之越来越浓。新闻事业存在的基础和服务的对象是受众，在现实生活中，受众的需求是多种多样的。其中，既有了解外界最新变化的需求，也有利用新闻事业从事经济活动的需求，还有通过新闻事业寻求娱乐以达到满足精神生活的需求。

于是，新闻事业在对新闻进行报道或刊登广告的同时，还必须提供丰富多彩的文学艺术、体育竞赛、音乐绘画、影视艺术等方面的服务，以丰富和提高人们的精神文化生活。这不但是新闻媒介服务于受众应承担的义不容辞的责任，同时也是新闻媒介之间相互竞争、吸引受众的主要手段之一。

各种新闻传播工具在当代新闻事业为受众提供娱乐方面，凭借其自身的特点与功能各显神通。报纸利用自己文字表达和易于保存的优势，通过副刊，文娱与体育专版、专栏，去满足读者在文体娱乐方面的需要。广播利用自己的音响优势，每天播送文艺、体育等节目，有的地方专门开设音乐台，有的地方增大文艺节目播出量。一首优美动听的歌曲，一段滑稽幽默的相声，一部引人入胜的连播小说，可以使听众忘却烦恼、放松心情。电视更可发挥自己音像文字兼备的特点，播放体育比赛、文娱晚会、电视连续剧以及各种各样的专题节目，将男女老少紧紧吸引在电视机旁，使其边观赏、边休息。

除一些娱乐性栏目或者节目之外，新闻报道也讲求"寓教于乐"，尽可能地将新闻作品写得生动一些、具有趣味性一些。并且其还登载一些如珍闻和奇闻之类的积极健康的内容。从根本上而言，这是因为新闻事业有提供娱乐的任务与功能。新闻事业可以为人们提供娱乐的功能是必然的，但是娱乐向来有雅和俗的分别，应以健康有益为原则，不可低俗化。在这方面，有的传媒应把握尺度，有错必纠。

总之，当代新闻事业已成为受众娱乐身心、丰富业余生活的最好方式。新闻传播机构在每天把各种各样的新闻信息传送给受众的同时，也给受众提供了大量的文娱节目，丰富了受众的生活。

（四）刊登广告

著名传播学者 R·E·帕克很早就说过报纸是"创造广告价值的手段"。[1] 他说出了新闻事业赢取利润的功能及主要方式。1998 年，《摩根斯坦利全球投资报告》统计分析了 11 种产业建成世界级有竞争力的大企业

---

[1] 彭菊华：《新闻学原理》，中国传媒大学出版社，2006，第 105 页。

所需要的年限，发现新闻传媒业赢利功能不可小觑。西方新闻事业的赢利性早已有之，且表现突出。西方新闻传媒是受垄断资本控制的追逐高额利润的工具，是一个极有利可图的行业，大资本家拥有足够的资本创办报纸、广播、电视和电子网站，并将原资本如滚雪球般越滚越大。

可见，在刊播广告、促进各行各业的发展方面，新闻媒介更是一种最主要、最理想的传播媒介。刊播广告是新闻事业的一项重要的业务，也是新闻事业向社会各界提供有偿信息咨询服务的最主要的途径。

第一，对于企业来说，利用新闻媒介刊播广告有助于企业形成良好的形象，有助于企业提高产品的知名度，有助于沟通企业与消费者的联系，并且对企业在市场竞争中的生存与发展有所帮助。

第二，对于消费者来说，新闻媒介刊播广告，有利于他们在接受新闻时获得美感，有利于他们了解产品的性质，有利于他们养成正确的消费观念和消费行为，有利于调动他们的潜在购买能力，从而促进社会生产力的发展。

第三，对于整个社会来说，新闻媒介刊播广告，有助于宏观经济结构中的更高环节保持平衡，有助于美化人们的生活，有助于帮助人们养成高尚的生活情操。

第四，对于新闻事业本身来说，刊播广告既是它应尽的社会义务，也是它增加经济收入的主渠道。

二 新闻事业的舆论监督功能

新闻事业和立法、司法、行政不同，新闻媒介不能借助强制手段，而只能通过报道信息、评析信息来增加社会影响，提高人们的道德自律意识，或增强人们某种观念，或改变人们对某一事物的看法，等等。这就是人们通常说的舆论力量。

（一）引导舆论的作用

情况与意见的沟通是新闻事业的基本功能，沟通与联系的过程，实际上潜伏着意见的交换与碰撞。意见总是和每个人的态度、信念、文化背景、知识素养等有关，它是每个人自身价值系统的综合反映，因此它具有个性化特点。然而，人又离不开自己的生活群体，个人的价值系统的形成，个人的意见、看法、观点的生成与表达，又会与其他人以及特定的社会环境发生千丝万缕的联系，所以意见又具有社会化的特点。

新闻事业自产生以来就以传播信息与报道新闻为己任。但任何新闻事业又都不会将传播信息和报道新闻作为其唯一的职责和使命。无论是出于何种目的——经济的、政治的、文化的、社会的，新闻事业的拥有者、管理者和控制者都要在传播信息和报道新闻的同时，尽可能地发表自己对新闻事实信息的评述意见，将一些对自身利益有利的倾向与观点表达出来，并且想方设法使这些意见与观点对社会与公众产生影响，以此来维护自身的利益，达到自身的目标与要求。

新闻事业的意见沟通并不是为了便于某一个人泄私愤或者发牢骚，其传播和交流的一些意见与看法，通常具有十分广泛的社会意义，即便是此种意见的表达在更多情况下可能会以个人的名义出现。也就是说，新闻事业注意更多的是意见个性化和社会化中的社会化。新闻事业原本就是社会的传播系统，其是服务于全社会的。因为在新闻事业中出现的意见与看法均带有自己的特点，则其会在社会中会产生"一石激起千层浪"的总体效应，成为人们注目和议论的焦点。

舆论"是把少数人除外的社会多数人的意见"。[①] 舆论是有自发性的，就是说人们对某种现象、情况或者意见的自发表达和反映是有时评性的，即人们对社会中具有现实意义的重要事件或问题的反映又具有过程性，即它的产生、发展以及传播总有一个过程，议题的性质往往决定着过程的长短。舆论还有一个特征就是多样化，即不同的阶级、阶层、人群以及生活文化圈子，会形成各不相同的舆论场。由此不难看出，新闻事业的情况、意见沟通和舆论的形成与发展有一种天然的关系。

新闻事业是服务于一定阶级和政治的舆论机构，其必然是要引导舆论

---

① 童兵：《比较新闻传播学》，中国人民大学出版社，2002，第119页。

的。对舆论的反映、影响和组织是新闻事业引导舆论的主要表现。舆论总是与民情相连的，其可以反映人们对社会事件的看法。

新闻机构总是选择有利于自己所属阶级和政治的舆论予以报道，这体现了舆论的倾向性。另外，新闻机构报道的新闻事实与言论也具有立场倾向。新闻对客观事实的意见和报道会对社会舆论的导向产生重大的影响。新闻机构通过新闻报道与评论，既为一些舆论张目，也对一些舆论予以制约，新闻事业直接影响社会舆论的性质与形态。这就是所说的新闻事业影响舆论的功能。

新闻事业主要通过对新闻事实的报道，以寓理于事的形式和方式来实现引导舆论的功能。一般来说，新闻事业反映、影响和组织舆论，同时能够达到控制与引导舆论的目的。而新闻评论在引导舆论这一方面的作用尤为突出，并且无可替代。新闻评论尤其是社论，作为新闻传播之中举旗开路的定调者，在新闻传播中常常是一呼百应的。新闻评论通常是被成熟的新闻事业所高度重视的。新中国成立前《大公报》的社评，新中国成立后《人民日报》的社论，确实是一时的"舆论之母"，并且其产生的历史影响是深远的。

综上所述，所谓新闻事业的引导舆论作用，即新闻事业通过沟通和联系情况及意见激起、形成社会舆论，并且对舆论进行控制与引导，使其向着既定方向前进。就目前的新闻事业而言，较为通行的实现此点的方法通常有以下三种。

第一，对各种各样的方式加以利用，将各界人群统一起来，并统一其对某重大新闻问题的意见，使他们达成共识，形成舆论导向。

第二，对某些新闻有选择、有重点地传播，使受众的认知判断和价值评判有所倾向。

第三，利用社会舆论的传播效果，传播和扩散存在于某一特定环境或者是局部中的较为集中的、和社会全局关系密切的意见。当然，这三种作法经常是混合交叉使用的。在此有必要指出，新闻事业虽与舆论有天然的密切关系，但这并不意味着我们可以通过控制新闻机构任意操纵舆论。当新闻事业告诉人们"该想什么"时，它必须考虑什么是人们要想、应想、正在想的，或者是他们要想、该想而未曾想到的。如果其不是如此，而是自作聪明、生拉硬拽，以己私意，强加于人，那么其做法非但不可能奏效，而且是违反民意，必将遭到社会的反感和反对。

（二）政治宣传的作用

宣传，就是指借助于某种特定信息的传播，对他人的思想及行为产生影响的有目的且有组织的活动。从广义上说，宣传种类有很多，如商业宣传、科学知识宣传、宗教宣传等。本书所论主要指政治宣传，也就是指通过阐述某种政治主张、观点、纲领，以及政策、主义等，对别人的思想和行为产生影响。

新闻事业的实质是社会的联系与沟通系统，但新闻事业又是被广泛用来进行政治宣传的重要工具。新闻事业面向社会，既可以沟通情况，又可以沟通意见、引导舆论，左右社会的潮流。这就必然导致各种政党、团体及集团争相通过对新闻事业的利用，对其传播政治信息与政治观点的作用进行强化，将自己的思想及学说进行有意识地输入，将某些对自身利益有益的新闻进行有选择地传播，以控制、影响广大受众的思想和行动。不同的新闻事业组织对待政治宣传的态度是不一样的，政治性新闻事业组织历来重视新闻事业的政治宣传作用。

当然，它们不能没有对最新情况与信息的传播，但诸如此类的内容，也都要尽量纳入其政治宣传的轨道。政治性新闻事业的政治功能得到强化，情况与意见的沟通变为政治情况与意见的沟通。相比之下，商业性的新闻事业组织则尽可能故意淡化政治宣传色彩，以免影响自己的经济收入。不过，在一些重大的关头，新闻事业都难以对政治保持沉默，或多或少总要被卷入政治旋涡。其不是站在这一派，就是站在那一边。

政治宣传作用毕竟不像联系沟通功能那样，是新闻事业带有本质性特征的功能。有文章曾这样说道："一张报纸，一般说来，是既有新闻，又有宣传。既要供给新闻，又要进行宣传，这是报纸的两大基本功能。"这句话初看起来好像如此，深究一下，其并不尽然。有宣传功能是一个事实，但宣传功能和供给新闻的功能并不是并列的。报纸若不能供给新闻则其自然没有办法存在；报纸若失去宣传作用，则其仍是报纸。再有，新闻事业不可或缺的基本功能是供给新闻和沟通情况，而其宣传作用是派生的。这就说明在利用新闻事业宣传的时候，不可以忽略新闻的特点，应让政治倾向及政治主张从事实之中自然地流露出来，"用事实说话"，而不应该将新闻事业变成纯粹的政治传声筒，否则它的效果只会适得其反。至于那种把新闻事业单纯作为政治造谣的工具，用所谓的"新闻就是政治"的观念对新闻事业进行操纵是等而下之的。

（三）社会监督的作用

美国的著名记者普利策说过，倘若一个国家是一条航行在大海上的船，那么新闻记者就是站在船头的观望者。他需要观望着海面上的一切情况，随时监测海上的不测风云和浅谈暗礁，并及时做出反应和发出警告。

新闻事业作为联系沟通系统，原本就有义务与责任对周围环境进行监测，并及时将情况通报给社会，以保证其顺利运转与前进。这与传播学所说的"社会雷达"的作用是同一意思。这里的社会监督，主要是就其狭义上所讲的，新闻事业对其自身在社会中的地位与优势加以利用，代表公众，对政府机关、公共机构、党派团体、厂矿企业等的活动进行舆论监督，甚至还监督社会上的一些不良现象。概括而言，新闻事业通过情况和意见的沟通激起舆论的力量，调节政府和社会机构及个人的社会行为，使社会机制得以正常且健康地运转。

不用细说也可以看出，舆论监督与引导舆论之间有十分密切的关系。当新闻事业源源不断地把各地的新情况新事件展示于人们面前时，其不仅揭示了社会阴暗的一面，而且国家与政府机关公务人员的不法行为或其损公肥私、贪污腐化、违反社会伦理道德的行为也会遭到曝光，这一系列的事件激起了人们的公愤。这些声讨的声音，又被新闻事业进行恰当地反映和集中，使之形成强大的舆论导向，促使有关部门不得不采取行动或措施对其进行纠正。这就是新闻事业能够发挥舆论监督作用的原因及其一般形成过程。

衡量一个社会政治生活民主化程度的一个标志：有社会舆论的监督，

新闻事业的开展，及其能将舆论监督的作用充分发挥出来。同时，新闻事业能否正确地行使舆论监督的作用，同样可以反映出一个社会的政治生活是否正常，人民群众是否享有充分的民主权利。所谓新闻事业正确地发挥舆论监督作用体现在三个方面。

第一，舆论监督不同于西方的"揭丑"报道，其不能进行互相攻讦，也不能打着"舆论监督"的旗号，扰乱社会和人心，而一定要致力于促进社会进步和团结。

第二，舆论监督是根据人民的意愿与社会大部分人的要求将真实的情况反映出来而形成的，这与"四人帮"利用虚伪报道和舆论混淆视听有本质上的不同。

第三，舆论监督的实质是新闻事业反映情况与意见的重要表现，其不能代替司法部门或者是社会其他部门的作用。因此，舆论监督一定要以提供事实和平等讨论为基础，而不能将批判的武器当作武器的批判给人打棍子、扣帽子、做结论、定性质。

第三节　不同性质的新闻事业

一　不同组织结构的新闻事业

现今，新闻传播媒介就是按一定的结构、功能与规则，联合而成的一种机构、一种组织、一种事业。现代新闻传播事业在社会结构中，既是最具规模、最有实力的信息产业，又是最有影响、最具威力的社会舆论机关。

伴随着资本主义商品经济的兴起，近代新闻事业开始产生，近代新闻事业的形成标志有四个方面：①专业化的传播机构与新闻从业人员的出现；②具有新闻需求的受众群形成，并且有了新闻市场；③非手工操作的传播工具的出现；④规模较大、持续不断的新闻传播活动的展开。

新闻事业体制又称新闻体制，是新闻事业构成体系与管理制度的总称，指社会控制协调新闻传播活动的制度及其体系，其主要内容包括新闻事业所有制和新闻传播政策、传播控制方式等。

新闻体制受国家政治制度、经济制度的影响和制约，国家的经济政治制度不同，由其决定的新闻体制自然会有差异。新闻事业发展到今天，逐步形成了当今世界的三大新闻体制：①私有制为主体的完全商业化运营体制（以美国为代表）；②公私兼营的双轨制运营体制（以西欧各国为代表）；③完全国有的有限商业化运营体制（以中国为代表）。

（一）私有制为主的商业化运营体制

在美国和其他西方国家，新闻传媒基本属于私营体制，完全由私人独资或集股兴办（股份制）。从私有集团到几个人的新闻小报，媒体的私有化成为西方新闻自由的一种象征。西方国家的报纸基本上是私营媒介，除少部分的一些公共电台、电视台之外，所有的报纸、电台及电视台均为私营的。以美国为例，除了专门负责对外宣传的"美国之音"隶属美国新闻署外，美国政府不掌管一份报纸、一家电视台，也没有一家通讯社。大名鼎鼎的华盛顿邮报公司，是一家庞大的私人公司，其除拥有《华盛顿邮报》和《新闻周刊》外，还拥有一家重要的通讯社和五家电视台。西方绝大多数新闻媒体都以这种新闻体制从事新闻活动。

私营媒体以广告收入作为主要的财源，以美国为代表的以私有制为主体的完全商业化运营体制，决定了其商业化运营的一些特点与利益原则。

第一，以营利为最终目标。私营媒体是资本主义的新闻工厂，其目的在于营利。争取广告客户是营利的基本途径。大部分私营的媒介是具有财团背景的，如美国三大广播公司，其和摩根财团、洛克菲勒财团之间都有着紧密的联系。董事会负责对媒介的财政进行预算与决算及对媒介负责人的任命，它其实是最高决策机构。因此，它们在不同程度上代表着各自的利益，媒体的命运在很大程度上由广告客户也就是那些大企业及大银行掌握着，媒体倾向、迎合甚至是自觉地代表这些广告客户的利益。

私营报纸的发行基本上是亏本的，其依靠广告来进行弥补，一般情况下，报纸上的广告会占整个版面的60%～70%，若是其比例比60%低，报社就会出现入不敷出的现象，甚至会面临倒闭。而电台与电视台要维持下去，主要靠的也是广告收入。因此，广告客户是所有私营媒介都离不开的，是它们的衣食父母。

第二，以发行量或收视率为传媒活动的直接目标。美国电视台运营的基本规则就是电视台将电视节目播放给观众们观看，之后再将观众卖给广告商。这同时也是报纸及电台的经营规则。为争取到更多的广告商户，媒体竭尽全力扩大发行量，以迎合受众为节目策划的基本原则，努力提高收视率。

第三，以争取受众为报道操作的基本原则。私营媒介的节目从内容到形式必须不断追随受众的兴趣，再加上私营媒介的机制比较灵活，所以其节目更新很快，不断推陈出新。从总体上说，私营媒介的内容丰富多彩，形式活泼多样，其新闻力争迅速、报道面广，同时有大量煽情性内容。

媒体以受众为中心，尽量讨好受众，为此不惜放弃作为"把关人"的主动权。从初期的大众化报纸到当今传媒都是如此。如今，美国各地电视台的一些娱乐性节目的占比在很大程度上超过了那些严肃的时政节目，新闻节目也开始倾向于媚俗的娱乐化。

第四，以垄断竞争为基本运作模式。三大广播公司、三大电视网目前控制着全美90%左右的观众市场。私营媒体的实力以占有市场的多少为准，彼此激烈争夺受众，从而争夺广告份额，这成为传媒运营的主要方式。市场则为私营媒体的发展提供竞技的舞台，把每一家传媒推上激烈竞争的角斗场，这导致实力较弱的媒体被兼并。

第五，对政府的监督有一定力度。私营媒体往往以"民众代表""舆论代表"自居。为了争取受众，其往往抨击政府的纲领和政策，尤其对政府丑闻更是不遗余力地进行揭露。由于独立负责，立场、观点不受政府制约，其有些新闻、评论有一定深度，见解独到。

媒体的私有制决定其独立性，所有权决定其发言权。但是私营媒体在名义上是独立运作、自主经营和自负盈亏的，并且不受控于政党和政府，实际上其与政府和政党的利益是一致的，两者互相利用。媒体需要政府政策上的支持，政府需要媒体来影响舆论。美国的私营媒体可以抨击政府，可能揭露某一届政府的丑闻，但它从未攻击美国宪法、攻击美国的根本制度，它是体现和维护美国国家最高利益的工具。

（二）公私兼营体制

公私兼营制是双轨制体制，其典型模式在西欧与日本。英国 BBC（英国广播公司）、日本 NHK（日本放送协会）是一种在公共传播管理机制之下的社会事业。其不被国家与政府直接控制，但从事传播活动处于立法机构的监督之下，最高管理机关是议会和专业团体代表所组成的管理委员会，因而是"半独立"的公营传媒机构。这种传媒机构强调媒介的独立性、服务性以及社会责任。传媒机构自己制定传播方针、自制节目，并且自主经营、自负盈亏，其经济来源主要是征收视听费，不以营利为目的，不播放广告。

两家广播公司的对外广播都具有国营的性质，分别代表英国和日本政府阐述对时政的见解。随着传媒兴起了商业化与私有化的潮流，单纯的公共传播生存与发展越来越不容易，原本的公营传媒也开始了对商业经营活动的涉足，逐渐转变成一种公共服务和商业经营并存的公私兼营机制。

自 20 世纪 80 年代开始，西欧与日本先后开始了媒体私有化，经过 20 年的变革，将公私兼顾的双轨制体制正式确立了起来。公营媒体按照原本的模式继续运作，私营媒体则进行商业化运作，并参照美国私营模式。从目前来看，公营、私营媒体的实力相当，并且均为大的传播公司，彼此间存在激烈的垄断竞争。在这之中，公营媒体的运作机制不同于国营制，也和私营制不同，其有自己的一些基本特点。

第一，管理机构是相对独立的。公共媒体既不属于私人，也不属于政府，它是全体公民的公共财产。管理机构的产生，或是由政府决定、议会进行批准，或是让原本的管理机构经议会的批准被提名出来。公营台管理机构在成立之后，拥有独立的决策权，管理机构最终决定办台方针和财政预算与决算，以及节目的制作和播出，其间其是不受政府的领导和控制的。

同时媒介设的管理委员会是一种媒介业务的监督机构，其组成包括社会民间团体与媒体外人员。如德国广播联盟管理机构负责监督电视台的方针及章程的执行，它的组成包括具有影响的民间组织及联邦议会各个政党的代表，电视台财政收支的预算与决算也是由它决定的；它对电视台的节目安排给出一些建议，并裁决某一些重大的问题。

第二，以视听费（订阅费）为主要收入。公营媒体向受众收取视听费（订阅费），基本上不刊播广告。收费一般由政府的邮政部门代理，然后全额交付给媒体。这种情况下受众真正成了媒介的衣食父母，媒介不受控于政府，也不受广告商的干涉，直接对公众负责。

第三，公营媒体是"半官方"的。虽在名义上公营媒体不受控于政府、不被政府领导，但是其与政府之间关系密切。从传统上来看，公营媒体均是天然地倾向政府，对政府的施政纲领进行宣传，并对政府形象进行维护。虽在面对某些问题的时候其会对政府进行抨击，但是这属于"小骂大帮忙"。

第四，不播广告。公营台以受众的视听费为主要收入，所以，公营台在节目中一般不播商业广告。有些国家，如丹麦、瑞典的公营台插播的商业广告不仅数量有限，而且大多是购买电脑、新书，介绍电影之类的，都是与教育文化有关的。

第五，公营媒体将受众作为"公民"而不是"消费者"。公营媒体对社会政治文化发展的追求比对商业利益的追求要高。对它来说，保障公众利益要比单纯地追求收视率重要得多。它维护西方民主制度，在报道内容上对时政与社会教育的传播更为侧重，特别是对新闻更为重视；其娱乐报道对健康的内容更为偏重，并且注重寓教于乐。

（三）完全国有的运营体制

国有国营媒体直接受国家的控制，政府不仅有任命媒体领导者和经营者的权力，而且有时直接布置报道内容。国有国营媒体的经费来自国家拨款、广告收入、视听费或报刊销售费，三者兼而有之。不同国家对其营运模式有不同的规定：有的国家不允许国营媒体刊播广告，其经费由国库支出；有的国家既控制媒体又不支付费用，由媒体自谋经费。

国有国营媒体一旦成为主流媒体，其就成为社会思想和舆论的中心。凡出现重大事件，由其传播的思想就能产生动员社会舆论的效应，把执政者的意志转化为人们的共同认识，引导人们共同行动。这种权力效应从新闻报道中表现出来，产生控制公众的效果。实行这一新闻体制的国家，其政府都力图把新闻媒介掌握在自己手里，使其成为国家管理职能的一部分。

完全国有的有限商业化运营体制以中国为代表，其基本特点包括以下几个方面的内容。

第一，电视台的所有权是完全属于国家的，除政府之外的其余任何企业均不可以在电视台投资。

第二，媒体是党与政府的宣传机构，也是其喉舌。由党和政府对其主要领导人进行任命，其宣传报道方针必须由党和政府批准，并且要一致于党的行动纲领、一致于政府的施行纲领。

第三，其承担的职责包括对党和政府的重大理论、方针及政策进行宣传，在这样的前提之下，尽可能地满足观众对信息、娱乐的需求。

从20世纪90年代开始，我国新闻事业确定"事业性质，企业化管理"的运作模式，在经营上开始商业化运作。从1996年广州日报报业集团正式成立到现在，我国各省市已经成立了大量的新闻传媒集团，我国新闻事业正在积极探索媒介集团的"公有制的多种实现形式"道路。循序渐进、整合资源、面向国际、大胆尝试，力求使集团组建及运作符合产业的发展规律，一步步地将新的机制与体制建立起来。

二　资本主义与社会主义的新闻事业

当代全球新闻事业格局，主要存在两种不同性质的新闻事业，即资本主义新闻事业与社会主义新闻事业。它们在所有制性质、管理和运作机制、新闻价值取向等方面存在诸多不同之处。两种性质的新闻事业也存在很多联系，在具体业务操作、事业管理与经营等方面的交流日渐增多。

（一）资本主义体制下的新闻事业

资本主义新闻事业是建立在资本主义私有制基础上的，其主人是资本家或资本家集团。资本主义新闻事业即一个个资本家的企业。这些资本家的新闻工厂的首要目的是谋取利润，为了赚钱；在政治上则体现并服务资产阶级利益，忠于资本主义制度。维护资本主义国家的政治制度、经济利益和社会秩序，是资本主义新闻事业的最高原则。

西方主要资本主义国家的新闻传播事业大致经历了"革命化报纸"、"政党化报纸"、"大众化报纸"和"垄断化报纸"四个发展阶段。而今，西方资本主义新闻传播事业所处的发展时期仍是一个高度垄断化的时期。

西方各主要资本主义国家新闻传播事业的垄断化进程大致经历了以下四个由低级到高级的发展形式。

第一步，由资本的集中形成的大"报系"或"报团"，即拥有两种以上日报或多种报刊的报业公司。

第二步，银行资本和产业资本结合，形成金融寡头式的报业，即由一定数量的新闻机构和与新闻传播事业相关的生产企业所组成的垄断企业。

第三步，金融资本与国家政权相结合，形成垄断资本主义国家对新闻传播事业实行全面控制的局面。

第四步，由各种媒介资本相互渗透组成的交叉所有制或媒介合成体，即一家报纸与一家电视台或者电台同为某一所有者单独所有，或者包括新闻传播业在内、以新闻传播业为主的跨行业的多种经营的垄断公司。

纵观资本主义新闻事业的发展史，其雏形应当从18世纪的资产阶级报刊算起，如英国的《评论》周刊（1704年）、《政治评论》周刊（1716年），美国的《新英格兰报》（1712年）。此前，资产阶级也办报刊，但其主要是一种个人经营的行为和职业。资本主义新闻事业的基本体制形成于19世纪40年代以后，即主要资本主义国家持续完成工业革命以后。

资本主义新闻事业的发展以19世纪为划分：19世纪末以前，适应自由资本主义发展的需要，以自19世纪30年代出现的大众化廉价报纸（便士报）为主流；19世纪末，资本主义经济开始从自由竞争走向垄断，资本主义新闻事业也随之发生了巨大变化，进入垄断阶段。

在资本主义国家，垄断资产阶级通过报团和财团控制新闻事业的所有权，通过广告控制新闻事业的经济命脉，通过国家机器控制新闻事业的政治倾向，通过通讯社控制新闻报道。以报业而论，在企业内部，具有控制权的人是报纸的老板，其决定报纸的大政方针，其他人都是老板的雇员，对老板负责；从外部看，各报纸之间的竞争十分激烈。

当代资本主义新闻事业的主要特征就是集中垄断与全球扩张，即资本主义国家新闻传播事业的集中化趋势越来越强。所谓新闻传播事业集中化，就是一国新闻传播媒介由众多所有者分散拥有逐步走向由少数所有者拥有或控制大部分新闻传播媒介的过程和趋势。

自 20 世纪 90 年代以来，以美国为代表的资本主义国家掀起了传媒间兼并、联合的高潮。在美国，迪士尼公司于 1995 年以 190 亿美元将 ABC（美国广播公司）兼并了；微软公司在 1996 年和 NBC（美国国家广播公司）进行协作，开办了一个有线加在线的电视频道——微软全国广播公司电视频道（MSNBC）；美国维亚通讯公司在 1999 年用 230 亿美元将 CBS（哥伦比亚广播公司）兼并了；而最大的一笔买卖发生在 2001 年 1 月，时代华纳公司（世界最大的传媒娱乐公司）与美国在线公司（世界最大的网络服务商）宣布合并，成立了美国在线—时代华纳公司。在英国，全国报纸已被新闻国际公司（News International PLC）、三一镜报公司（Trinity Mirror）、每日邮报和大众信托公司（Daily Mail&General Trust）、北壳公司（Northern Shell）等 9 家报业集团所控制。其中，上述 4 家报业集团公司垄断了全国报纸 86% 的发行量。[①] 1910 年，西方各个国家存在的拥有报社的集团公司是 125 个，而如今，西方各国的重要报刊已由一些大公司掌握，这些公司总共还不到 30 家。

除集中垄断之外，西方的传媒集团纷纷将全球扩张纳入其发展战略之中，呈现跨国垄断的新趋势。时代华纳集团就是努力朝全球化媒介集团的方向发展的，它在全世界拥有 200 多家分支机构，是全球每一种媒介类型和每一种媒介内容形式的主要经营者，同时也是全球较大的电影院拥有者之一，在美国境外有大约 1000 家影院，并且仍在进一步扩张。2003 年 4

---

① 唐亚明：《走进英国大报》，南方日报出版社，2004，第 162 页。

月，传媒大亨默多克以 66 亿美元收购了美国休斯电子公司旗下的 DIREC
TV，实现了其长达 20 年之久的卫星电视网覆盖全球的梦想。默多克新闻
公司旗下的卫星电视网络，包括美国福克斯电视网、英国天空电视台、香
港卫星电视在内，在全球拥有近 10 亿用户。

资本主义新闻事业在不同时期、不同国家都各有特色，但从整体上都
奉行资产阶级的世界观和新闻观，遵循符合资产阶级利益的思想和主义，
其具有以下三个方面的基本特性。

第一，其主要形式是私人资本占有。除极少数的一部分政党政团报纸
之外，大部分的新闻传播事业是私人企业，由资本家独资或者是合资经
营，其最高权力机构是董事会。新闻传播事业作为一种企业，其产品是以
商品的形式出现的，以营利为目的。所以广告是新闻传播事业的财源，其
经营部门控制着新闻编辑部门。经济实力强大的大资本财团不仅控制了一
大批新闻媒介及其相关企业，而且和国家权力机构相结合垄断了社会舆
论。

第二，标榜新闻自由。在政治的立场之上其标榜的是超阶级及超党
派，表示"不偏不倚"，并且"不受政府干涉"。在经营方式上，它们表示
遵循价值规律，实行"自由竞争"和"自由发展"，按照经济规律实行优
胜劣汰。在新闻业务上，它们标榜"客观公正""写作自由"，只对事实负
责，不受任何干涉。但实际上，新闻自由只是资本的自由，资本主义新闻
自由是为资产阶级服务的，人民群众不可能享有真正的新闻自由。

第三，竭力服务于资本主义制度。在资本主义社会之中，新闻传播事
业不但是资本主义企业，还属于资本主义国家的上层建筑，是为整个资本
主义制度服务的。它通过信息服务，使资本家在经济活动中信息灵通，有
利可图；它通过广告服务，使资本主义工商业获得最大的销售利润；它通
过舆论引导和舆论监督为资本主义政治经济制度服务；它通过提供文学、
艺术及其他精神食粮为资本主义社会的各种人群特别是资本家提供娱乐和
消遣；在对外交往中，它配合垄断资本主义国家侵略扩张的需要，将资本
主义的价值观和利益观强加于人。

（二）社会主义体制下的新闻事业

社会主义新闻事业是社会主义国家的新闻事业，其领导阶级是无产阶级政党，其既是该阶级新闻事业的继承者，也是新闻事业的发展者。无产阶级新闻传播事业从 18 世纪末至 20 世纪中期，大致经历了一个产生、发展和壮大的历史过程。

第一，伴随着英国宪章运动，公开出版的无产阶级报刊诞生了，最负盛名的是 1837 年在英国出版的《北极星报》和 1842 年在德国科隆出版的《莱茵报》。前者是英国宪章运动中的左翼机关报，高举"人民宪章"的旗帜，号召人民通过政治斗争实现人民宪章的主张，并且呼吁各国工人阶级联合起来。其存在了 15 年之久，最高销售量达 10 万份。后者是德国激进的资产阶级民主派报纸，青年马克思曾担任该报的编辑，使报纸表现出民主主义倾向。

第二，19 世纪 40 年代末期，马克思主义产生，无产阶级政党成立，无产阶级党报产生出来。第一个无产阶级党报，是 1847 年 9 月在英国伦敦出版的共产主义者同盟机关刊物《共产主义杂志》，杂志试刊号的封面上印有"全世界无产者，联合起来"的战斗口号。1848 年 6 月，马克思创办了大型日报《新莱茵报》。该报坚持宣传《共产党宣言》的基本思想，揭露和批判了封建主义的专制残暴统治和资产阶级的虚伪性，真诚地表达了人民的呼声和愿望。

第三，19 世纪末期，随着马克思主义的广泛传播，各国共产党纷纷建立了自己的党报。其中，主要的有 1863 年创刊的德国社会民主党的机关报《社会民主党人报》和 1900 年在德国莱比锡出版的俄国社会民主党的机关报《火星报》，以及 1912 年在彼得堡创办的《真理报》。

中国无产阶级新闻传播事业的产生和发展大致也经历了上述三个阶段。中国共产党从一开始就十分重视党报的建设，在第一次国内革命战争中，共产党创办了《向导》周报和《热血日报》。在抗日战争时期，中国共产党创办了大型的《新华日报》和《解放日报》。1942 年延安《解放日报》改版，初步形成了中国无产阶级新闻学理论。继延安《解放日报》之后，1948 年 6 月创刊的《人民日报》，于 1950 年 3 月改为中共中央机关报。

从管理体制来看，社会主义新闻事业实行党和政府集中统一领导下的管理体制。由同级党委或政府任命新闻机构的负责人，新闻机构内部分层授权，各级政府通过其主管部门对新闻机构实行管理，每位新闻工作者都是事业的主人。同级党委宣传部门代表党委对新闻机构实施思想政治上的领导，新闻机构的重大新闻宣传计划报同级党委审定同意，并定期向同级党委汇报工作。社会主义新闻事业在共产党的领导下形成以党报为中心的多层次、多样式、多类型的结构体系。

社会主义制度建立后，各个国家的无产阶级新闻传播事业成了社会主义新闻传播事业，由社会主义国家与执政的共产党所共同拥有。各个国家各个时期的社会主义新闻传播事业虽各具特色，但是均有以下几个基本特征。

第一，社会主义新闻传播事业的主要形式是公有制。报刊、广播、电视、通讯社等所有新闻媒介都属于国有，社会主义国家不存在私有新闻机构。社会主义国家和无产阶级政党所创办的新闻媒介代表广大人民群众的根本利益，所以其就是人民群众的新闻媒介。所以，以公有制为基础的社会主义新闻传播事业是共产党和人民群众的喉舌。

第二，社会主义新闻传播事业必须坚持的基本方针就是为社会主义、为人民服务。这取决于社会主义的经济基础与政治制度。一方面，新闻传播事业作为上层建筑的一部分必须为特定的经济基础服务，否则它就失去了存在的基础；另一方面，人民群众是新闻传播事业的所有者和服务对象，如果不为广大的人民群众服务，新闻传播事业就失去了发展的动力。

第三，社会主义新闻传播事业是党和人民的"耳目""喉舌"。首先其担负的任务包括对党的纲领路线与方针政策进行宣传，对人民群众进行教育和引导，对实际工作进行指导，并对舆情民意进行了解。其次它担负着的任务还包括反映人民群众的利益与要求，将其所需的各种信息服务提供给他们，并帮助他们行使各种民主权利。

第四，社会主义新闻传播事业以马克思主义为指导方针。无产阶级革命所阐述的新闻思想为社会主义的新闻理论奠定了基础，是社会主义新闻传播事业的指导思想。这就要求新闻传播事业要完整、准确地宣传马克思主义，以武装无产阶级和广大人民群众；也要求它坚持用马克思主义的立场、观点和方法解释和阐明各种社会现象，对人民群众进行马克思主义教育。

第五，社会主义新闻事业是党和政府的意识形态工作部门，坚持服务于社会主义，将社会效益放于首位。对社会主义新闻传播事业进行改革，以满足人民群众日益增长的物质文化需求这一目标为出发点，虽然也需要讲求经济效益与获取利润，但其并非将对经济利润的追求放在第一位，而是将对社会效益的追求放在第一位。社会主义国家的各个新闻传播事业之间也需要竞争，但是其竞争的目的不是相互拆台，而是相互促进、共同繁荣。

（三） 当今中国特色社会主义新闻事业的建设与发展

我国新闻事业建设和发展的方向和目标就是建设有中国特色的社会主义新闻事业。社会主义新闻事业的建设与发展需要学习外国经验，但不能照搬外国的传播模式。过去照搬苏联的模式是失败的，现在照搬西方的模式也是错误的。建设有中国特色社会主义新闻事业的关键问题就是将马克思主义普遍真理和中国特殊国情成功地结合起来。

遵循这样的原则和方针，建设的中国新闻事业本质上是社会主义的，具备社会主义新闻事业的共同属性及其基本特征。要对资本主义新闻事业的有益经验进行借鉴，但不能私有化，不能"西化"即资本主义化。要吸取苏联和其他社会主义国家新闻事业和新闻改革的经验教训，但要从中国国情出发，对社会主义新闻工作的基本原则要坚决坚持，将符合中国实际的传媒结构、管理体制以及运行机制确立起来。总而言之，有中国特色的社会主义新闻事业的本质是社会主义的，又具备和别的社会主义国家的新闻事业不同的民族特色，有中国特色的社会主义新闻事业的基本含义就是这一点。

通过不断深化的新闻改革将有中国特色的社会主义新闻事业的目标建

设起来。而新闻改革要和经济、政治体制的改革同步进行。坚持新闻改革的正确政治方向，将改革、发展和稳定这三者的关系处理好；从经济、政治体制改革和社会稳定的大局出发，对新闻改革的进度与力度进行合理安排。建设有中国特色的社会主义新闻事业的过程是一个探索过程，新闻改革就是要不断探索和寻求适应经济基础深刻变革的新闻体制和传播模式。在改革过程之中自然要对中国新闻事业的优良传统进行很好的继承，但大胆且谨慎地试验是更为重要的内容，要善于对试验中的实践经验进行总结和探索。

建设有中国特色的社会主义新闻事业的进程也是传播技术高度现代化的实现过程。西方发达国家将最新通信传播技术很好地利用起来以武装新闻事业，已使传播媒介的高度现代化得以实现，资本主义新闻事业的竞争实力得以壮大。依靠技术进步创造比资本主义更高的劳动生产率来生产社会主义物质和精神。在新闻生产的现代化程度上，社会主义新闻事业绝对不可以甘落人后，必须加快技术革新与设备更新的进度，将技术、设备、效率一流的社会主义传媒群体建立起来，形成一种竞争实力，使其足以对社会舆论进行引导。

通过不断深化的新闻改革将有中国特色的社会主义新闻事业的目标建设起来。改革新闻体制，是推动新闻事业发展的主要动力，是顺应历史潮流、保障公民新闻自由权利的重要举措，也是推动社会进步的重要精神力量。新闻改革往往不是一种主动的社会运动，而是在客观环境的推动下主动顺应环境的过程。新闻改革是由生产力和生产关系、经济基础与上层建筑的矛盾运动推动的。新闻传播事业属于上层建筑范畴，随着社会经济基础的变化，它越来越不适应社会发展的需要，因此需要对其进行改革。

20世纪80年代中叶到90年代初，我国开始对新闻事业的领导体制及管理体制进行改革，从中央到地方将新闻出版的行政管理机构建立了起来。传媒内部开始实行聘任制和竞争上岗等劳动人事管理新措施。我国初步形成了新的报业结构，并开始对广播电视的传媒结构进行调整。

从20世纪90年代中叶开始，新闻机构实行的是"事业单位，企业化管理"，走的路子是产业化经营，基本完成了对新闻报刊及电子传媒的结构调整。20多年的新闻改革，是对"左"的错误思想进行肃清和对右的思想干扰进行排除，向着建设有中国特色的社会主义新闻事业的目标前进的过程。

在技术变革方面，网络、手机等一些新媒体开始出现，传媒的原有结构与生态发生了改变。先进的科学技术也逐渐被应用于新闻传播工具的发展变革之中，先进的科学技术和最优良的设备被用来武装我国的新闻事业，以争取和保证其在世界新闻竞争中的主动地位。

我国的新闻改革一定要和我国国情结合起来，不可以存在一些不切实际的想法，不可以要求新闻改革比政治改革还要超前，更不可以与党的政治方向发生偏离。新闻改革不可以对立于体制，一定要坚持四项基本原则。只有这样，新闻改革才可以取得让人满意的效果，从而促进中国特色社会主义新闻事业的建设与发展。

| 第二章 |

中国新闻事业的产生与发展

新闻传播事业是人类特有的社会活动之一，没有人类就没有新闻传播活动，也就没有新闻传播事业。

中国新闻事业的发展是一个漫长的历史过程，经历了从封建社会到现当代社会的演变。本章将对中国新闻事业的产生与发展进行详细阐述，让读者对中国新闻事业的形成与发展有一个整体的认识。这也有利于读者了解中国新闻事业的发展规律，了解中国新闻事业发展的历史脉络。这不仅有助于提高新闻从业人员的新闻业务技能，而且对当前媒体的宏观操作有很强的指导意义。本章对中国新闻事业的产生与发展进行了研究，探索了中国新闻传播活动的起源及我国新闻事业在新中国成立前后的发展状况。

第一节　中国新闻传播活动溯源

一　中国古代传播形式的演变

（一）口头传播

传播活动起源于远古人类的群居时代。远古的人们结群而居，共同生活、共同劳动；在生产生活中有了信息，需要彼此间互相沟通，因此也就有了传播活动。世界其他国家和地区的情况是如此，中国的情况也是如此。在北京周口店发现的海蚶壳及在青海民和县遗址出土的陶制喇叭筒，都是中国古代人们进行社交和传播活动的印证。① 古代的传播手段是十分原始的。最早的和最常用的是口头传播，即口耳之间的传播。

口头传播时代指的是以口头语言为标志的传播时代。"人类在正式开始口头传播之前，有几百万年的时间一直使用着同其他动物没有明显差别的叫声、表情、动作等传播手段。"这便是早期语言产生之前的信息传播活动。当语言产生之后，人类便进入了口头传播时代。而语言的出现，突破了诸多限制，极大地丰富了人们相互交流的手段和内涵，这也得益于人类语言的特性。第一，人类语言具有超越历史空间的能力，它既能表述眼前的事情，也能够表述在遥远空间发生的事情；人类语言还有跨越历史时间的能力，它能够表述过去、现在和未来。第二，人类的语言具有很强的灵活性，在表达内容上几乎没有任何限制，不仅能够表达具体的、抽象的事物，而且还能表述虚构的事物。第三，人类的语言具有发音的经济性，能够组合成数十万的语音单词。因此，语言可以指称世界万物，表达复杂的内心情感。

由于口头传播具有直接的面对面的特点，因而其具有强烈的互动性、反馈的快捷性、交流的及时有效性。然而，"人类只能本能地将自己的身躯和各种器官作为传播的工具"。② 口语传播依赖于人的身体感觉器官，依赖于大自然提供的能够传播声音的各种介质，这使口头传播只能局限在有限的时空范围之内。其中，中国古代的口头传播有以下几种具有代表性的途径。

1. 街谈巷议

它是指的是两个或两个以上的人随机相遇后互相传递新闻信息，就共同感兴趣的话题交流看法的一种传播方式。街谈巷议是一种非正式的聚谈，它的传播通道具有临时性和非正式性，传受双方也具有匿名性和变动性。街谈巷议的这些特点决定了它传播的信息失真度大、可靠性差，因此人们常用"道听途说""流言蜚语"等词来贬低它。但是，街谈巷议是最

① 方汉奇主编《中国新闻传播史》，中国人民大学出版社，2002，第23页。
② 骆正林：《新闻理论教程》，北京大学出版社，2010，第21页。

简单和最方便的一种新闻传播形式，因此直到今天它仍然是普通老百姓沟通信息、交流感情的重要形式。

2. 清议

清议是中国古代读书人有组织地聚集起来对国家政治生活发表评论的活动，是一种正式的聚谈形式，以议论朝政为主。其中以郭林宗、贾伟节为清议人物的代表。[①] 但自汉朝后，封建势力对文人论国事采取了打压的态度，因此清议的氛围逐渐冷淡了下来。

3. 歌谣

歌谣是指古代劳动人民用具有一定节奏和韵律的口头语言描绘劳动情景、传播劳动信息和互相传递感情的一种口语传播形式。它主要有两种形式。一是歌，诗配乐，则为歌；二是谣，谚不配乐，则为谣。在古代歌谣中，有许多都表达了对统治阶级的不满，因而它也是百姓向统治阶级传达民情的重要通道。那些开明的统治者能够从歌谣中体察民情，发现时弊。

（二）信号传播

人类的新闻传播活动是伴随着劳动而产生的。最初，人们只能利用简单发声和身体动作来传播彼此能够理解的符号和信号，而这只是本能的反应在起着重要作用。后来随着人脑的进化，人类的抽象能力不断增强，并且在新闻传播活动中，对一定的现象赋予了独特的意义，这就是信号媒介。以信号作为传递新闻的媒介，最大的优势就是传递速度快，但是其也有弊端，信号媒介只能传递一些简单的信息，传递复杂的信息比较困难。随着人类的不断进化，以符号和信号为基础的传播系统日益精细化、常规化，并且传播的效果越来越好。中国古代的信号传播有以下三种具有代表性的途径。

1. 烽燧

烽燧是中国古代社会最重要的传播手段，它主要被运用在军事领域，

---

① 骆正林：《新闻理论教程》，北京大学出版社，2010，第 24 页。

是通报军情的主要方式。烽燧报警据说起源于西周。司马迁在《史记》中有这样的记载："褒姒不好笑，幽王欲其笑万方，故不笑。幽王为烽燧大鼓，有寇至则举烽火。诸侯悉至，至而无寇，褒姒乃大笑。幽王悦之，为数举烽火。其后不信，诸侯益亦不至。"此典亦称"烽火戏诸侯"。由于狼粪燃起的烟又高又直，且其在边关地区遍地皆是，因此边关将士常以狼粪代替薪草，故烽燧又有另一个常见的别称——狼烟。

2. 敲锣报警

敲锣报警是古代社会传递信息的一种方式。遇到紧急情况，人们会敲锣打鼓，声震四乡，以聚集群众。在中国古代乡村，敲锣打鼓是一种重要的报警方式。当村庄遭到来犯者侵扰时，鼓手往往通过这种方式来通知族人和村里人，使其联合起来对抗敌人。

3. 木铎

据《左传·襄公十四年》师旷引《尚书·夏书》称："每岁孟春，遒人以木铎徇于路。"据杜预注："遒人，行令之宫也。木铎，木舌金铃。循于路，求路谣之言也。"

（三）文字传播

最早的带有文字的传播载体是甲骨和金石。甲骨文大多刻在龟甲或牛羊的肩胛骨上。据古文字学专家统计，目前已发掘出来的带有文字的甲骨近 11 万片，其中常见的甲骨文约 2000 字，经考订可辨识的仅 1400 余字。其记载的大多是殷商时期的事情。所谓的金，主要指铜器。刻铸在铜器上的文字，通称金文。周时期盛行金文刻铸，传世的带有金文的铜器铸件，多为周代的产物，其中具有代表性有著名的虢季子白盘、毛公鼎，其上面都有不少金文。在岩石上刻字，主要盛行于周以后。

上述的这些传播载体，从内容来看，甲骨除少量纪事外，多用于祭祀和占卜；金器多用于记录帝王诏书或国家常法；岩刻多用于颂德和纪功。在战国时期，政治混乱，各国文字不一，各成体系，秦王朝推行"书同文"的政策，以小篆统一文字。东汉时许慎编成我国第一部字典《说文解字》，收录小篆 9353 个字。

这一时期的信息传播都是通过手抄新闻的方式进行的。于是，改进书写技术成为信息传播活动进一步发展的当务之急。这时，便于书写、易于保存、价格便宜的廉价普通纸张的问世，为信息传播创造了良好的物质基础。公元 105 年，蔡伦发明了能大量生产而成本不高的"蔡侯纸"。而1986 年在甘肃天水放马滩和 2002 年在敦煌悬泉置遗址发现的质地优良的纸，将我国的造纸历史从蔡伦时期又往前推了 300 多年。其中，中国古代的文字传播有以下几种具有代表性的途径。

1. 诏诰新闻

诏、诰是封建统治者的官方文书，在遇到重大新闻事件时，诏、诰等文书也承担了传播新闻的重要作用。公元前 221 年，秦始皇统一六国，对这一特大新闻，秦始皇以诏书形式向全国发布："廿六年，皇帝尽并兼天下诸侯，黔首大安，立号为'皇帝'。乃诏丞相状、绾，法度量，则不一歉疑者，皆明一之。"

2. 书信新闻

在古代传播手段不太发达的时期，书信成了人们相互之间传递新闻的重要形式。"烽火连三月，家书抵万金"，形象地描绘了这一情景。书信包括军报、官书和民间书信。书信传播主要通过邮路来实现，中国古代驿站较发达，因此书信新闻传递得也很快。

3. 邸报

邸报是中国最早的报纸，因为它是由"邸吏"负责传发，所以称其为"邸报"。它大约始于唐代，发行于统治机关内部，是封建王朝的政府机关报，以分封各地的皇族和各级政府官吏为主要读者，一般庶民百姓是看不到邸报的，但是一些封建士大夫和地方上的豪绅巨贾往往可以设法看到它的抄件。

4. 小报

小报最早出现于北宋末年，盛行于南宋。其发行人员主要为一部分坊间书肆的主人和中央政府中的个别下级官员。他们在中央政府机关和宫廷内安置了一些人，这些人专门为他们提供材料和探听消息，他们在获取消息后委托坊间的书肆镂板印行，当时人称这种小报为"新闻"。但小报所刊载的消息，不是完全可靠的。宋朝统治者严禁小报出版，元、明、清等朝也出现过类似小报的出版物，当时称其为"小本"或"小钞"，但其同样遭到了当时朝廷的查禁。

（四）印刷传播

纸和墨的应用为发明印刷术准备了物质条件，而印章和石碑拓印则为发明印刷术准备了技术条件。印刷术的发明，使信息传播的"书写方法"有了质的改进。信息可以被大量复制，极大地扩大了信息的传播范围。

印刷媒介的产生是以印刷术的发明为前提的，印刷术的发明通常被视为人类发展史上的一座里程碑。印刷技术最早出现于我国，起源于殷商时期的印章和公元 200 年的拓印术。7 世纪左右，我国最早发明了雕版印刷，这是印刷术的起步。宋朝仁宗庆历年间，毕昇发明活字印刷，据《梦溪笔谈》记载："其法用胶泥刻字，薄如钱唇，每字为一印，火烧令坚。先设一铁板，其上以松脂和纸灰之类冒之。欲印则以一铁范置铁板上，乃密切字印。满铁范为一版，持火炀之。药稍熔，则以一平板按以其面，则字平如砥。若印二三本，未为简易，若印数十百千本，则极为神速。"[①] 毕昇发明的活字印刷术大大节约了人力和材料。13 世纪末，即元朝大德年间，农学家王祯发明了木活字和转轮排字架，活字印刷才进入实用阶段。

中国在古代社会是世界上印刷业最发达的国家，我国的印刷传播通常以政府部门发行的邸报为主，邸报上一般是刊登皇帝的谕旨、大臣的奏折等政府公文，基本上没有自己采写的新闻。而且我国古代也没有产生过像近代报纸那样以新闻为主的定期连续出版物。

印刷媒介的出现，意味着人类可以对精神产品进行大规模、快速的复制，因而印刷媒介的出现，预示了近现代意义上新闻传播的到来。

---

① 骆正林：《新闻理论教程》，北京大学出版社，2010，第 30 页。

二　中国古代新闻传播活动的起步

（一）中国古代报纸的诞生

唐代沙洲地区的《敦煌进奏院状》是目前有据可考的中国古代报纸的雏形，它是唐僖宗时期由驻地在沙洲的归义军节度使派驻朝廷的进奏官发回沙洲的，是 1900 年在敦煌莫高窟出土的两份"进奏院状"的残页。由于沙洲在今天的敦煌地区，两份进奏院状又都长期被封存在敦煌莫高窟，所以其被称为"敦煌进奏院状"。它们为我国古代报纸出现于唐代这一论断提供了直接实物证明。遗憾的是，目前我们却不能一睹它们的容颜，因为两份"进奏院状"均未收藏于国内。其中一份藏于英国伦敦大英图书馆，长 97 厘米，宽 28.5 厘米，纸的外观近似于白色的宣纸，比较坚韧，文字是从右至左、自上而下用毛笔书写而成。另一份藏于法国巴黎国立图书馆。

唐宣宗年间，著名散文家孙樵在襄汉地区得到几十张单页的书面材料，这些材料没有装订成册，其内容也没有任何抬头、落款、标识，因而也不能互相衔接，每页材料按日记事，内容为"某日皇帝亲耕籍田，行九推礼"，"某日皇帝自东封还，赏赐有差"，"某日宣政门宰相与百僚廷争一刻罢"，等等，都是皇帝和官僚的活动。后来，孙樵拿《开元录》来对照，发现每条都在《开元录》上有所记录。孙樵把这件事记录下来，名为《读开元杂报》："于襄汉间，得数十幅书，系日条事，不立首末。其略曰：某日，皇帝亲耕籍田，行九推礼；……某日，皇帝自东封还，赏赐有差；某日，宣政门宰相与百僚廷争一刻罢。如此，凡数十百条，樵当时未知何等书，……有知书者自外来，曰：'此皆开元政事，盖当时条布于外者。'樵后得《开元录》验之，条条可复。"[①]

关于我国报纸的起源颇有争议，有人说我国报纸起源于周朝，也有人说是汉代，但都没有实物证明。孙樵的《读开元杂报》，为我国古代报纸

---

① 赵云泽、孙萍主编《中国新闻传播史》，中国人民大学出版社，2012，第 9 页。

出现于唐代这一论断提供了间接证明。

（二）中国各朝代新闻传播业的发展

1. 两汉时期的官报

戈公振的《中国报学史》认为，西汉已有"邸报"，《西汉会要》卷六十六《百官表》记载"大鸿胪属官有郡邸长丞"，颜师古注："主诸郡之邸在京师者也。按郡国皆有邸，所以通奏报，待朝宿也。"而"通奏报云者，传达君臣间消息之谓，即'邸报'之所由也"。邸的职能是上呈章奏，下报上情，中转信息，为来京地方官安排食宿等，负责人是郡邸长丞。大鸿胪是中央政府接待边远地区和少数民族使节的主官，郡邸长丞是其属官。这说明，当时中央与地方的接待、通报诸事务融合发展。

在汉代有关记载中，"邸报"并未出现，所以多数学者仍认为当时还没有建立发布官报的正常体制。

魏晋南北朝时，政府广泛使用布告和露布。《三国志》和《三国会要》中经常提到以政府文告"布告天下"，其内容主要为行政法令，一般是在固定地点张贴。露布则是一种以流动方式传播消息的媒介，其主要为绢帛或木板，大多传播军事信息，或发布政治檄文，尤其是用在宣传战争胜利的时候。《封氏闻见录》卷四载："露布，捷书之别名也。诸军破贼，则以帛书建诸竿上，兵部谓之露布。"据魏晋时期有关文献资料的记载和相关考证，当时依然没有建立发行官报的正常体制。

2. 唐朝时期的官报

唐代中期，出现"进奏院状报"，其被认为是古代官报发行的地方体制雏形。

9世纪初，各地节度使人数不断增加，藩镇割据后，皆置邸于京师，称为上都留后院、上都知进奏院。其长官称为留后使或进奏官，泛称邸使或邸吏，他们职掌呈递章奏、接转朝廷文书及负责相关事宜，不受朝廷管辖，只对派遣他们的藩镇负责。

由进奏院编抄的"进奏院状报"由进奏院不定期地向地方藩镇传发，其上有国家政事活动的信息，并对朝廷的消息进行筛选，满足了地方及时了解朝廷政事动态的需要。而且其在时间上往往要早于正式发布的朝廷官方文书。

孙樵《经纬集》中记载，"得数十幅书，系日条事，不立首末"之杂报，内载"条布于外"的"开元政事""凡数十百条"，后"及来长安，日见条报朝廷事者"。孙樵所举"杂报"中的国家政事，大都发生于开元十二年至二十三年间（724～735年），其很可能就是开元年间流布于外的进奏院状报。唐时，襄汉地区隶属山南道，估计就是当时山南道进奏院的邸吏们传发给其地方长官的状报或是相关抄件。

有学者认为，"开元杂报"是当时中央朝廷所编发的具有政府公报性质的官报。但是由于其没有记载任何官报的款式和名称，也没有记载固定的刊期与报头，因此对于如何解释"杂报"和"条报"，新闻史界意见并不一致。有学者认为，这是一种近似于进奏院状报之类的报纸，所以中国有官报的时间不会晚于开元年间；有学者认为，这应属于开元和大中年间的政府文告，"杂报"还不能算新闻报纸，"条报"实为动词。其实，中国古代官报本身就是政府文告与新闻报纸的杂交，两者没有严格的界限。所以，中国古代形成的是政府文告与新闻报纸结合的一种文化传统，它对近代以后的中国社会的影响还是相当大的。

综上所述，唐代主要出现了地方驻京办事处各自编发的保留着官样文书痕迹的进奏院状报，它或在京城和地方官僚中传阅，或在一些关心时事的各地士人中传播。然而唐代不见有中央政府统一管理下正式向地方发行的"邸报"体系。

3. 宋代报业发展

宋初，沿唐代旧制，建立起了一套完整的中央和地方统一管理下的官报传播制度。各路州郡在都城东京自置进奏院，最多时达二百个。由朝廷把已经审阅核准的政府公报通过各进奏院转抄后向全国各级官府传播，其名称同为进奏院"状报""状""报"，或称"邸吏状""朝报""邸吏状报""邸报"等。

"邸报"是由宋朝政府中枢部门统一管理、统一发布的正式官报。① 在《宋史·韩琦传》中，范仲淹写给韩琦的信中提及"顷接邸报"的有关内

① 赵云泽、孙萍主编《中国新闻传播史》，中国人民大学出版社，2012，第10页。

容，这是"邸报"一词首次出现，此后，"邸报"在各种诗文中时有出现，成为士人对这种官报的惯用称呼。官吏任免、朝廷诏旨、宫廷情况、皇帝起居、边地战报、刑罚案件和法令条例等为其主要内容。它基本从官文书的模式中分离出来，成为官方传播政事信息的重要载体。其一般是定期发行，有"每月"或"逐旬"或"每五日"。南宋"朝报"改为每日发布，这与当时战事频繁有关。京师进奏院状报下达诸路的州、军、府、监，而各路、州设进奏吏再为传抄，然后传至县以下地区。

北宋后期出现非法小报。此类小报可能起源于进奏官的非法"单状"。南宋周麟之在《海陵集》卷四载其在绍兴二十六年（1156 年）上呈高宗的奏折《论禁小报》中指出："小报者，出于进奏院，盖邸吏辈为之也。比年事之有疑似者，中外不知，邸吏辈必竞以小纸书之，飞报远近，谓之小报。"可见，进奏院官吏内外勾结，非法经营。此时，始将小报称作"新闻"。赵升《朝野类要》卷四载："其有所谓内探、省探、衙探之类，皆衷私小报，率有漏泄之禁，故隐而号之曰新闻。"

总之，从北宋中期至南宋，由"单状"到假"朝报"，再到直呼"小报"，其开始于进奏院官吏的私自经营，后逐渐发展到与民间勾结，开始出现"暗门院子"中"专以探报此等事为生"者，这一行业或已职业化。政治局势动乱之际，小报最为活跃，其内容较为丰富，新闻性较强，既有手书抄写，也有印刷品；它采用私下传售或绕街叫卖方式，已属于商业取利性质，且传播迅速，时效性也较强；或已形成一支专业和业余相结合的采编、传播队伍，读者范围也很广。

4. 元代信息传播活动

元代疆域辽阔，驿传制度相当发达，设有"站赤"和"急递铺"之属。但元朝自入主中原建立统一帝国到灭亡不到 100 年，时间短暂，这一时期没有建立全国性的官报发行体制，因而没有固定的官方报纸发行。

民间雕印发卖的"小本"，可能是宋代小报的延续。元代言禁很严，各类法令层出，如《元史·刑法四》载有"但降诏旨条画民间辄刻小本卖于市"的条例，所以"小本"的编印和发行都只能私下秘密进行。

元代印刷术已有相当水平，杭州、建阳、平水等地都有书籍出版，有雕版印刷者，也有活字版印刷者，有的使用朱墨套色，印刷十分精美。科举方面，元代有印刷发卖新科进士名录和登门报录之类的活动。经济方面，元代甚至出现了印刷的商品广告。

5. 明代报业的发展

"邸报"又称"邸抄""阁抄""抄报""科抄""京报"等，是明代由中央政府统一管理和发行的官报的概称。

明朝的审查制度称为"批红"，即官员要将编辑好的报纸呈送给皇帝，由皇帝亲自过目，然后皇帝会在查阅完毕后用朱砂红在上面做出表示可以刊印的批示。

另外，明朝时官报上出现了社会新闻。据明人文集所载，当时人曾经从"邸报"上看到不少如"（某地民妇）生二女，一女一眼一耳四齿"及"（牛犊）一身两颈两头四眼四耳两口"之类的社会新闻，同时部分官员开始付费读报。[1]

在明代，还有几份报纸值得我们关注。

（1）《急选报》

它是中国目前现存最早的印刷报纸，是目前我们能看到的唯一一份明代报纸的原件，现存于北京国家图书馆，是我国国内保存最早的一份报纸原状。它出版于明神宗万历八年（1580 年），距今已有 400 多年的历史。该报为小册状，长宽为 24.6cm×14.4cm，正文共 6 页，以黄纸为封面，加黑框的报头印在左上端，内含"急选报"3 个大字和"四月份"3 个小字。其正文部分以"吏部一本急选官员事，奉圣旨，计开"打头，以下分四栏，逐个刊出被选中的 162 名官员的姓名、籍贯和被任命的官职。这份《急选报》很可能是民间报房除"邸报"外发行的众多报纸中的一种，其未署出版单位、编辑和发行人的姓名，它有可能单独发行，也有可能作为附件随"邸报"一并发行。

（2）《万历邸钞》

它是保存至今的明代邸报的抄件，共 32 册，按照"邸报"时间先后顺

---

[1]　方汉奇主编《中国新闻传播史》，中国人民大学出版社，2002，第 11 页。

序抄录而成。《万历邸钞》未署原抄录者姓名，但抄录笔迹不止一种。抄本所抄万历年间的邸报，时间跨度长达 45 年，起于万历元年（1573 年），止于万历四十五年（1617 年），并不是万历一朝邸报的全貌。据粗略统计，《万历邸钞》总共有 45.27 万余字，其中篇幅最多的为万历三十六年（1608 年），有 3.8 万余字；最少的是万历三年（1575 年），仅 600 余字。

（3）《天变邸抄》

天变邸抄全文约 2000 字，它是一份专门报道明熹宗天启六年（1626 年）五月初六北京"天变"情况的邸报。估计其并非由官方发布，而是由抄报人编写而临时刊发的。

这篇关于"天变"的报道涉及的时间跨度近一个月，涉及的地区方圆六七百里，涉及的人物，上自皇帝、钦天监、知府、总兵等政府官员，下至吏目、蒙师、内侍、一般士绅及太监、庙祝、道士、赤脚僧、巡更逻卒、长班、轿夫、卖棺者等社会各阶层人士。可见在编写前其做了大量的采访和汇集情况方面的工作。它对研究明代新闻事业的历史具有一定价值。

为了满足士大夫和市民们不断增长的新闻需求，明末时期，无官报之名而有官报之实的"报房京报"应运而生，它没有自己采写的新闻和言论，其内容主要是一些谕旨、官僚奏章、官府文件等的抄录，包括了宫门抄、上谕、臣僚章奏三部分，可以将其看作"邸报"的翻版。这部分报纸平民订阅的较少，其读者主要是官员、士大夫等。

6. 清朝报业的发展

主持政事的枢纽机关是军机处，它把应抄发下达的谕旨章奏发交内阁，然后传知各衙门抄录执行。其中可以发布的内容，由通政使司汇总交由六科传抄。经由六科发抄的谕旨章奏，简称"科抄"。然后，再由各省在京所设的提塘官把科抄有关内容再抄录传报各地，这形成了完整的传报系统和抄送制度。

邸报，或称"邸抄""阁抄""京抄""朝报""京报"。邸报内容往往由皇帝最后定夺。一般说来，非明降的谕旨、直接发给重臣的"廷寄"以及未经皇帝审阅批示的章奏，是不能抄发的。而能够批红下阁经过六科、提塘抄传成为官报内容的，不到全部谕旨章奏的1/3。

民间报房主要集中在北京。随着报业的发展，部分人可能从中分离出来，自立门户，私设报房。清代民间报房源于提塘自设的报房。此类报纸俗称"京报"，或混称"邸抄""邸报"。京报的内容主要包括朝廷政事动态（或称"宫门抄"）、皇帝谕旨和官员奏章。由于京报旨在营利，其实质上只是邸抄消息的翻印，自采新闻很少，更没有言论之类的内容，运作过程中一般能严格自律，遵守当局的禁令，不敢越雷池半步，所以得到统治者的默许。"所有刊发钞报，乃民间私设报房转向递送，与内阁衙门无涉"，然而，其编辑、印刷、发行业务并无法律的正式许可制度。

第二节　新中国成立前新闻事业的发展

一　中国近代报业的起步

（一）近代报刊传入中国

中国近代新闻事业不是在中国古代报刊的母体里诞生的，而是从西方引进的，仿自外国人在华创办的报刊，它是近代以来从西方传入中国的众多文明事物中的一个。

中国古代的报纸是世界上最古老的报纸，由于受到封建专制制度和自给自足的自然经济的限制，它始终没能突破中国古代报纸的模式。中国古代报纸发展到清中期已经达到了最高峰，并出现了向近代新闻事业过渡的些许迹象，但是其也只是流于程式化，内容仅限于谕旨、题奏、官吏任免和科举等方面的信息。这种仅服务于官方的信息传播，仅在封建统治阶级内部和士大夫阶层流行的古代报纸，没有能够直接演进成为近代报纸。

19世纪初，中国正处于闭关锁国的清朝时期，而西方国家资本主义的发展十分迅猛。鸦片战争爆发后，基督教传教士来到中国。为了扩大海外商品市场，相继完成工业革命的资本主义国家加快了扩大殖民地的步伐，传教士们打着向中国传播科学文化的幌子到处出版书报敛财，办报是传教士们的基本手段之一。第一批基督教传教士来中国创办报纸揭开了中国近代报业的序幕。

近代外报的产生背景主要有以下两大方面。

第一，内因。鸦片战争前后，社会形势动荡变化，人们对掌握社会信息的需求越来越强烈，中国当时资本主义的萌芽和发展，为报业的产生提供了物质条件，促使报业不断地涌现和发展。

第二，外因。鸦片战争前，西方传教士传教活动也是中国近代报业产生和发展的重要因素。西方殖民者为了方便对外进行文化扩张，便将报刊产业不断向外扩展，基督教传教士在中国的活动带动了中国近代民主报刊的诞生与发展，基督教义也成为报刊的主要内容。

西方殖民主义者的侵略，以获取最大利润为最终目的。西方殖民主义的入侵，一方面促进了中国近代报业产业的迅速发展，另一方面将西方文化渗透到中国，促使国人意识发生转变。中国人意识到报刊的重要性，他们中的一批有识之士开始创办自己的报刊，拥有自己的报纸。

其中，国人的报刊主要有两类：一是商业报刊，这类报刊多数是从外国人手里转过来的，有的是由曾经在外国人的报馆里做过报人的人自行创办的，这些人比较注重经营管理，这种商业报刊稍晚于传教士创办的宗教文化报刊；二是民族资产阶级自己创办的资产阶级政党报刊。

外报在中国发展如此长的时间，不仅对中国近代社会产生了深刻的影响，而且对我国报刊业的发展起到了很大的促进作用。

（二）外国人在华办报历程

鸦片战争前，清政府对传教士传教活动的限制非常严格，因此，多数英国传教士便转往华人聚居的地区进行传教活动，如东南亚地区。

英国伦敦布道会的马礼逊是第一个到中国进行传教活动的基督教传教士。1813 年，英国伦敦布道会又派传教士米怜到中国协助马礼逊进行传教工作。1815 年，米怜成立第一家中文近代报刊，即《察世俗每月统记传》，在马六甲出版。

1833 年，外国传教士主办的中文报刊开始在中国境内出版，将外国传教士在华办报活动推向了一个新的阶段。一直在南洋徘徊的传教士，终于突破了限禁，在中国境内打开了一个缺口。《东西洋考每月统记传》是传教士郭士立于 1833 年 8 月 1 日在广州创刊的。《东西洋考每月统记传》每期十二三页，楷书木刻，连史纸印，中国线装书本形式。《东西洋考每月统记传》，旨在宣扬西方文化的优越性，征服中国人骄傲自大的排外心理。郭士立曾说："这个月刊出版的目的，就是要使中国人认识我们的工艺、科学和道义，从而清除他们那种高傲和排外的观念。这个刊物就是为维护广州和澳门的外国公众的利益而开办的，它通过编者采用摆事实的方法，让中国人确信，他们需要向我们学习的东西还是很多的。"① 《东西洋考每月统记传》虽是一份宗教性报刊，但其包括政治、经济、科学文化知识、新闻等各个方面的内容，宗教内容已在次要地位，这与它在中国境内出版有一定关系。从此之后，很多种报刊陆续在中国境内出现，这些报刊大都是商业报纸，以刊载商情为主。

1841 年，中国在鸦片战争中战败，把香港割让给了英国，大量英国移民开始涌入香港，这在客观上为中国近代报刊的发展创造了有利的条件。由此，香港报业开始率先发展壮大，并成为外国人在华办报的第一个重要基地。在这些报纸中英文报纸发展最快，而且其中大多是商业性报纸。

当时，在香港有四大英文报纸最为有名，分别是 1881 年创办的《香港纪录报》、《德臣报》、《抒刺报》与《中国之友》，它们为人们所熟知并且发展很快，在香港树立了牢固的地位，并在很长一段时期中连续出版。直到中华民国成立以后，它们成为香港地区历史悠久的著名报纸。

1853 年 8 月 1 日，香港的第一份中文报刊《遐迩贯珍》创刊，这份报纸开始登载一些广告，它是中国境内出版的第一家铅印中文报纸。

鸦片战争后，上海被开放为通商口岸，成为外国侵略者的租界，外国人在租界里出版了大量报刊，并将其划分为各个区域，将其归属于不同的

---

① 宁树藩：《〈东西洋考每月统记传〉评述》，《新闻大学》1982 年第 5 期。

国家，上海很快就成为中国近代报业的中心。

1872 年 4 月 30 日，英国商人美查在上海创办了《申报》，该报纸对政治、军事及社会问题进行了大量报道，1874 年 6 月至 1877 年 4 月，《申报》对这些问题进行了连续报道，轰动了社会各界，充分发挥了其舆论监督的作用。其不仅发表评论文章，而且还增加了副刊内容，创办文艺杂志，与商业化运作接轨，取得了很大的成功。1874 年 1 月 30 日，《申报》第一次用电讯手段刊载了英国内阁改组消息，成为中国用电讯手段发布消息的先驱。《申报》的成功创办与飞速发展，标志着我国中文商业性报纸发展的日趋成熟，是我国商业性报纸的一个成功典范。此外，上海的报业也获得了迅速发展，上海的商业性报纸，如《申报》《字林沪报》《新闻报》在 19 世纪 80 年代形成了三报鼎立的格局。

外国报纸的涌入和发展，给中国近代社会带来了很大的影响。外国人在我国境内办报其实是一种殖民主义活动，属于文化侵略现象，但是从客观上来讲，外国报纸在华发展又促进了中西文化交流，使得中国可以接触到外国一些先进的事物和思想。这些报刊，本质上都是宗教性报刊，其创办人都与伦敦布道会有一定关系，其基本内容是阐发教义与宣传西方文化。随着社会形势的变化，新闻信息传播越来越受到重视，这些报刊的新闻传播性质日益突显，报刊内容的宗教色彩渐趋淡薄，政治、经济色彩则日益浓厚。

（三）近代国人新闻思想

鸦片战争后，西方国家开始在中国办报，西方新闻思想随之传入中国，林则徐和魏源是最早接受西方新闻思想的人。1839 年 3 月，林则徐到广州禁烟时，最早注意到了外国报纸，他曾经组织翻译过很多外报材料，里面涉及很多当时的政治、军事等方面的时事报道。之后，魏源对林则徐的译报思想进行了发展，编著成《海国图志》一书，他在其中提出了"师夷长技以制夷"的观点。

太平天国时期的洪仁玕最早提出了学习西方创办近代报刊的想法。洪仁玕是洪秀全的族弟，提出了太平天国的治国纲领《资政新篇》，该纲领带有资本主义性质，其政治思想也相对比较系统。在《资政新篇》中，洪仁玕提出"开设新闻馆，准卖新闻篇；准许民间办报；兴各省新闻官，昭法律，别善恶……"洪仁玕强调了新闻馆的独特地位，并论述了新闻馆的作用，这表明中国人对近代新闻事业第一次有了相对鲜明的认识，为其以后的发展奠定了基础。

19世纪70年代以后，香港地区的一些中国人开始创办一批中文报刊，其中王韬创办的《循环日报》最具有影响力。从1849年开始，王韬在英国传教士麦都思主办的墨海书馆负责中文编校工作，他在那里工作长达13年。后来王韬因在回乡之际向太平天国的地方长官献计献策而遭到清政府的追捕，于1862年流亡于香港。他曾经两次到过法国，对西方资本主义社会进行了考察，1874年，王韬在香港创办了《循环日报》。《循环日报》是中国近代最先公开鼓吹变法的报纸，它宣传资产阶级改良主义思想；在内容上，它致力于传播和普及西方知识，推介西方自然科学和社会科学成就，反映世界大势和时局变化，鼓吹学习西方、变法图强。[1]《循环日报》对我国近代报业的发展做出了非常大的贡献，开我国政论报纸之先河。

（四）中国近代办报高潮

1. 维新变法与第一次办报高潮

19世纪90年代中期，资产阶级发动了席卷中国的变法维新运动，也由此掀起了国人办报的高潮。

据不完全统计，从1895年到1898年三年的时间里，全国有120种左右的报刊，其中大部分是中国人自己创办的，康有为、梁启超、严复等人都创办了自己的报刊，这为推动维新运动的发展，打破外报在中国的优势以及促进中国近代报刊业的发展做出了突出贡献。

1895年8月15日，康有为、梁启超等人主办的《万国公报》在北京创刊。同年11月，强学会成立，同时将《万国公报》改名为《中外纪

---

① 赵云泽、孙萍主编《中国新闻传播史》，中国人民大学出版社，2012，第35页。

闻》。其于 1895 年 12 月 16 日作为机关报出版，该刊的新闻内容只有很少的一部分，而翻译西方的著作则占了绝大部分。1896 年 1 月 20 日，清政府查禁了强学会，《中外纪闻》也被迫停刊。

《中外纪闻》从创刊到停刊，仅仅存在了一个多月的时间。此后，《强学报》作为上海强学会的机关报于 1896 年 1 月 12 日创刊，其政治色彩更为鲜明，影响力也较之前有所增大。《强学报》明确了维新变法的重要性，并强调了相关政治主张。但也正因为如此，《强学报》仅仅出版了 3 期，存在了 14 天就被迫停刊。

随着维新运动的继续发展，《时务报》又于 1896 年 8 月 9 日在上海创办，梁启超在《时务报》上发表了数十篇政论，其中《变法通议》是最为著名、影响力最大的一篇。他所翻译的外报使人们的眼界大为开阔，受到了众多读者的追捧，因此该报发行量大增，其发行量最高达到 17000 份，是当时发行量最大的报刊，同时也成为维新派最重要的、影响最大的机关报。

维新变法的办报实践及其理论成为当时的创刊典范，影响了之后的一代又一代的办报人。此后，国人自办的报刊不断地涌现出来，成为社会舆论的中心，并出现了国人创办报刊的第一个高潮。

第一次国人办报高潮有以下几方面的特征。一是报刊数量大。从 1873 年到维新变法这 20 多年间，近代中国人自己创办的报刊大概有 30 多种；自维新运动以后，虽然只有两年多的时间，但国人自办报刊飞速发展，数量高达 70 多种。二是地区广。国人办报的地点不仅限于上海等外国报纸比较多的地方，而且内地中小城市如长沙等地也是其发展的重要地区。除此之外，报刊品种也较之前大大增加。除一些政论性报刊、综合性报刊之外，专业类报刊和文艺娱乐性报刊也相继出现，很多报刊类型都是首次在我国出现。

2. 资产阶级革命派与第二次办报高潮

1901 年"报禁"开放后，中国新闻事业开始蓬勃发展，报刊数量逐年增加。中国新闻事业史上的第二次办报高潮，出现在清政府宣布预备立宪后。而资产阶级革命报刊则是这次高潮的主流。上海、武汉是资产阶级的两大办报基地。

《神州日报》、《中国女报》和"竖三民"报是资产阶级革命派在上海创办的比较著名的报刊。1907 年 1 月，秋瑾创办了《中国女报》，但是该报只出版了两期就被查封。于右任主办的"竖三民"报，即《民呼日报》《民吁日报》《民立报》，是同盟会在东南八省进行革命宣传的重要言论阵地。

1907 年 4 月 2 日，《神州日报》在上海创刊，是于右任创办的国内第一家大型日报，其宗旨是"有闻必录"，经常揭露一些社会的黑暗面，敢于讲事实、说真话，受到读者的广泛欢迎和喜爱。它出版不到一个月，发行量就与《申报》和《新闻报》不相上下。但是同年 5 月报馆遭火灾，很多设备被烧毁。

1909 年 5 月 15 日，于右任又在上海创办《民呼日报》，报刊的名字有"大声疾呼，为民请命"的意思，该报对当时的黑暗社会进行了无情的批驳和揭露。后由于遭人陷害，报馆遭到查封，于右任被捕并被逐出公共租界。同年 10 月 3 日，《民呼日报》被封 20 天后，由于右任创办的《民吁日报》又在上海法租界诞生。但是由于创刊后得罪了日本政府，《民吁日报》只经历了 48 天，就于 11 月 19 日被查封。1910 年 10 月 11 日，于右任又创办了《民立报》，并请了当时刚从日本回国的宋教仁担任《民立报》的主笔，宋教仁撰写了大量时政文章，批判清政府，其政论笔锋矫健，受到读者的一致认可。该报创刊时间不长就创造了 2 万余份的发行量，是当时国内发行量最多的一家日报，也是当时国内影响最大的一家革命报纸。其实际上成了中华民国临时政府的机关报。[1] 由于《民呼日报》《民吁日报》《民立报》三报一脉相承，所以它们有"竖三民"之称。

资产阶级革命派在武汉也创办了很多比较著名的报刊，如《商务报》《大江报》等。在辛亥革命之前，武汉地区就是重要的革命报刊宣传活动中心，《大江报》于 1911 年 1 月 3 日创刊，詹大悲任总经理兼总编辑，黄侃、宛思演等也是其重要的组织成员。当时，《大江报》在武汉地区具有很高的知名度。其主要的读者对象为新军士兵和下级军官，该报旗帜鲜

---

① 赵云泽、孙萍主编《中国新闻传播史》，中国人民大学出版社，2012，第 91 页。

明、敢发惊人之语，用大量的篇幅反映了新军士兵的疾苦，大力维护他们的利益；传播革命思想，并且通过刊载的消息，揭露清政府的腐败。于1911 年 7 月 17 日发表的时评《亡中国者和平也》和 7 月 26 日发表的《大乱者救中国之妙药也》这两篇文章，使《大江报》享有盛名，一针见血地指出中国社会已经病入膏肓，认为只有革命才能够救中国。文章发表后，湖广总督大为震怒，派人逮捕詹大悲、何海鸣，并派军警查封了《大江报》。《大江报》事件发生后，舆论哗然，国内有识之士纷纷指责湖广总督摧残言论的暴行，最终，使当局轻判了詹大悲和何海鸣。

国人办报第二次高潮的特点有以下几点。

第一，国人第二次办报高潮的主角已经由资产阶级改良派变成了资产阶级革命派。尤其是在同盟会成立以后，革命派办报不仅在数量上超过了改良派，而且占据了舆论的主导地位。

第二，革命派报纸的创办，促使了各派报刊在政治斗争中不断发展壮大，这一时期最大的特点是将宣传机关、指挥机关、联络机关结合为一体。

第三，办报地区有所扩大。维新运动前后，很大一批报刊都是在海外或者在沿海地区。这个时期，办报活动从海外到内陆，甚至到了内陆一些比较偏远的地区，以前没有办过报纸的地区都已经开始办报了。

第四，读者面大为扩大。读者由官员、上层知识分子扩大到中层知识分子，甚至包括一些底层的商人等。这个时期的报纸比较通俗易懂，有的地方已经出现了完全的白话文报纸。

（五）民国初年中国的新闻事业

1. 中国新闻事业的短暂繁荣时期

中华民国临时政府于 1912 年成立后，中国资产阶级开始创建自由新闻体制。1912 年 3 月 11 日颁行的《中华民国临时约法》将言论出版自由的原则载入国家的根本大法之中。同年 3 月 17 日，孙中山应上海日报工会的邀请，颁布有利于新闻事业发展的法律、法令，以利于报业的发展，促进新闻事业的繁荣。

南京临时政府颁行的上述法律、法令，确立了以言论出版自由为本的新闻法制原则，标志着自由新闻体制在中国的确立。自由新闻体制的确立，对中国新闻事业的发展来说是一个极大的推动力。新闻事业呈现前所未有的繁荣景象，甚至有人把武昌起义后的半年称为"报界的黄金时代"。①

民国初年的新闻界较之前发生了很大的变化。这主要体现为以下三点。一是政府的机关报大量出版，清政府的官报被诸多新创的政党报刊所取代，报刊的主要内容多以政治时事和政治法令为主。二是出现了大量不同种类的报纸，如提倡"实业救国和教育救国"的经济类报刊、教育报刊、要求女子参政的妇女报刊等。三是通讯社开始兴起，1912 年至 1918年，通讯社发展非常迅速，没多久就发展到 20 多家，以邵飘萍主办的东京通讯社、新闻编译社最为知名。

另外，中华民国成立前后，由于受到民主政治思想的影响，社会上掀起了一股结党结社风，300 多个政党和团体相继建立，随之便出现了许多的党营报纸，甚至一些小的政党、政治团体和个人也办起了报刊。各政党主办的报刊都为自己的政治观点做辩护，引起了很多论争。多数党政报刊成为各个政党争权夺利的工具，因此，民国初期党政报刊的进步作用微乎其微。

2. 袁世凯对新闻自由的扼杀

中华民国成立后不久，袁世凯窃取了辛亥革命的胜利成果，成为中华民国临时大总统。他采取多种措施打击孙中山确立的自由新闻体制，对民国初年新闻事业的短暂繁荣局面造成了严重破坏。

袁世凯一方面利用权力钳制舆论，另一方面紧锣密鼓地创办御用报纸。他网罗了部分文人，创办了一批报纸，不过其上大多是歌功颂德的歪曲之作。"二次革命"失败后，袁世凯开始大举摧残新闻出版事业，北京、天津等地的国民党报刊全部被封禁，租界内也禁止售卖各种报纸，很多反袁言论和支持国民党的报刊也惨遭查封。到 1913 年年底，全国只有 139 家

---

① 方汉奇主编《中国新闻传播史》，中国人民大学出版社，2002，第 148 页。

报纸在继续出版，这就是"癸丑报灾"。

之后，北洋军阀统治时期，他们也运用各种手段扭曲和迫害自由新闻体制，对新闻事业的发展形成了极大的桎梏。当时，所有要出版的报纸都要在警察部门登记，出样之后也要经过警察部门的检查，通过审查后才可以出版，一旦发现有反对军阀的言论，他们就采取暴力措施对其进行干涉和迫害。据统计，从1916年到1919年，全国至少有29家报纸被封，17名记者遭到枪杀或判刑。历届北洋军阀政府还炮制出不少新的钳制性法规，更为严格地控制报人，摧残新闻事业。文艺副刊和黄色小报泛滥成灾，为了明哲保身、存在下去，很多报纸开始刊登一些无关紧要的文章，取消了社论和论说栏目。①

二 "五四"运动至新中国成立时期的中国新闻事业

（一）"五四"时期的中国新闻事业

1.《新青年》的创办

袁世凯死后，北洋军阀各系斗争不休，轮番掌握中央政府，中央政府的力量被削弱。多元化政治和地方区域政治的发展，使中国迎来了一个自由主义思想的高潮。这一高潮与政治军事上的混乱局面并存，对中国新闻业的再次繁荣产生了一定影响。

1915年9月15日，陈独秀从日本回国，在上海创办《新青年》，其原名为《青年杂志》，二卷以后才改名为《新青年》，这是一本大型的综合性学术期刊，封面上有新闻纸类的字样，内容中有针对当时时事的评论；其还设有"国外大事记""国内大事记""通信"等专栏，还有类似于报纸副刊的小说和诗歌等。

《新青年》共出版9卷（54号），6本为一卷，1922年7月停刊，其在发行期间，曾经两次迁移地点。1917年初，陈独秀任北京大学文科学长，

---

① 方汉奇主编《中国新闻传播史》，中国人民大学出版社，2002，第151页。

《新青年》便被迁到北京出版；1920 年 9 月 1 日，《新青年》被改组为中共上海发起组的机关刊物，其发行地点又被迁回上海。由陈独秀、李大钊、胡适等作为主编，鲁迅、周作人等为主要撰稿人。

《新青年》的创刊，是中国新文化运动兴起的标志。《新青年》具有明确的宗旨。它高举民主与科学的大旗，发动了一场以反对旧道德、提倡新道德，反对旧文学、提倡新文学为主要内容的新文化运动，并在这场新文化运动中成为主要阵地。

2. 《每周评论》的创办

第一次世界大战结束后，人们出于对国家前途及国内外各种大事进行关注的需求，迫切要求报刊加强时事政治的报道和评论。《新青年》在这一时期已经不再适用，因此，陈独秀、李大钊决定使《新青年》的一部分人另外创办一份小型报纸，两者相互配合，共同进行革命宣传工作，继续推动新文化运动的发展。

1918 年 12 月 22 日，《每周评论》在北京创刊，其版面是 4 开 4 版，主要刊载一些政治时事和评论，重在批评事实，把政治斗争和思想文化斗争紧密结合起来，并加强对反帝反封建军阀的政治报道，将报道和评论相结合，以启迪人们的思想。陈独秀在《每周评论》创刊词中提出《每周评论》的宗旨是"主张公理，反对强权"。《每周评论》从创刊开始到 1919 年 8 月 31 日被北洋军阀政府查禁，一共出版了 37 期，陈独秀主编了前 25 期，李大钊、周作人等都是其主要的撰稿人。[①]

3. 第一批工人报刊的创办

第一批工人报刊于 1920 年下半年由各地共产主义小组相继创办。这批刊物主要以马克思主义为指导、以工人为对象，意图通过大量丰富、富有感染力的文章宣传马克思主义，阐明党的方针、纲领，唤起工人的觉醒。《劳动界》（上海）、《劳动音》（北京）、《劳动者》（广州）等主要刊物是其代表。这些刊物的出版，是先进知识分子从事工人运动的良好开端，也是马克思主义的传播与工人运动相结合的标志。

---

① 方汉奇主编《中国新闻传播史》，中国人民大学出版社，2002，第 182 页。

1920 年 8 月 15 日，上海共产主义小组在上海创办了《劳动界》，这是一本 32 开的周刊，其宗旨是"改良劳动阶级的境遇"，鼓动工人们团结起来，为改变自己的地位而斗争。其主要的编辑和撰稿人有陈独秀、李汉俊、陈望道等。该周刊于 1921 年 1 月 23 日停刊。

1920 年 11 月 7 日，北京共产主义小组在北京创办了《劳动音》。该刊注重反映工人受压迫的生活，发动、指导工人的罢工斗争。该刊对工人进行了一些马克思列宁主义的通俗宣传，强调工人必须组织起来，推翻现存制度，才能得到解放。该刊的主要编辑有邓中夏、罗章龙等。该周刊于 1920 年 12 月 5 日停刊。

1920 年 10 月 3 日，广州共产主义小组在广州创办了《劳动者》。陈公博、谭平山等为该刊的主要创办人。该周刊于 1921 年 1 月 2 日停刊。

（二）大革命至抗日战争前的中国新闻事业

1. 中国共产党的新闻事业

1920 年 7 月创立于上海的中俄通讯社，简称中俄社。1921 年 5 月 5 日，中俄通讯社改称华俄通讯社，简称华俄社，这是我国第一家无产阶级通讯社。

1921 年 7 月，中国共产党诞生，1922 年 9 月 13 日，作为中共中央政治机关报的《向导》周刊在上海创刊。这是一份具有时事政治评论性的周报，也是中共中央第一份政治机关报。它主要宣传了民主革命纲领，即打倒帝国主义、打倒封建军阀、统一中国为真正的民主共和国。

1927 年 10 月 24 日，中共中央在上海创办了理论刊物《布尔塞维克》，这是中共中央的政治机关刊物，瞿秋白担任主任，并组成编委会。1928 年，中央政治机关报——《红旗》在上海出版，1930 年 8 月其与《上海报》合并，改名为《红旗日报》。大革命时期共青团中央委员会还创办了《无产青年》，后改名为《列宁青年》。除此之外，各个地下党组织也相继出版了相应的机关报。

根据地的新闻事业也在不断向前发展，红军宣传方式主要是传单、布告、简报等，后发展成油印、石印小报，个别还用了铅印。1930 年 7 月 29

日,《红军日报》在长沙创刊,共出版 6 期,《红军日报》是红军的第一份报刊,也是唯一的大型对开铅印日报。

1931 年 11 月 7 日,共产党的第一个通讯社"红色中华通讯社"在瑞金成立,其主要任务就是出版报纸。红军长征时期,是新闻事业比较低迷的时期,中央级的报纸除《红星》报继续出版外,其他报刊几乎停刊。到了延安时期,1935 年 11 月 25 日《红色中华》重新恢复出版,1937 年其改名为《新中华报》,成为中共机关报。1937 年 1 月,"红色中华通讯社"改为"新华通讯社"。1937 年 4 月 24 日,中共中央政治理论机关刊物《解放》周刊诞生。

2. 国共合作后的新闻事业

1924 年 1 月,国共合作正式形成,全国革命形势高涨。与此同时,革命报刊也出现了新的发展,并在五卅运动和北伐战争中达到了高潮。国共合作之后,新闻宣传工作进一步得到加强。由毛泽东担任中央代理宣传部部长,负责主持和整顿国民党新闻报刊系统的宣传工作,很多共产党人参加了国民党报刊的出版和通讯社活动,在广大的群众中形成了很大的影响。

这一时期,《向导》《中国青年》等中央报刊在中国共产党的领导下继续坚持出版,众多的地方党团组织得以建立,随之而来的便是一批地方党团报刊的问世,这初步形成了从中央到地方的中共党团报刊网络。随后,多种报刊得以发展,如党的地方组织创办的报刊,团组织的报刊,工人、农民、妇女报刊等,这类报刊成为当时中国新闻事业前进的一个重要方向,如 1924 年 10 月创刊于上海的《中国工人》,在当时的工人报刊中占有非常重要的地位。北伐战争前后,军队报不断地涌现。国民革命开始后的一年中,原有的军队报刊加上新出版的报刊大约共有 30 种,如《中国军人》《军人日报》是其中影响比较大的。

此时的《申报》开设了多种副刊,使报社和读者的联系逐渐增强;《新闻报》多擅长报道经济类、广告业务、经营管理等新闻,因此,其在当时的工商界具有非常大的影响力,《新闻报》也因此成为全国闻名的"柜台报"。

1923 年,美国人奥斯邦创办的"大陆报"——中国无线电公司广播电台，开启了中国的广播事业。该电台呼号为 XRO，发射功率是 50 瓦，这是外国人在中国设立的第一座广播电台。① 据统计，1926 年中国通讯社多达 155 家。

3. 国民党的新闻事业

当时，国民党建立的三大新闻中心为《中央日报》、中央通讯社、中央广播电台，并利用其垄断了新闻的发布权和发言权。

1926 年，《中央日报》在广州开始筹办，于 1927 年 3 月 22 日在汉口创刊。这是国民党的中央机关报，国民党中央宣传部部长顾盈余兼任机关报的社长，该报宣传革命思想，在国民革命中起到了重要的作用。但是该报在"七一五"反革命政变后变为反共拥蒋的政治态度，导致其在武汉"分共"后停刊，从出版到停刊其总共经历了不到半年的时间。《设置党报办法》作为一项法令由国民党于 1928 年秋颁布实施，其规定在首都设置国民党直属党报。上海《中央日报》在 1929 年 2 月 1 日迁到南京出版，任命国民党中央宣传部部长叶楚伧兼任社长，受国民党中央宣传部党报委员会的领导。1932 年 3 月 1 日，《中央日报》开始实行社长制，程沧波为首任社长，直接对国民党中央宣传部负责。

中央通讯社是国民党所创办的台湾官方通讯社，简称"中央社"，英文缩写 CNA。该社 1924 年 4 月 1 日创立于广州，1927 年 5 月 6 日迁到南京，1932 年改组建立总社，任命肖同兹为社长。中央社在各大城市和省会城市设立分社或通讯员办事处，基本上建立了覆盖全国的通讯网，垄断了国内新闻来源。到 1936 年，中央社先后在上海、汉口等各大城市设立了 11 个分社，在昆明、西宁等省会和重要城市派驻通讯员 30 余人，初步形成了一个全国通讯网络。同时，中央社又与路透社、哈瓦斯社、合众社等签订互换新闻的合同，从而垄断了国际新闻来源。

1928 年 8 月，全称为中国国民党中央执行委员会广播无线电台的中央广播电台在南京正式开始播音，由于这座广播电台是由陈果夫等人倡导建

---

① 方汉奇主编《中国新闻传播史》，中国人民大学出版社，2002，第 213 页。

立的，所以陈果夫又被称为"中国广播的保姆"。后来，经过扩建，"中央广播电台"的功率增加到 75 千瓦，是当时"亚洲发射功率最强的广播电台"。"中央广播电台"隶属于国民党"中宣部"，首任主任是徐恩曾。电台播出的所有新闻稿均由"中央通讯社"提供，主要为国民党的空中声音服务。

（三）抗日战争和解放战争时期的中国新闻事业

1. 抗日战争时期中国的新闻事业

抗战爆发后，新华社发稿范围逐渐扩大，信息量也逐渐加大，每天发稿量也由原来的一两千字增加到四五千字，从 1938 年起，其逐渐在几个大的敌后抗日根据地建立分社。抗战时期，新华社从只有十几个人发展到总社就有 100 多人，并在各抗日根据地共拥有 9 个总分社和 40 多个分社，成为一个统一的、独立的通讯社。[①]

1940 年 12 月 30 日，延安新华广播电台诞生，该电台在延安开始试播，由周恩来担任广播委员会主任。它的创立是中国无产阶级广播事业的开端，标志着中国共产党新闻事业发展迈出了具有里程碑性质的一步。1949 年 12 月 5 日其改名为中央人民广播电台。

《解放日报》于 1941 年 5 月 16 日出版，这是在抗日民主根据地出版的第一份铅印对开大型日报，它是由《新中华报》和《今日新闻》合并而成的大型中共中央机关报，该报在整风运动中进行了积极的宣传活动，发挥了重要作用。

从 1942 年开始，中国共产党在全党范围内进行了整风运动。在整风运动中，《解放日报》发表了一系列关于新闻工作的文件、社论和署名文章，这些文章有助于中共宣传工作的开展，可以密切联系群众、联系实际，更好地发挥其应有的作用。

中国共产党第一次在国统区公开出版的属于自己的机关报——《新华日报》，于 1938 年 1 月 11 日在武汉创刊。该报反对国民党进行严格的新闻

①　方汉奇主编《中国新闻传播史》，中国人民大学出版社，2002，第 253 页。

检查、封锁新闻来源、限制人们的言论出版自由等行为，与国民党展开了长期的、艰苦的斗争。

此时，上海成为当时日伪军的新闻中心，我国的新闻事业岌岌可危，出现了当时独特的孤岛报刊和"洋旗报"。日本帝国主义和汪精卫利用通讯社控制新闻报刊，并大量制造虚假新闻。1942年下半年日本在我国创办的报纸有197种，杂志有94种。

2. 解放战争时期中国的新闻事业

抗战胜利后，国民党首先接收了收复区的新闻事业，1945年9月，国民党颁布了《管理收复区报纸通讯社杂志电影广播事业暂行办法》，为了在短时间内建立自己的新闻事业网，国民党开始以原来的日伪新闻事业为基础，推行"党化"新闻事业政策。

抗战胜利初期，国统区有许多进步的新闻工作者为争取新闻自由、反抗严格的新闻审查制度，掀起了争取新闻自由的浪潮，其中以"拒检运动"影响最大。1945年8月7日，重庆国讯书店自行出版了黄炎培撰写的《延安归来》一书，得到众多新闻出版机构的支持，揭开了"拒检运动"的序幕。重庆16家杂志社共同发表声明，该声明被称为"拒检声明"。此后国民党难以主持僵局，于1945年10月1日宣布对之前的新闻检查制度予以废除，各种新闻检查机构也随之被撤销。

抗战胜利后，解放区的新闻事业得到了较大发展，《冀中导报》《晋察冀日报》等纷纷改组并恢复出版。1945年8月24日，张家口新华广播电台开始播音，呼号为XGCA，第一次播出了天气预报和多种商品信息。新华社也于1948年4月16日进行了改组，成立管理委员会，由廖承志担任主任委员，编辑出版《参考消息》《各地来稿》等刊物。作为中共中央的主要发言单位，新华社在全国建立起了一个庞大的通讯网络，培养了一批杰出的新闻工作者，为新闻事业的发展奠定了坚实的基础。

1947年6月，《晋绥日报》对新闻报道工作中存在的右的倾向和新闻报道失实问题在报纸上公开进行批评与自我批评，同时提倡维护新闻的真实性，发动群众要敢于揭露虚假报道，掀起了反对"客里空"运动。"客里空"是剧本《前线》中一个捏造事实、品质恶劣的战地记者的名字，从来没有上过前线的他通过想象和听取汇报来编造假新闻，描述战场上的情况，所以"客里空"就成了新闻界里报道不真实新闻和弄虚作假的新闻记者的代名词。同年 9 月 1 日，新华社发表社论《学习〈晋绥日报〉自我批评》，后来各个解放区的新闻界普遍开展反对"客里空"的运动。[1]

在解放战争即将结束之际，中共中央着手制定新闻业发展的相关政策，各级新闻单位也开始着手培养专门的报道方向的记者，建立党报。1949 年 3 月 15 日，华北《人民日报》迁至北平，后成为中共中央机关报；3 月 25 日新华通讯社、新华广播电台也迁入北平；6 月 16 日，《光明日报》在北平创刊，是中国民主同盟机关报；7 月 15 日，中华全国总工会机关报《工人日报》在北平创刊。此外，共产主义青年团、全国妇女联合会、全国少年儿童工作委员会的机关报也纷纷迁到北平出版或在北平创刊，北平成为全国新闻事业的中心。

1948 年，毛泽东在山西兴县蔡家崖村接见了《晋绥日报》编辑人员，并听取了报社的工作汇报。随后，毛泽东发表了著名的《对晋绥日报编辑人员的谈话》，对解放区新闻事业经历的反右和反"左"两条战线的斗争进行了总结。1948 年 9 月、10 月，中共中央在西柏坡举办由华北人民日报社、新华社华北总分社的部分记者参加的学习班。10 月 12 日，刘少奇在学习会上发表讲话，即《对华北记者团的谈话》，对新闻工作者适应新的形势、完成新的任务提出了明确的前进方向。

第三节　新中国成立后新闻事业的发展

一　新中国成立初期中国的新闻事业

（一）新中国成立初期的报刊改革

1. 社会主义公营新闻事业系统的建立

中华人民共和国成立以后，新民主主义性质的新闻事业在中国出现。

---

[1] 方汉奇主编《中国新闻传播史》，中国人民大学出版社，2002，第 317～318 页。

当时中国新闻界的状况是共产党的新闻机构与非共产党的新闻机构并存、公营新闻机构与私营新闻机构并存，这反映了当时新民主主义的社会性质。

但社会主义是中国发展的方向，建立一个具有社会主义性质的公营新闻事业系统是新中国成立初期新闻事业建设的重点。因此，新中国一经成立，中共中央和中央人民政府就建立起一个以北京为中心、遍布全国各地的公营新闻事业网。其中，以北京为中心，建立起了以新华社为主体的国家通讯社、以中央人民广播电台为中心的国营人民广播电台网和以《人民日报》为主体的公营报刊网。

2. 《人民日报》的改版

《人民日报》于1956年7月1日当天发表社论——《致读者》，宣布正式改版。该社论阐述了《人民日报》改版的目的与重点，其主要从三个方面进行改版，分别为扩大报道范围、开展自由讨论、改进文风。

这次新闻工作改革的实施，更新与解放了广大新闻工作者的新闻观念，使他们对中国新闻事业的优良传统与经验进行了认真研究与总结，并将社会主义的新闻内容与中国民族形式相结合。这次改革赢得了国内读者的广泛支持，极大地推动了我国新闻事业的发展。

3. 全国报业"三足鼎立"格局的形成

在历经社会主义改造后，全国形成了以社会主义报刊为主导的新闻发展格局，同时出现了以《人民日报》《光明日报》《大公报》三大报纸为主的报业格局。其中《人民日报》是党中央机关报。《光明日报》于1949年6月16日由民盟创办，后来成为全国各民主党派的联合机关报，1957年以后再改为中共中央宣传部领导下的知识界报纸。《大公报》由原上海《大公报》和天津《进步报》合并，其于1956年10月进京并开始出版，成为全国经济类报纸。1966年9月《大公报》停刊。

（二）"大跃进"时期的中国新闻事业

1956年社会主义改造基本完成之后，我国进入全面建设社会主义的新阶段，在政治上先后发生的1957年整风运动与"反右斗争扩大化"以及

1959 年庐山会议之后的"反右倾运动"，给我国新闻事业带来了较大的负面影响。

1957 年 4 月 13 日《人民日报》发表长篇社论《正确处理人民内部矛盾》等文章，全面报道了毛泽东在最高国务会议上的讲话。从同年 5 月起，报纸把"整风运动"作为一项重大工作来宣传报道。

这一时期报刊的报道普遍存在严重失实和失真的情况，这极大地阻碍了报刊的健康发展。

（三）"文化大革命"时期的中国新闻事业

1965 年 11 月，《文汇报》发表的《评新编历史剧〈海瑞罢官〉》一文成为"文化大革命"的导火索。1966 年，中共中央发布《中国共产党中央委员会通知》，标志着"文化大革命"的彻底爆发。这一时期以报刊为代表的新闻事业遭受了重大冲击，报刊一度成为林彪、江青反革命集团控制下的，鼓吹个人崇拜、煽动极左热情、制造媒体审判甚至彻底颠倒黑白、阴谋篡党夺权的舆论控制工具。

1967 年 1 月，中共中央发出《关于报纸问题的通知》，指示省市报纸可以停刊"闹革命"，于是全国的报纸从数百家变成了 40 多家，以《人民日报》《解放军报》《红旗》为代表的"两报一刊"替代了全国报刊，"两报一刊"的内容也几乎一样，出现了"千报一面"的状况。直至 1976 年 10 月，"四人帮"被瓦解，工作组被派驻到人民日报社、新华社、中央广播事业局、光明日报社等中央新闻单位，新闻事业在党中央的正确领导下逐渐走回正轨。

二 改革开放以后中国的新闻事业

（一）改革开放后新闻事业的革新

《人民日报》在 1978 年 3 月 26 日发表了一组理论文章，《标准只有一个》为其中的一篇。该文章提出的"检验真理的标准，只有一个，就是社会实践"的观点，在当时引起了强烈的反响，新闻事业的面貌有了显著变化，开始走上正轨。1978 年年底至 1989 年年底，新闻事业获得了长足的发展，这时期的报纸、广播、电视、新闻摄影、新闻纪录、电影等各种媒体相互竞争，相互配合，形成了共同发展的繁荣局面。

（二） 社会主义市场经济下新闻事业的发展

随着社会主义市场经济的发展，社会主义新闻事业不断发展壮大，并逐渐走上集团化的道路。我国在新闻界轰轰烈烈开展起来的又一次办报高潮，是在中共十四大之后。这时期的报刊种类大大增加，报纸数量大幅度增长，报业结构也在不断完善，各种群众团体报、文摘报、行业报和生活报的比例有了大幅度的上升，党政机关报所占的比例却有所下降。

全国各省、自治区、直辖市的电视台都办有多种频道，电视节目也多种多样，这不仅体现了我国广播电视新闻业的发展之迅速，而且极大地丰富了人们的生活。广播电视节目随着"村村通"工程的推进，传播到了全国的每一个角落。与此同时，各种新闻事业呈现集团化发展趋势，彼此之间的竞争也越来越激烈。

（三） 新闻媒体的集团化趋势

从 1996 年起，我国开始成立一些报业集团，它们以党报、大报为龙头，兼并一些小报小刊，壮大了原有的实力，促进了存留报纸和期刊的优化组合及经济效益，有的还进行相关产业的经营。如广州日报报业集团于1996 年正式挂牌运行，广东还有羊城晚报报业集团、南方日报报业集团等，后者在 1984 年 1 月创刊的《南方周末》，以深入的批评报道赢得声誉，成为全国非常有影响的报纸之一。到 2000 年，全国建立了 16 家报业集团。有的地方还成立了出版集团，以某一城市为据点，把许多出版社整合在一起，以优化资源配置，增强市场竞争力。2001 年 5 月成立的北京广播影视集团，是我国第一个集广播、电视、电影三位于一体的企业集团。随后，上海的东方传媒集团成立。同年 12 月，中国广播影视集团经党中央、国务院批准在北京成立。其主要由中央电视台、中央人民广播电台、中国国际广播电台、中国电影集团公司、中国广播电视互联网等单位组成，员工有 2 万多人，其因规模而成为中国最大的新闻传媒集团。

（四） 网络新闻媒体的崛起

从 20 世纪 90 年代后期开始，互联网在我国得到广泛使用，且发展势头喜人，是继报刊、广播、电视之后的第四大传播媒体。1995 年 5 月，中国开始向社会开放网络系统，为社会大众提供全面服务。从 1998 年下半年开始，国内的一些著名商业网站及时跟进运作，很多商业网站开始涉及国内外时政新闻的发布，有的甚至直接开设了"新闻中心"或"新闻频道"专栏，或者将新闻发布作为自己的主打项目。

2000 年 4 月，国务院新闻办公室成立的网络新闻管理局，专门负责管理全国互联网网络新闻的宣传工作。它的任务有以下几点：①负责国家互联网络新闻宣传事业建设的总体布局并加以实施；②对开办新闻宣传网站或栏目进行资格审核，组织搜索互联网重要信息；③组织开展互联网网络重大新闻宣传活动，开发重点信息资源；④拟定互联网网络新闻宣传管理方针、政策和法律法规。各省份在中央成立网络新闻管理局之后，也陆续设立相应的管理机构。

随着第四媒体在社会上的普及，世界各种信息的传播更为快捷和便利，这必将为中国的现代化建设做出巨大贡献。

第三章

新闻与新闻传播理论研究

诞生于 19 世纪末的新闻学是一门年轻的社会科学。随着新闻传播事业的快速发展，越来越多的人开始研究新闻学。

20 世纪 40 年代诞生了传播学，而随着传播学研究的大踏步拓展和新闻学研究的深化，到了 20 世纪 80 年代，新闻学与传播学这对孪生兄弟开始在多方面融合，于是便诞生了新闻传播学这个新概念。

新闻传播在当今社会既十分重要、影响巨大，又充满各种各样的矛盾。它每日每时地传播着各种各样的信息，影响到社会的方方面面。它既是阶级、政党、国家的事业，是党和国家的舆论工具，又是社会的、人民群众的事业，是社会的、人民群众的舆论工具；既是阶级性、政治性、意识形态性极强的事业，又是一种信息性的、知识化的开放型的产业。本章主要从新闻学与新闻传播学的关系、新闻的定义及种类、新闻传播的功能与模式等方面进行论述。

第一节　新闻学与新闻传播学

一　新闻学的历史与现实

新闻学是一门独立的社会科学学科，其研究范围包括新闻现象、新闻活动及其基本特点和客观规律，事业性新闻传播是新闻学研究的重点。人类的新闻活动早已有之，最早可以追溯到古猿人的信息交流。它经过长期的发展和演变，终于成为今天最具影响力的社会事业。如今，新闻传播作为一种重要的社会现象和文化现象，已经渗透到现实社会生活的各个领域、各个层面，成为人们生活中不可或缺的重要方面。世界因此而变成了一个"地球村"，人类社会完全进入信息时代。

学好新闻学理论的有效途径有很多，了解新闻学的由来、理解新闻学的学科特点、掌握新闻学的学科框架、知晓学习新闻理论的意义、懂得学习新闻理论的方法等是学习新闻学理论的前提和基础。

（一）新闻学的定义

关于"新闻学"，至今在我国尚未有一个明确的、统一的定义。我国出版的两本新闻学辞书——《新闻学简明辞典》《新闻学大辞典》，均没有"新闻学"这个条目。目前，国内对"新闻学"做出的明确定义主要有以下几种：①新闻学是指研究对象为新闻事业，以揭示新闻、新闻事业、新闻工作特有规律为主要内容的知识体系[①]；②新闻学是研究有关人类社会新闻传播行为的系统知识的学科；③新闻学是探究新闻和新闻事业活动规律的科学。[②]

关于"新闻学"的定义不尽相同，第一个是关于新闻学定义最传统的说法，它明确指出新闻学研究的主要对象是新闻事业。第二个定义则明确指出新闻学研究的主要内容是"人类社会新闻传播行为"，实际上是把"新闻学"拓展到了"新闻传播学"。第三个定义拓展了新闻学的主要研究内容，包括了"新闻事业活动"，这种"活动"不言而喻，是一种传播活动，显然，这一定义已经考虑到"新闻传播"这种最主要的新闻活动。笔者认为，传统上的"新闻学"就是指上述第一种定义。现代意义上的新闻学是指研究新闻事业与新闻传播活动规律的科学。报社、广播电台、电视台、通讯社等新闻媒体所组成的新闻事业是新闻学的载体。总体来说，新闻学研究的是整个新闻传播活动的规律。

"新闻学"的概念有"广义"与"狭义"之分。

---

① 王益民：《系统理论新闻学》，华中理工大学出版社，1989，第6页。
② 林枫：《新闻理论与实践》，新华出版社，1986，第1页。

1. 广义新闻学

广义的新闻学是指新闻学这个独立学科的完整的知识体系，它是由"报学"发展而来的，包括以下几个方面。

第一，理论新闻学。它是对新闻学"学理"的重要阐释，包括新闻学一般原理、西方新闻理论、新闻基本问题专题等。

第二，历史新闻学。它指的是关于新闻事业发展的历史过程及其规律的学问。如国内外新闻事业通史和断代史、报刊史、通讯社史、广播史、电视史、新闻界著名人物史传、新闻学术史、新闻教育史等。

第三，应用新闻学。应用新闻学是研究新闻业务活动的原理与技巧的学问，主要包括广播、电视、新闻采访、新闻摄影、新闻写作、新闻评论等。

第四，新闻传媒经营与管理学。其指关于新闻事业单位的新闻业务活动和经营管理的学问，包括媒介管理。在现代社会里，媒介管理包括对因特网的网络传播的管理。国外早就有研究媒介经营的学问。近年来，新闻传媒的经营管理越来越受重视，我国新闻传媒开始进行产业化经营。总体说来，对传媒经营与管理的讨论很热烈，但其大多集中在宏观的总结与预测上，理论建设和操作上的研究有待进一步加强。在中国"入世"的大背景下，深入研究中国传媒业做大做强之道，具有很强的现实意义和理论紧迫性。

以上是新闻学的四个分支，它们之间相互联系、彼此独立，形成一个有机整体，共同构成了当代新闻学学科体系。

伴随着现代科学的发展，新闻学与其他学科不断地交叉、融合，产生了一些新学科，如新闻哲学、新闻美学、新闻心理学、新闻文化学、新闻伦理学等边缘性学科。这些边缘学科的出现，进一步扩大了新闻学的研究范围。

2. 狭义新闻学

狭义新闻学，主要指的是理论新闻学，通常也指新闻学的一般原理，但它并不像应用新闻学那样讲授"新闻术理"，它只讲授新闻学的"学理"。大学新闻学专业的课程体系，主要是对新闻传播的基础性理论与理论体系进行研究。

（二）新闻学的兴起

真正追溯起来，人类对新闻学的研究其实已经走过了很长的道路。如果从 17 世纪末德国的一些大学以报业为研究对象撰写学位论文算起，到现在已经历了整整三个世纪。但是，新闻学真正作为一门学问步入学术殿堂还是 19 世纪中叶的事。

1. 新闻学在国外的兴起

17 世纪末，德国是最早把新闻学作为一门科学进行研究的国家，也是近代报纸研究中心的诞生地之一。这一时期，德国一些大学的师生开始研究报纸。到了 19 世纪初，欧美一些国家相继对报刊的编写、发行和社会作用进行专门的研究，并有了比较全面的认识。德国学者于 1845 年完成的《德国新闻事业史》，是世界上最早的新闻史专著，标志着世界上最早的新闻学专著出版，也标志着新闻学研究的真正开始。人类历史上最早的新闻学研究机构——新闻研究所，于 1895 年由科德在海德堡设立。

美国密苏里新闻学院创办于 1908 年，这是美国第一个新闻教育高等学府。1921 年，美国哥伦比亚大学设立了由美国著名报人普利策捐资的新闻学院。到 1963 年，美国正式设有新闻院系的大学和独立的新闻学院已有 105 所。1929 年，日本新闻学者小野秀雄在东京帝国大学设立新闻研究室，"二战"后其改为东京大学新闻研究所。"二战"前，新闻学研究在德国、美国、日本等新闻事业发达的国家一度呈繁荣的局面，并且形成了以德国为代表的偏重于理论研究的一派和以美国为代表的偏重于应用的一派。①

2. 我国新闻学的起步

19 世纪 70 年代我国新闻学研究开始萌芽。一些早期的资产阶级改良派人物，如王韬、郑观应、梁启超等人，在通过办报宣传新思想、批判旧制度的同时，对报纸的作用做了一些探索，如梁启超的《论报馆有益于国事》，初步提出了一些办报理论，是辛亥革命前我国最早的新闻学研究。

---

① 林凌、濮端华、张帆编著《新闻学概论》，化学工业出版社，2011，第 3 页。

20世纪初，西方新闻学的某些观点开始流传到我国，推动了我国的新闻学研究。"五四"运动前后，随着新文化运动的兴起、思想解放运动的开展，新闻学研究和新闻教育引起了全社会的关注，这使我国的新闻学研究进入了初兴时期，北京大学首创新闻学研究会，一些大学创立了报学系，邵飘萍的《实际应用新闻学》、徐宝璜的《新闻学》、戈公振的《中国报学史》等是报学系的学者撰写的最早的新闻学专著。此后20世纪30年代、50年代，我国的新闻学研究都曾几度出现繁荣时期。[①] 尤其是在中国共产党第十一届三中全会召开后，我国的新闻学研究进入了新的繁荣时期。

1979年新中国成立30周年之际，中央和首都新闻界举行新闻学术讨论会，认为早期新闻学研究应偏重于应用技术研究；在探讨办报方法的基础上，又概括出一些基本的新闻理论，如社会主义新闻事业的性质、作用和任务，新闻的真实性，坚持党性原则，新闻价值，从实际出发的指导作用，正确开展批评与自我批评，等等。

进入20世纪90年代以后，我国的新闻学术界着重探索了如何建立有中国特色的社会主义新闻学的问题，开展了新闻舆论导向、新闻产业化等重大问题的研究。不少学者还尝试用信息论、系统论、控制论、社会学等科学的视角与方法，从微观到宏观，从批判到建设，开拓新闻学研究的社会领域，并取得了重要成果。

我国的新闻学研究比西方晚100多年，广播、电视等新媒体的普及也比西方国家晚几十年。从整体上看，我国新闻学研究仍基本处于"报学"阶段，与新闻传播飞速发展的现实贴得不紧。虽然已有不少学者想突破这一传统框架，但照抄、照搬西方的多，自己创造的少，尚未真正形成有中国特色的社会主义新闻学的完整的科学体系。从目前情况看，其存在的主要问题是理论体系老化、"板结"，内容陈旧、单薄。在知识经济即将来临的时候，我们必须有新突破、新创新，真正建立起有中国特色的社会主义的新闻理论体系。

---

① 程世寿、刘洁：《现代新闻传播学》，华中理工大学出版社，2000，第4页。

（三）当今时代新闻学的发展

新闻学作为一门社会科学诞生后，就始终以丰富多彩的新闻传播实践为研究对象，不断吸收和借鉴其他学科的研究成果，在探索中发展，在实践中完善。不断研究新问题，不断解决新矛盾，与时俱进、不断发展，已经成为该学科最鲜明的特点。

1. 拓展学科领域

最早的新闻学研究对象以报纸为主，所以新闻学也有"报学"之称。在新闻学产生的几百年时间里，新闻学的研究对象不断扩大，学科范围也呈延伸状态。最早新闻学研究的内容主要是新闻采访、编辑、报纸发行乃至新闻标题拟制等应用性问题，论述比较琐碎，但与实践结合紧密，指导性很强。所以随着新闻事业的发展，新闻学领域也逐步拓展。

2. 丰富学科内涵

新闻实践给新闻学研究提供了研究素材，不断丰富新闻学内涵。早期新闻报道形式比较单一，由消息、通讯和评论构成，后来，随着受众对信息需求的增加、媒介技术的进步，又出现了如调查性报道、深度报道、现场直播等新闻形式，这推动新闻学研究不断深入发展。

3. 创新研究方式

从理论研究角度看，方法是人们为了达到一定的目的所选取的手段、途径或活动方式。因此，方法历来为学术界所重视。黑格尔说，方法也就是工具。学术研究规律表明，"研究一种科学，固然应当有一定的目的，但也不能没有一定的方法，没有一定的目的，那么无的放矢，当然一事无成；便是有了目的，而研究不得其法，毕竟也难有成功"。新闻学研究方法的不断创新，是促进学科建设发展的重要动力。[①]

我国新闻学理论研究产生于传统学术土壤之中，虽然其研究的对象是报纸、新闻，但所采用的方法还是传统学术研究所使用的定性分析方法，即从大家承认的原理、概念和历史事实出发，通过严密的逻辑推理，描

---

① 林凌、濮端华、张帆编著《新闻学概论》，化学工业出版社，2011，第24页。

述、阐释所研究对象的基本性质、特征和作用。最近 30 年，新闻学研究方法受到新闻学学术界高度重视，在吸收和借鉴国外新闻传播学及其他学科研究方法基础上，他们不断尝试用新方法研究新闻学，取得了显著成绩。

二　新闻传播学的兴起

新闻传播是一项十分重要的社会事业，能够对人们的生产生活产生深刻的影响。而新闻传播学就是专门研究新闻传播事业的，其研究范围包括新闻传播事业的产生、发展及其规律。为了促进新闻传播事业乃至整个社会主义民主法制建设的健康发展，新闻从业人员都应该专门学习和研究新闻传播学，在坚持以马克思主义为指导的同时，也要学习与借鉴当代其他学科的研究方法，促进整个新闻传播事业的兴起和发展。

（一）新闻传播学的产生与发展

1. 新闻传播学在西方的兴起

在西方，最早探讨新闻传播问题的是英国人约翰·弥尔顿。在 1644 年出版的小册子《论出版自由》中，弥尔顿坚决反对出版特许制度，他主张"观点的公开市场"和"真理的自我修正"。新闻（出版）自由理论的提出，是新闻传播学萌芽的重要标志。

到 20 世纪 20 年代，经过 200 多年的发展，新闻传播学才开始产生。美国专栏作家沃尔特·李普曼的代表作《舆论学》和新闻教育学家卡斯柏·约斯特的《新闻学原理》的出版是新闻学产生的重要性标志。传播学研究的集大成者是韦尔伯·施拉姆。他出生于美国俄亥俄州，大学毕业后在依阿华大学任教，1943 年出任该校新闻学院院长。1956 年，他参与撰写的《报刊的四种理论》一书，被称为新闻与传播学方面的经典之作。作为传播学形成标志的一书——《传播学概论》（原名《传媒·信息与人——人类传播一瞥》），于 1973 年出版。这部著作的出版，使得施拉姆成为传播学的集大成者。《传播学概论》这部著作是韦尔伯·施拉姆从事传播学毕生心血的结晶，该著作对传播学基本理论进行了全面而系统的论述，其中包括传播是怎样发生发展的、传播的作用、传播的过程、传播符号和代码、传播的途径、传播媒介、传播者和接受者及其选择过程、社会控制与大众传播、传播模式及其效果、信息革命与未来传播事业，并分别对其进行了详细介绍。1982 年，施拉姆来到中国广州的华南师范学院（今华南师范大学）和北京的中国社会科学院新闻研究所讲学，这次讲学的开展对中国传播学教学与研究产生了重大的影响。

2. 新闻传播学在中国的发展

中国在春秋战国时期就出现了有关于新闻传播的思想。这一时期，诸子百家都非常重视对信息传播的研究和探讨。

改革开放以来，我国新闻传播学研究获得了长足发展。其成果主要表现在以下四个方面。

第一，研究的队伍扩大了。改革开放后，随着新闻教育的恢复与发展，高等院校新闻院系教师增加。此外，从 1978 年中国社会科学院成立新闻研究所起，各省份甚至一些大新闻单位纷纷成立了新闻传播学研究机构，我国有了一批新闻传播学研究的专业人员。

第二，涌现出一大批研究成果。据估计，1982 年到 2000 年，我国出版的新闻传播学专著不下 1000 本，发表的新闻传播学论文超过 10000 篇。

第三，开始引进西方新闻传播学的研究成果。从 1982 年美国著名的新闻传播学家韦尔伯·施拉姆应邀来华讲学开始，一大批外国新闻学家来到中国介绍西方新闻传播学的研究成果和研究中国的新闻事业。与此同时，我国高等院校新闻系的教师开始走出国门，赴英、美、法等国留学和访问。通过这种双向交流，西方新闻传播学研究的一些优秀成果被大量地介绍到中国来，从而开拓和丰富了我国的新闻学研究的思路。

第四，新闻传播学研究在思想观念上有所突破。我国的新闻传播事业随着社会主义市场经济体制的逐渐建立，发生了深刻的变化。在坚持新闻传播事业为社会主义服务的根本方向下，承认和确立新闻传播事业企业化经营管理体制，已经成为新闻界和新闻学界的共识，这也必将推动新闻传播事业的发展。

（二）新闻传播学的定义

"传播学"也称"大众传播学"，译自"Mass""Communication"这两个单词。"Mass"原意是指"黑压压的一片"，因此被译为"大众"或"群"，所以，对"Mass"的中文译名争议较少。而"Communication"一词源于拉丁文"Communis"，含有"说服""交流""同化"之意，意思是与他人建立"共同意识"。所以，"传播"这个词并未与"Communication"的原义相对应，有人也将其译为"传通""沟通""公众通讯""大众交流"等。"传播"这一译名已约定俗成。

正因为"传播"的原意有"交流""沟通"等含义，美国学者埃德温·爱默瑞在《大众传播学概论》一书中，将"传播"定义为"传播乃是把思想、消息与态度从一个人传到另外一个人的艺术"。

三　新闻学与传播学的渊源

（一）新闻学与传播学的相通

其一，新闻学与新闻传播学两者的共通之处就是，两者都包含有共同的生命基因——"信息"和"信息传播"。无论是"传播"还是"大众传播"，都不能离开"信息"和"信息传播"。"信息"与"信息传播"是新闻学的生命基因，新闻学离不开对新闻信息（信息的一种）和对新闻信息传播的研究，离开了"信息"与"信息传播"，新闻学也将无立足之地。现代新闻学已逐步由事实本体向信息本体转化，这是人们对新闻本质认识逐步深化的结果。

其二，任何传播活动都有中介，而传播媒介则是新闻学与新闻传播学的中介。无论是传播学、大众传播学还是新闻学，都将传播媒介作为自己的主要研究对象，大众传播媒介主要包括报纸、广播、电视等。

其三，新闻学与新闻传播学有着共同的特点与规律，即信息传播的特点与规律。它们都是一种有组织的传播，是现代化方式的传播，是面向社会公众的传播。有组织、现代化方式、面向社会不特定大众这三点就成为它们的共同特点。另外，两者也有共同的传播规律，如信息真实性规律、传播的时效性规律、受众兴趣规律、内容新鲜性规律等。

（二）　新闻学与传播学的相异

其一，两者的研究范围不同。传播学的研究范围主要包括新闻传播及其他形式的传播，如人际传播和群际传播等；而新闻学的研究范围只包括新闻传播，所以传播学研究的范围较新闻学更广。

其二，新闻学和传播学研究的侧重点不同。新闻学的研究要相对微观一些，侧重对新闻本体的研究。而传播学更侧重对宏观的研究，重视研究传播方式和传播效果。

其三，新闻学和传播学的产生需要不同。新闻学研究的是由新闻实务的需要而产生的各种理论问题，所以新闻学的专业性比传播学强一些。而传播学是由传播活动中所存在的各种社会问题而产生的，所以传播学的综合性要比新闻学强一些。

新闻学与传播学的同与异，使得两者既共生共存，又不可以相互代替。

（三）　新闻学与传播学的整合与发展

我国最早专门研究传播学的人员多数来自新闻学科。新闻属于信息，而传播学研究的就是信息的交流与共享，所以新闻也属于传播学研究的领域。将信息传播的原理用于研究新闻信息的传播带来的影响，推动了传播学与新闻学的结盟。[①]

随着我国信息网络时代的普及和发展，新闻学与传播学的界限变得模糊，甚至出现了整合的趋势。从 20 世纪 80 年代中期起，新闻理论研究就开始大量融入传播学经验学派的理论，如信息、信源、受众、舆论领袖等。二者在发展过程中不断地交流、融合，虽然二者的结合有些生硬，但

---

① 陈力丹：《新闻传播学：学科的分化、整合与研究方法创新》，《现代传播》2011 年第 4 期。

可以看出新闻传播学作为一个被整合的学科自身的努力。

第二节　新闻的定义及种类

新闻每天都在发生，新闻和人类生活密切相关。人们每天都接触到媒体，并在媒体上获取大量的新闻信息，然而对什么是新闻，不同的人却有不同的理解。本节的目的就是解决什么是新闻的问题，并对新闻的特点进行研究。未来的新闻工作者必须首先搞清楚新闻是什么，新闻有哪些特点，才能在新闻实践中做好本职工作。一个记者对新闻特点的把握程度，及对新闻线索的敏感程度，是决定新闻工作质量的关键。

一　新闻的界定

通过对新闻成分的辨析，了解构成新闻事实的细小元素，有助于我们认识新闻是什么这一重要问题。关于新闻的定义，众说纷纭，莫衷一是。新闻传播学的专家学者不断给新闻下定义，力图给新闻找到一个科学、准确的定义，但是，至今为止尚没有一个完全为大家所公认，或者完全被理论家所认同的新闻定义。

（一）我国传统意义上的"新闻"

"新闻"一词，我国古已有之。在《史记》等典籍中，有与"新闻"相对举的"旧闻"这个词。古语中的"新闻"有以下几种意思。

一是指传闻。《新唐书·隐逸传》记载，唐初有个叫孙处玄的人，他曾说："恨天下无书以广新闻。"唐人李咸用的诗《春日喜逢乡人刘松》有两句："旧业久抛耕钓侣，新闻多说战争功。"这两处的"新闻"都是传闻的意思，指传说、故事一类谈资。唐人尉迟枢曾作《南楚新闻》一书，书名中的"新闻"也是这种意思。其书已亡佚，宋代《太平广记》有辑录。从辑录可知，其内容多为一些故事、传说。

二是指情报。宋人赵升著《朝野类要》一书。其四《朝报》说："朝报，日出事宜也。每日门下后省编定……其有所谓内探、省探、衙探者，皆衷私小报，率有漏泄之禁，故隐而号之曰新闻。"显而易见，这里所说的新闻是很机密的事情，是不能向朝廷以外透露的，属于刺探得来的被官方封锁的情报，而非道听途说的传闻。

三是指新知识。宋代大诗人苏轼的《次韵高要刘涆夹山寺见寄》："新闻妙无多，旧学闲可束。"他这里把"新闻"与"旧学"相对举，将其看作新学的知识或所学的新知识。

四是指新鲜事。小说《红楼梦》中多次使用"新闻"这个词，多为此义。如第一回"老先生倚门伫望，敢街市上有甚新闻么？""当下轰动街坊，众人当作一件新闻传说。"第二回"近日都中可有新闻没有？……'你道是新闻不是？'"这已经比较接近其现代意义了。

以上"新闻"的几种词义各不相同，但有共通之处。即"新闻"属于一种新东西，是新的事情或情况，对于接受者具有知新性，是新近所闻所知。这是它最基本的意思。

现代汉语中的"新闻"一词，仍保留它的旧用法，泛指社会上最近发生的新事和人们互相传播的消息。其首要用法和第一词义见于新闻学领域。

（二）西方对于"新闻"的界定

西方的新闻学研究一般分为两大派别：一是理论派，二是实用派。

实用派主要从实际应用的角度对新闻进行阐述，揭示新闻的使用价值和操纵方法。实用派的主要代表人物是新闻机构的记者、编辑、主编和发行人。他们对新闻定义的阐述，强调新闻报道在具体实践中应该抓住些什么，而不是科学地表述新闻的根本性质。实用派的学者中以美国学者居多。

"狗咬人不是新闻，人咬狗才是新闻"，这是美国实用派学者对新闻是什么这一问题的一个经典性的解说。提出者是19世纪30年代《纽约太阳报》采访部主任博加特，这一定义的主要意思是说，在新闻报道中要抓住那些新奇刺激的东西。这种提法产生于当时美国报业竞争激烈的背景下，媒体人员都以新奇、刺激、黄色、庸俗的内容争夺市场。这一观点直至现在仍被一些人奉为经典。20 世纪 30 年代初期，美国《纽约先驱论坛报》采编部主任斯坦利·瓦里克尔提出三个"W"：Woman（女人）、Wampum（金钱）、Wrongdoing（坏事）。之后美国的新闻学者麦尔文·曼切尔在《新闻报道与写作》中对瓦里克尔的说法做了更为透彻的评论："瓦里克尔之所以这样强调，因为性、金钱和犯罪——这些是人们（诚然是男子）遮遮掩掩想知道的东西。"

实用派归根结底就是强调新闻的"新奇"，严格说来，上述说法都不能作为新闻的定义，但是它们的影响力不容忽视。

理论派以学者和教授居多，他们对什么是新闻的表述比较严肃、严谨和科学。虽然这些学者处于不同的阶级立场并且世界观不同，但是他们的科学研究精神及所得出的结论，对新闻传播研究都有着很强的参照意义。中西方的研究成果也具有一定程度的相似性，例如，美国新闻学者卡斯柏·约斯特在《新闻学原理》中给新闻所下的定义"新闻是已经发生或正在发生的事实的报道"，与我国学者陆定一的定义如出一辙。

国外新闻学界对新闻的定义比较有代表性的有以下几种。

①新闻是经过记者选择以后及时的事实报道。

——美国新闻学者乔治·穆勒

②新闻是关于突破事物正常轨道或出乎意料的事件的情况。

——美国哥伦比亚大学教授麦尔文·曼切尔

③新闻是根据自己的使命对具有现实性的事实的报道和批判，是用最短时距的有规律的连续出现来进行广泛传播的经验范畴的东西。

——日本新闻研究所所长小野秀雄

④新闻是最近发生的，能引起人兴趣的事实。

——美国威斯康星新闻学院教授布莱尔

⑤所谓新闻，就是为了向大多数人传播知识和趣味，把最新的或者与现在有关的所有旧事物的存在变化、兴衰、发展等情况印刷出来的报道。

——日本新闻学者关一雄

⑥新闻就是把最新的现实的现象在最短的时间距离内连续介绍给最广泛的公众。

　　　　　　　　　　　　——德国柏林大学新闻学教授比德特

（三）　新闻的定义

关于新闻的定义，众说纷纭，莫衷一是。大致说来，可以将中外新闻传播学家或新闻工作者关于新闻的定义分为以下四种。

1. "事实说"

"事实说"的重要代表人物为美国新闻学家弗兰克·莫特和我国著名记者范长江。他们认为"事实说"，是将新闻看作一种事实或者被传播的事实。关于"事实说"，他们是这样定义的，"新闻就是广大群众欲知、应知而未知的重要的事实"，"新闻是新近报道的事情"。坚持"事实说"的人强调事实是新闻的本源这个观点，虽然其划清了新闻传播活动中的唯物主义与唯心主义的思想认识路线的界限，但是事实本身还不是新闻，还需要考虑新闻传播媒介和人等其他因素。

2. "报道说"

持新闻的"报道说"这个观点的代表人物是我国新闻宣传事业的长期领导者陆定一。他认为应该将新闻视为一种报道或一种传播活动。关于"报道说"，他是这样定义的：新闻是新近发生的事实的报道。但是新闻传播媒介的"报道"本身不是"新闻"①，事实要经过新闻传播媒介的报道才能成为新闻，新闻是新闻报道的对象，新闻报道是新闻传播媒介对新闻进行的报道，要准确区分新闻和报道这两个概念。

3. "手段说"

"手段说"即指新闻为达到某种目的特别是政治目的的手段。其中，以日本新闻学家小野秀雄和我国新闻学家甘惜分教授为代表。支持"手段说"的学者认为，"新闻是报道或评述最新的重要事实以影响舆论的特殊手段"，他们的着眼点是新闻传播媒介的舆论导向功能和新闻传播事业的

---

① 李卓钧编著《新闻理论纲要》，武汉大学出版社，1995，第11页。

阶级性。

4. "兴趣说"或者"趣味说"

西方早期报人是比较支持"兴趣说"或"趣味说"的，他们认为"对一个足以引起读者兴趣的观念或事情，在不违背正确原则下，所做的最新报道，皆为新闻"；"狗咬人不是新闻，人咬狗才是新闻"。他们认同的这种观点是将新闻看成能够引起受众的兴趣，特别是能够引起受众感官刺激的因素。受众的兴趣是构成新闻的因素，但不能把受众的兴趣视作影响新闻的主要因素，更不能一味追求和迎合受众的低级趣味。

二　新闻的本质及要素

（一）新闻的本质

新闻的本质是什么？这是一个比较难以解释的问题。打开报纸、收音机、电视机，人们就可以看到或听到新闻。这些新闻讲的都是现实社会生活中的事，其中绝大多数是当天或近几天发生的新事。因此，凡新闻，一律是社会生活的直播式反映，并且，是当前社会生活即今日世界的真实反映。简言之，新闻是一种精神现象，是新闻传播者对社会生活的主观能动反映。

现实世界可以分为物质世界和精神世界两大类。物质世界是不依赖于精神世界而客观存在的，而精神世界是对物质世界的一种反映。从本质来看，新闻以事实为基础，具有客观性，是人们对客观存在的物质性事实的反映。同时，新闻也具有主观性，是物质世界客观事物的信息在人头脑中的反映，是一种精神现象。

新闻并非客观事实本身，而是对当前社会生活的反映。客观事实本身是一种物质性的客观存在，是实实在在的客体，它不依赖于任何人的意识而存在。但是，客观事实本身并不能称之为新闻，如果没有人的发现、认识、传播，无论客观事实怎样重要、怎样实在，它都不会自动转化为新闻，终究只是客观存在的事实。所以说，如果没有客观事实便没有新闻，但是没有人去反映、认识，也就不会有新闻存在。

新闻是对社会生活的反映，而新闻的本源是客观事实，这规定了新闻必具有客观实在性，确立了新闻事实的客观性乃新闻的自然属性。新闻事实必然也必须是客观存在的"实物"和"实体"，同时应当真实客观地去反映它。

（二）新闻的要素

新闻的要素就是构成新闻必需的材料。我们在日常生活中阅读新闻时都可以注意到，一条完整的新闻都是由固定的要素组成的。一般而言，一条完整的新闻的构成要素为五"W"与一个"H"。

新闻要素的五个"W"和一个"H"指的是何时（When）、何地（Where）、何人（Who）、何事（What）、为何（Why）和如何解决（How）。

新闻的六要素就像人的五官，缺一不可。一些新闻中重要新闻要素的缺失，会影响受众对事实的了解，从而影响受众对新闻事件的全面认识，影响新闻的传播效果。随着网络时代的到来，传统的新闻传播媒介受到了冲击。受网络特征的启示，新闻传播越来越注重受众的意见，新闻报道也越来越注重将受众的意见表达出来。因此，网络时代的受众意见有可能成为新闻报道不可缺少的因素。国外有专家预测：随着新闻网络传播的发展，及深度报道在网络平台上所形成的新媒介观念的加深，交互性即将成为新闻报道的另一个要素。

三　新闻的特性

（一）真实性

新闻真实包括两层含义：一是指所报道的事情是事实，确有其事，确有其人，因为新闻本身报道的就是事实，事实是新闻的本源，事实是新闻的基础；二是指对事实反映的真实，不能主观上对事实进行夸大和缩小。

"新闻的真实性不仅指具体、个别事实的报道符合客观事实本身，而且是指新闻媒介或机构要以连续不断的新闻报道、以对新闻报道量的合理控制，反映整体的真实状况、现实社会的趋势和时代的潮流。"① 由于事物是不断变化的，某一新闻事件在某个时刻是真实的，但是随着时间的推移，事情会发生变化，如果新闻报道不去进行连续的跟踪报道，也无法反映事实的本质真相。

要确保新闻真实，具体要求新闻传播者要做到以下几点。第一，报道中的新闻要素必须完全真实而且准确。第二，新闻背景介绍，事物的发展变化及事物与事物之间的关系必须真实。第三，人物语言、心理活动描写、故事情节描写以及人物的思想变化都必须是真实可靠的。第四，新闻的解释要与客观事实相一致。第五，要做到局部真实与整体真实的相统一，不能以偏概全、以点代面，要坚决杜绝片面化和绝对化的报道，而且要做到所报道的单个事实必须真实、准确，尤其要注重从总体上、本质上把握事物的真实性。

新闻报道的真实是具体真实与总体真实的辩证统一。总的来说，新闻报道的真实性主要体现在两个方面，即个体的真实和总体的真实。新闻报道的真实既要求记者对每个事件的报道都应该客观公正，又要求记者从总体与全局来反映事物。

（二）新鲜性

求新、求变是受众对接收信息的普遍要求，因此新闻的核心之一就在于新。自然界和人类社会时刻不停地在运动和变化着，如果不加选择地将物质运动和变化的事实搬到媒体上，那么媒体必然会变成杂货铺。

美国著名传播学者李普曼认为，报纸没有必要关注全人类的事情，报纸所关心的应该是事物的反常变化。他在《舆论学》中举了这样一个例子：一个经纪人把一个企业经营了 10 年，在 10 年中这个企业平稳地发展着，然而对报纸来说这个企业像不存在一样。到了第 11 个年头，由于经营

---

① 丛春华：《新闻学概论》，西南师范大学出版社，2006，第 44 页。

不善这个企业破产了，当企业处于反常状态时，报纸就插手了。①

值得注意的是，信息资源的开发利用，实际上是以一个新信息的形式出现的，而绝不是以原有的信息形式重复出现。即使是对原有信息的再次传播，也一定是在原有信息内容中发现了新的价值蕴含。"太阳每天都是新的"，就是告诉我们，信息在实质上是不可重复的。

新鲜表明了新闻的存在价值。新情况、新问题、新信息关系着人们自身的生产和发展，因此，新信息的传播对于人类必不可少。不管新鲜在内容层面上所涉及的含义有何不同——最近发生的事件、过去发生的事件、过去事情的新发现、超越常规的奇异之事情等，要保持新闻的新鲜品质，都需要新闻传播者对其迅速及时地予以报道。

（三）公开性

新闻是通过新闻传播工具向社会和人们公开告知的消息。它告诉人们，在他们周围发生了什么，世界发生了什么，使人们得以了解他周围的世界，了解社会和时代。"秀才不出门，便知天下事。"新闻就是把这些客观存在报道出来、传播开来，让人们知道。

新闻之所以具有公开性，有两个方面的主要原因。一是新闻报道中涉及许多重要事情与事件，其影响力必然会波及广大受众，受众对这类事实拥有知情权。公众的知情权要求信息具备较高的透明度，因此这要求新闻在报道重要事情和事件时必须充分公开报道。二是新闻陈述的是关于事情的信息，信息共享的特点决定了使用它的人越多，其价值就越大，因此新闻必然会追求最大的流通面。新闻在其信息本性中获得了公开性。

公开性即公众性。新闻意味着告诉大众，意味着广而告之，新闻不是悄悄话，不是一对一地传播。古代的图形、符号、文字，都是公之于众的产物，现代新闻更是通过大众传播工具来进行传播的，其向全社会公开发送，不分内外。

公开性意味着公共性。范长江认为"群众欲知、应知而未知的重要事

---

① 李良荣：《新闻学概论》，复旦大学出版社，2011，第18页。

实"即为新闻。新闻报道的是人们普遍关心、社会共同关注的事情，其聚焦于公共事务领域，集中在多数人感兴趣的事实上。这不是因为别的，而是因为这一类事实为广大群众所切实关心，需要公开告知。总之，凡应当报告给人们的，对大众有意义、有作用的，都应公开告知。这是新闻的一个显著特点。不论什么时候，新闻都是公开向大众告知的信息，这决定了新闻完全不同于情报。

四　新闻的分类

根据不同的标准，可以将新闻大致分为四类：按照新闻报道的体裁，可以将新闻分为一般新闻报道、深度报道、调查性报道、解释性新闻报道等；按照新闻发生的地域，可以将新闻分为国内新闻、国际新闻、地方新闻、乡村新闻、都市新闻等；根据新闻内容可以将新闻分为政治新闻、经济新闻、体育新闻、法制新闻、文教卫生新闻、军事新闻、社会新闻等；按照新闻与受众的关系，新闻还有硬新闻和软新闻之分。在这四类新闻划分中，只有第四类即硬新闻和软新闻最符合新闻传播学理论的要求。

（一）　硬新闻

硬新闻主要包括一些题材比较严肃，着重于思想性、指导性和知识性的政治、经济、科技新闻等。

一些重大的自然灾害和事故、市场行情、疾病、天气变化、党和国家的重大方针与政策等都是关系到国计民生及人们切身利益的新闻。这类新闻旨在为人们在工作、生活、政治、经济等方面提供决策依据和环境判断。受众在接收这些新闻时，只能产生"延缓报酬"效应。

硬新闻的特点主要有以下几个方面。

第一，能够满足人们日常的基本生存和发展需要。

第二，要求报道尽可能地准确，信息尽可能地量化。

第三，硬新闻具有强烈的时间性，报道必须迅速，而且越快越好，硬新闻只有抢在第一时间才有价值，所以其在时间上要求比较严格。社会上的信息可以说是瞬息万变的。如在期货市场、证券交易所、奥运会现场等，所有的新闻媒介都采用最先进的技术，争先发表重大新闻，它们只为抢先报道。

第四，硬新闻直接关系到人们的切身利益，是指导人们采取行动的理论依据。

（二）软新闻

软新闻指的是那些用生动活泼的文笔来写的，人情味较浓、容易引起受众的感官刺激和阅读兴趣的一类新闻。

社会新闻、体育新闻、"花边新闻"等都属于软新闻的范畴，它和人们的切身利益并无直接关系，只是为给人们提供娱乐，使人们开阔眼界、增长见识、陶冶身心而存在的。软新闻一般没有明确的时间界限，多数属延缓性新闻，所以受众在阅读或视听这类新闻时，很快就会产生"即时报酬"的效应。

软新闻的特点也有四个方面。

第一，软新闻和人们的切身利益没有直接关系，它只是为供人们了解社会和消遣而存在的。

第二，这类新闻报道对时间的要求不是十分严格。

第三，由于软新闻不能作为人们决策的依据，所以人们不用急于去了解它。

第四，这类新闻报道要求讲究写作技巧，用生动活泼的文笔娓娓道来，引人入胜。

（三）硬新闻与软新闻的关系

不同的人群对新闻的需求是不尽相同的，但是，从硬新闻和软新闻的关系上来看，硬新闻可以满足人类最基础的新闻需求，而软新闻是在人类从硬新闻中获得满足之后才会需要的，所以新闻媒介生存和发展的基础是硬新闻。

新闻报道应当根据新闻传播媒介的社会功能和受众的接受心理，以硬新闻为主，以软新闻为辅，"软硬兼施"，使硬新闻软制作，软新闻高格调。

但是并非所有的媒介都以报道硬新闻为主。

第一，严肃高级的报纸以刊登硬新闻为主，大众通俗化的报纸刊登的软新闻相对较多。由此可见，在人类新闻传播活动中起决定作用的是硬新闻。新闻传播媒介对这类新闻应该大量地、及时地、重点地进行传播，以满足受众生存和发展的需求。对于这一点，国内外所有严肃的新闻传播事业都应非常注意。

第二，如果认为新闻越"硬"越好，如果认为硬新闻就是发布会议消息、传达政府的政令和某个领导人的"起居注"，那么这种看法就是片面的，甚至是错误的。

由此可见，新闻的重要性和时效性是区分硬新闻与软新闻的标准。特别是在很多情况下，新闻的实效性就比重要性要重要得多。

例如，拉宾遇刺一事就是一条重大的新闻，其中一家日报就是采用硬新闻的手法来处理的，这则新闻是这样写的："拉宾昨晚遇刺。"

相对于同一条消息来说，同样的事实已经被其他日报报道过了，再用同样的开头就不会吸引读者了，所以导语可以这样写："'我不敢相信这是事实'，一位街头妇女说。今天，全城市民处于一片悲痛之中，以悼念昨晚被刺的拉宾。"

拉宾遇刺是一条重大的新闻，所以第一例新闻就采用硬新闻的手法来报道，其目的就是要将拉宾遇刺这件事以最快的速度报道出去，让人们在最短的时间内接收到这个消息。而第二例新闻相对于第一例新闻来说，其实效性和重要性就明显下降了一个档次，第二例新闻发稿的时间稍迟一点，其目的就是要将拉宾遇刺这条新闻的具体情况以一种人们感兴趣的方式告知大家，它采用了比较典型的软新闻处理手法。

除以上所述分类方式外，新闻还有多种分类方式。比如，按新闻发生的地区与影响范围将其分为国际性新闻、全国性新闻和地方性新闻；还可以按传播渠道和信息载体将其分文字新闻、图片新闻、电声新闻（广播新闻）、音像新闻（电视新闻）、网络新闻和手机新闻等。随着信息化社会和多媒体时代的到来，新闻的类别划分出现了新的挑战，如一些深度报道、调查报道等，则很难再按传统的标准划分类别。

第三节　新闻传播的模式与功能

新闻传播是新闻传播者利用大众传播媒介将事实信息转换为新闻产品，将其广泛、迅速地传播给受众并接受受众反馈的双向循环传播过程。新闻传播是一个永无止境的过程，而并非从某一点开始到某一点终止的。正是由于传播过程的循环往复、永无止境，作为人类社会现象的传播活动才得以存在。

一　新闻传播的要素与模式

（一）新闻传播的三要素

考察古今中外的新闻传播可知，新闻事实、新闻媒介和新闻受众是新闻传播的三要素。对于任何形式与方式的新闻传播，这三者缺一不可。

1. 新闻事实

新闻事实即实际存在着的具有新闻价值的客观事物。新闻事实是新闻传播的起始点。先有新闻事实，而后才有新闻传播；新闻事实是源，新闻传播是流；没有事实，新闻传播就是无源之水、无本之木。

2. 新闻媒介

新闻媒介包括人和物。人即新闻传播者，物即传播新闻的工具。两者之中，人是首要的基本的媒介，最早的新闻传播都是以人为工具完成的。社会发展到一定的阶段，才有了事业性新闻传播，有了报刊、广播、电视这些大众传媒。人作为新闻媒介，有职业和非职业之分。古今中外，事实要成为新闻，必须经过新闻媒介的作用，有了新闻媒介及其实际作用，事实才能成为新闻，并被传递到新闻接收者那里去。

3. 新闻受众

通常所说的听众、观众和读者等都是新闻受众。新闻受众是新闻传播的归宿和目的地。任何新闻传播必须包括新闻受众及其接收环节，否则，传播过程就没有完结，传播就不可能真正完成，也没有意义。因此，受众又是新闻传播的原动力。从新闻传播的产生来看，我们知道，传播和接受新闻信息，是人的一种基本的社会需要。

（二）新闻传播的模式

新闻传播的模式，指的是理论的一种简化形式，是对事件的内在机制及事件之间关系的直观和简洁的描述，它能够向人们表明事物的结构或过程，以及这些部分之间的相互联系。①

英国传播学家丹尼斯·麦奎尔所著的《大众传播模式论》一书概括和绘制的传播模式就有 48 种。其中，单向线性传播模式、双向循环传播模式和多向互动传播模式是其中典型。

1. 单向线性传播模式

在传播学史上，美国学者哈罗德·拉斯韦尔是第一位提出传播过程模式的人。1948 年，他首次提出了构成传播过程的五种基本要素，即 "5W 模式" 或 "拉斯韦尔公式" 的传播过程模式。这五个 W 分别为以下几个方面。

①Who（谁），即新闻传播者。新闻传播者是个很宽泛的概念，其可指大众传播的传播者，如新闻媒介及专业新闻工作者，而个人传播和组织传播中传播新闻的主体也可以是新闻传播者。新闻传播者一般在传播过程中处于主导地位，对新闻信息、传播方式、渠道的选择都有相当大的控制权。

②Says What（说什么），即新闻信息，这里指被传者 "符号化" 的新闻内容。任何一条新闻，一般都包括六个要素，即何人（Who）、何事（What）、何地（Where）、何时（When）、何故（Why）和如何（How），信息是新闻传播的 "纽带"，连接着传播者和受传者。

③In Which Channel（通过什么渠道），即新闻传播媒介，是新闻传播

---

① 王培智主编《软科学知识词典》，中国展望出版社，1988，第 776～777 页。

不可缺少的"通道"。新闻传播的数量、质量和传播效果都受新闻传播媒介状况的深刻影响，换句话说，一部新闻传播史就是新闻媒介的发展史。

④To Whom（对谁），即新闻受传者，受传者既可以是单个的或小群体的受传者（如人际新闻传播和组织新闻传播过程中的受众），也可指受众（即读者、听众、观众）。总的来说，所有接受新闻信息的个体或公众都属于新闻的受传者。受传者在新闻传播过程中占有举足轻重的地位，关于受众的研究越来越得到人们的重视。

⑤With What Effect（取得什么效果），指的是新闻传播对社会或个人所产生的效果或影响。新闻传播效果既是传播过程的最终结果，也是对任何传播过程的总体评价，是检验新闻传播的途径。新闻传播的效果对传播者、受传者、社会来说，有时会一样，有时差异很大，因此，研究新闻传播效果不可一概而论。

拉斯韦尔公式及其相应的传播过程的基本要素如图 3-1 所示。

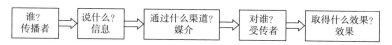

图 3-1　拉斯韦尔公式及其相应的传播过程的基本要素

资料来源：童晓渝、蔡佶、张磊主编《传播模式论》，人民邮电出版社，2007。

从拉斯韦尔的这一模式中可以看出：拉斯韦尔模式过程中的每个环节都可以进行独立的研究，该模式的出现确定了传播学研究的范围和基本内容。因此，传播过程是一个具有目的性的行为过程，同时具有影响受众的目的。拉斯韦尔公式及其相应的传播研究领域如图 3-2 所示。

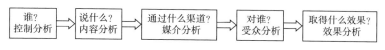

图 3-2　拉斯韦尔公式及其相应的传播研究领域

2. 双向循环传播模式

"双向循环传播模式"，也称"奥斯古德—施拉姆模式"①，是韦尔

---

① 〔美〕施拉姆·沽特：《传播学概论》，何道宽译，中国人民大学出版社，2011。

伯·施拉姆于 1954 年在《传播是怎样运行的》一文中，在受 C·E 奥斯古德的观点启发的基础上，提出的一个新的过程模式。

该模式与直线模式有明显的不同。

第一，这个传播模式的贡献在于，在传播者和受传者之间增加了反馈的内容，并且将传播者和受传者看作相互作用的平等主体，这个模式中没有了传播者和受传者的概念。这样，传播过程就不是一个单向传、受的过程，而是一个双向互动的过程。

第二，双向循环传播模式的重点不在于分析传播渠道中的各个环节，而在于解析传播双方的角色功能。参加传播过程的每一方在不同阶段都依次扮演着不同的角色，例如，译码者，扮演着执行接收和符号解读的功能；释码者具有执行解释意义功能；编码者扮演着执行符号化和传达的功能。这些角色相互交替着执行不同的功能，这样就充分考虑了反馈在传播过程中的作用和传受双方之间的互动关系，这有利于传播双方共享信息资源。奥斯古德—施拉姆模式如图 3-3 所示。

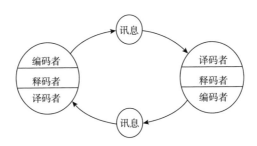

图 3-3　奥斯古德—施拉姆模式

循环模式虽然比线性模式更进一步，但是它仍存在诸多缺点。首先，在现实社会中，由于政治、经济、文化、传播资源和传播能力的不同，这种将传受双方放在完全对等或平等的关系中的模式是很少见的，而且这与社会现实状况不相符合。其次，这种模式不适用于大众传播的过程，因为它体现的是人际传播特别是面对面传播的特点。施拉姆本人也意识到这个问题，于是在同一篇文章中又提出了另一个大众传播过程模式。施拉姆的大众传播过程模式如图 3-4 所示。

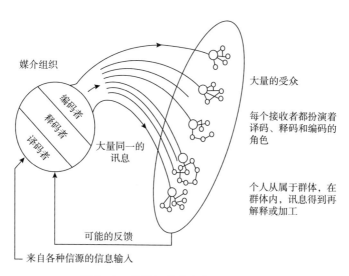

图 3 - 4　施拉姆的大众传播过程模式

资料来源：〔美〕施拉姆·沽特：《传播学概论》，何道宽译，中
国人民大学出版社，2011。

　　施拉姆的大众传播过程模式，初步具有了系统模式的特点，在一定程
度上体现了社会传播过程的相互联结性和交织性，是一般传播过程模式走
向大众传播过程模式的重要标志。除施拉姆之外，较为全面地提出传播过
程互动模式的还有美国传播学家梅尔文·德弗勒。德弗勒的互动过程模式
如图 3 - 5 所示。

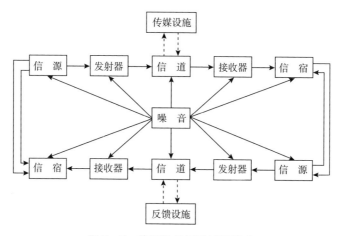

图 3 - 5　德弗勒的互动过程模式

资料来源：〔美〕洛厄里·德弗勒：《大众传播效果研究的里程碑》，刘海龙译，中国人民大
学出版社，2004。

这个模式适用范围比较广，各种类型的社会传播活动过程都可以通过它得到一定程度的说明。该模式不仅增加了"反馈"这一环节、要素，从而使传播的模式更符合人类传播互动的特点，而且加深了人们对传播过程复杂性的认识，这都体现了该模式的进步之处。

3. 多向互动传播模式

多向互动传播模式，是施拉姆提出的新的大众传播模式，即社会系统传播模式。① 他指出，受众虽然作为个人的集合体，但是他们之间在相互不断地进行着传播，并且能够将传播效果反馈给传播者，这样的传播模式就比较全面地反映了大众传播的特点，揭示了社会系统传播的某些特性。

要揭示社会传播的全貌，就必须用普遍联系和相互作用的系统理论分析传播构成。德国传播学家马莱兹克首先成功地采用系统理论研究传播模式，他于1963年出版的《大众传播心理学》一书中提出了社会系统传播模式。马莱兹克社会系统传播模式如图3-6所示。

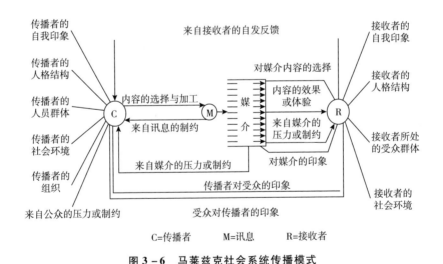

图3-6 马莱兹克社会系统传播模式

马莱兹克从社会心理学的角度研究大众传播，把大众传播看作包括社

---

① 郭庆光：《传播学教程》，中国人民大学出版社，1999，第97页。

会心理因素在内的各种社会影响力交互作用的"场"，这些因素极大地影响到大众传播过程中的传播者和接收者，同时这一模式也概括了影响和制约媒介与信息的因素。

其中影响和制约传播者的因素主要有传播者的自我印象、传播者的人格结构、传播者的人员群体、传播者的社会环境、传播者的组织、由媒介内容的公开性所产生的压力和约束、来自信息本身以及媒介性质的压力和约束、受众自发反馈所产生的约束力等。

接收者的自我印象、接收者的人格结构以及接收者所处的社会环境与受众群体、信息内容的效果或影响、来自媒介的压力等，都是影响和制约接收者的主要因素

影响和制约媒体与信息的因素主要有传播者对信息内容的选择和加工以及接收者对媒介内容的选择性接触。

二　新闻传播的功能

功能是事物本身所具有的一种属性，是某一事物所能发挥的有利作用或效能，具有自然性、普遍性和稳定性的特点。新闻传播的功能就是新闻媒体所具有的能够影响人类社会现实与历史的作用。

（一）传递信息的功能

传送和接收信息是传播的基本功能，这是其他功能与作用的基础。新闻传播媒介的所有其他功能都是在信息功能的基础上产生的。人们之所以需要新闻传媒业，最主要的就是为了从中获取各种与自己利益相关的信息。人们获得的信息越是丰富和优质，就越能够判断正确、预见准确，其活动的选择余地就越大。

从小处来说，人们需要了解衣、食、住、行等方面的最新行情，在丰富物质生活的同时，人们对精神消费也有了更高的期待，因此更多的关于娱乐、健身等方面的信息也出现在新闻传播当中。从大的方面来讲，个体与组织、社会与国家、政治团体与经济实体，都需要随时了解世界的变动

情况。

随着现代社会的发展，人们之间的交往日趋频繁，联系越来越密切，这都需要人们掌握各方面的信息，以便随时调整自己的言论和行动，适应情况变动的需要。通过提供信息沟通情况，新闻传播可以起到认识世界、改造世界的作用，起到沟通和维系人们社会关系的作用。

（二）监管环境的功能

新闻报道的内容涉及自然环境、社会环境、政治环境、经济环境和国家环境等各个方面，其对这些方面的情况做出及时、全面的反映，对人类生存的环境起到警示意义，促使人类社会保证自身的生存和发展。

当代社会，科技进步、经济发达、环境污染、社会不公、贫困蔓延、种族冲突和生存危机等矛盾错综复杂地交织在一起。世界在进步的同时，环境的变化越来越让人难以把握，人类失去了宁静的田园生活，进入了激烈竞争、极度焦虑和不安的时代。而媒介的作用，即将社会各方面的情况和信息通过报道传递给人们。

"媒介守望周围环境的功能，即人们从新闻传媒上了解各种新信息，不仅能扩展视野，增加知识面，而且可以随时了解周围环境的变动，以便能随时预防或应对出现的任何不幸事件。"① 新闻传播媒介对社会起着一种"瞭望哨"的作用，成为人类活动的守望者。为了承担起守望环境的功能，新闻媒体应该以最快速、最准确的方式，将新近世界变动的信息传递给广大社会。

（三）社会协调的功能

大众传播的公开、广泛和迅速等特点，使之可以产生强有力的宣传作用。新闻传播通过宣传，实施联络、沟通和协调社会关系的功能，使社会各组成部分更有效地适应环境的变化，达到协调和统一的效果。

---

① 刘建明等：《新闻学概论》，中国传媒大学出版社，2007，第188页。

1. 政治宣传

新闻传播通过宣传使国家的方针政策深入人心，影响人们的思想，指导人们的行动。同时其还可以通过宣传颁布的政令，鼓舞信心、凝聚人心、促进稳定、树立国家形象；通过对普及政法、经济等知识的宣传，可以使人们树立民主政治观念和改革开放的思想，提高公民的政治、法律、道德、文化、人格素养。

2. 舆论监督

舆论监督具有传播快速、影响广泛、处置及时、公开公正、导向明显等优势。舆论监督本身并不具备很大威力，但其背后的民意有强烈的制约和监督作用。舆论监督虽没有强制力，但其能对一个国家的政治、经济和社会生活产生极大的影响力。新闻传媒是实现舆论监督不可或缺的公共平台。

媒体可以进行舆论监督，维护社会正义，制约公共权力。在日常的社会生活中总存在一些阴暗的角落，在这些角落中不同程度地存在着丑恶、罪恶和腐败的现象，而新闻传播可以通过舆论评价，制约公共权力，鞭挞罪恶，维护社会的公平和正义。

（四）培养教育的功能

新闻传媒是"开放的学校"，是公开的"图书馆"，它不仅能够传递各种新闻信息，而且可以向受众传递政治、经济、文化、娱乐等各方面的知识。[①] 可以说，今天的传媒已经成为学校教育的重要补充，甚至它对公众的影响力，丝毫不亚于学校对公众的影响力。

在媒体分众化的今天，很多媒体自觉地把教育功能作为自身的定位之一，积极通过传媒对大众进行知识教育。中央电视台科教频道有句广告词："知而获智，智达高远。"确实，因为大众传媒不间断地传播各种知识，社会公众的知识水平普遍得到了提高，新闻传媒也因此受到社会的赞扬。媒体传播的知识主要包括提高人们物质生产能力的知识、拓宽社会与

---

① 骆正林：《新闻理论教程》，北京大学出版社，2010，第194页。

人文视野的知识和培养公众正确的价值观的知识。媒体的教育功能不仅体现为传承人类文化遗产，而且体现为传播人类创造的最新精神成果，提高公众适应自然、改造自然的能力。

（五）文化审美功能

新闻传播活动是构成人类文化的重要组成部分。因此，要全面认识新闻的规律及特征，就离不开"文化"的视角。随着现代科学技术的不断提高和物质生活的日益丰富，人们在审美方面的需求也越来越迫切。新闻传媒应尽量以美的形式去表现新闻对象，即追求新闻内容与表现形式的完美统一。

新闻的文化审美功能伴随着人们越来越迫切的需求应运而生。文化的传播和发展都离不开新闻传媒，新闻传媒所传播的不仅是信息，而且更重要的是它所包含的精神和价值，并通过主流价值观影响受众、凝聚民心。它通过新闻节目，借助法律、道德、行为规范等社会文化的不同程度的引导，潜移默化地使人们确立一种健康的、向上的社会精神。可以说，新闻传媒的主要任务就是培养观众对既成事实接受和确认的态度倾向，发挥其自身所承担的文化作用。

大众传播中的不少项目，如电影、文艺、曲艺等，它们的"当家"功能就是文化娱乐，传统三大媒介，即报纸、广播、电视，也有相当一部分功能是以休闲和服务为主要目的的。

（六）休闲娱乐功能

人类的消费可以分为物质消费和精神消费两种。随着社会的发展和物质生活的不断丰富，人们有了更强的物质基础和更多的时间资源去消费精神产品，而大众传媒是重要的消闲解乏的工具。娱乐是人类生活的重要组成部分，积极健康的娱乐信息传播，也是促进受众品德修养与道德追求提高的助力之一。媒体提供的戏剧性典型，让受众在娱乐中认识了人性的美德。

在传播过程中，娱乐报道以其特有的公共属性承载着社会责任和意识导向的功能，传播高尚、幽默、智慧、知识和体力的健美等信息，给受众提供欢乐与休闲。

作为精神内容，新闻传播还具有服务和消闲的功能。服务功能是现代媒体业务拓展的重要领域，如提供商品信息、天气预报、法律咨询、购物向导等。消闲功能主要是提供能够被大众消费的娱乐内容，如体育节目、综艺节目、选秀节目和影视剧等。今天，报纸、广播、电视、网络上的各种娱乐内容，丰富了大众的业余生活，给人们紧张的社会生活带来了茶余饭后的谈资。

| 第四章 |

新闻舆论导向与监督研究

人类进入大众传播时代后，新闻媒介便承担了引导社会舆论的功能。新闻舆论在舆论活动中占据突出地位，因而人们习惯于将新闻机构称为"舆论界"或"阶级舆论工具"。

2016 年习近平在主持召开党的新闻舆论导向与监督工作座谈会上提出了 48 个字的"党的新闻舆论工作的职责和使命"：高举旗帜、引领导向，围绕中心、服务大局，团结人民、鼓舞士气，成风化人、凝心聚力，澄清谬误、明辨是非，连接中外、沟通世界。习近平主席非常重视党的新闻舆论导向与监督工作，他认为这是治国理政、安国定邦的大事，是党和国家最重要的一项工作。可见把握好新闻舆论工作将是我国新闻行业工作者长期的课题。本章主要论述了舆论与新闻舆论的关联、新闻传播中舆论的导向作用及舆论的监督与新闻批评等方面的内容。

第一节　舆论及新闻舆论概述

一　舆论

（一）舆论的概念与特征

1. 舆论的概念

在我国，《左传》中有"晋侯患之，听舆人之诵"的观点，《晋书》中也有"自古圣贤，乐闻诽谤之言，听舆人之论"的说法。"舆"的本义是车厢或轿子，舆人则是造车或轿子的人，或是赶车抬轿子的人，引申为这类"众人"，"舆人之论"就是指众人的看法与意见。

舆论作为一个词语最早出现在《三国志·魏·王朗传》中："设其傲狠，殊无人志，惧彼舆论之未畅者，并怀伊尹。"之后又出现在《梁书·五帝记》中："行能臧否，或素定怀抱，或得之舆论。"以上这些说法将舆论评价功过得失的功能准确地揭示了出来。

在我国古代，舆论基本上指群众的意见，其性质是自发形成。而现代意义上的舆论所包括的主体范围则已扩大到整个社会，舆论的自觉性更为突出。

在西方，"舆论"就是指"公众意见"。霍布斯在1651年出版的向教会与君主宣战的《利维坦》中，首次将"舆论"或"公众意见"提出来，并对其进行了详细论述。他表示，"会议的公众意见就是辩论所得的决议和一切审议的目的"，对劝说者来说，"他们在说话时更注意人们的公众情绪与舆论，并运用直喻、隐喻和其他演讲术的武器，说服听众"。其中，对于"舆论"的概念，西方国家有几种具有代表性的观点，具体如下。

黑格尔认为公共舆论是人们表达其意志与意见的一种无机方式，在这之中存在一切种类的错误与真理。

科恩霍塞的观点是，舆论就是指特定时间里的特定人们对其感兴趣的问题流行着的观点与情绪。[1]

约斯特认为，舆论其实就是指公众情绪。[2]

《美利坚百科全书》对舆论的解释：群众就其共同关心或感兴趣的问题公开表达出来的意见的综合。[3]

我国的学术界对舆论也有种种解释。张友渔认为："舆论是把少数人除外的社会多数人的意见。"[4] 刘建明的观点："舆论是显示社会整体知觉

---

① 童兵：《比较新闻传播学》，中国人民大学出版社，2002，第119页。
② 童兵：《比较新闻传播学》，中国人民大学出版社，2002，第120页。
③ 童兵：《比较新闻传播学》，中国人民大学出版社，2002，第121页。
④ 李广智等主编《舆论学通论》，黑龙江教育出版社，1989，第22页。

和集合意识，有权威性的多数人的共同意见。"①

上述和舆论概念有关的阐述各自有各自的侧重，但是其也有一些基本认识：舆论作为一种社会知觉表现的是公众意见，舆论是一种相对一致的、共同的意见，舆论是人们针对社会生活中的事件或现象所表达的意见。在以上这些认识的基础上，我们可以对舆论的概念进行这样的理解：在特定的时间与空间之中，公众对于特定的社会公共事务所公开表达出来的大体上一致的意见或者态度。舆论具有以下三个要素。

第一，舆论的本体，即"意见"。舆论作为一种意见，既包含认知因素，即它总是针对社会生活中发生的事件或现象而言的；也包含情感因素，即它总是对社会生活中发生的事件或现象表现出喜怒哀乐的情感。舆论作为一种意见，它的表达形式多种多样，如以言语的形式表达，构成显性舆论；以情绪的形式表达，构成隐性舆论。

第二，"公众"是舆论的主体。公众是一个历史的概念，在资产阶级将民主制度初步建立起来以后，大众特别是市民阶层获取了发表社会见解的民主权利，最早的公众实体从此形成了。公众的主动性、积极性和创造性是现代民主社会发展的动力。建立在这一认识的基础之上，作为舆论主体的公众，有必要对其自主性做出强调。如果说主动性、积极性、创造性是就公众的主观能动性而言的话，那么自主性则是就公众表达态度的客观可能性而言的。如果人们迫于种种外在因素的干扰，不能自主地表达自己的意见或情绪，那么其就不能成为舆论的主体。是否具有自主性是划分公众能否作为舆论主体的必要条件。

第三，舆论的客体，即"社会生活中发生的事件或现象"。这里所指的事件或现象从宏观意义上理解可以是某种社会变动，从微观意义上理解也可以是某种具体事件或者现象。舆论存在与发展的基础就是社会生活，离开了社会生活中发生的事件或现象，舆论就是"无源之水，无本之木"。日本新闻学者小野秀雄认为人们的集体生活方式是形成舆论的客观物质基础。在他的观念中，对集体生活中的人们有影响的一些事

---

① 刘建明：《基础舆论学》，中国人民大学出版社，1988，第3页。

件会将人们的某些判断与感情诱发出来，当人们的生活进入形成心理上的集体的时候，才有了舆论形成的基础。[①] 当然，并非所有"社会生活中发生的事件或现象"都可以促成舆论的形成，不为公众所关注的事件或现象是难以促成舆论的。因此，舆论的主体和客体是相互依存、互为条件的。

2. 舆论的特征

舆论与一般的意见、态度相比，具有以下五个基本特征。

第一，社会性与现实性。这是指舆论涉及的都是现实需要解决的问题，反映的是社会存在。舆论反映了一些和人们的现实利益以及社会利益高度相关，且有许多人关注的问题。只有一些现实的并且带有迫切性的问题才可以将舆论引发出来，公众形成舆论的目的就是尽量且尽快（甚至立竿见影）地让问题的解决和事件的进展顺应公众的共同现实意愿，并合乎其利益，在这一点上，舆论的现实功利性表现得淋漓尽致。

第二，评价性和公开性。舆论不同于一般的客观陈述，其是对事物（包含社会人物、事件、问题以及其各个方面的社会联系等）做出的判断及具有论断性的结论，是一种立场鲜明评价性的意见。因而，舆论总是具有宣传、监督和咨询功能。舆论又是公开表达出来的意见，多为在大庭广众之下的公开言论，而且它自始至终都是在社会公共领域之中产生并且发挥作用的。

第三，广泛性和集合性。舆论的广泛性是指舆论在存在范围与影响范围上的广泛性，其主要原因包括舆论主体公众聚合的随机与多元，还包括其意见指向的涵盖范围的广阔。舆论作为意见的集合并非将个人意见进行简单的相加或者是机械的叠合，而是要对整个意见之中局部的观点成分进行扬弃或是修正，然后获取众人的共识。因此，舆论可以与原先的每种个人意见都不相同，但又能为大多数人所认同和接受。

第四，倾向性与政治性。舆论是是非分明且褒贬分明的大众意见与态度，其立场和观点也是旗帜鲜明的。不具有倾向性就不能成为舆论。舆论

---

① 童兵：《比较新闻传播学》，中国人民大学出版社，2002，第123页。

倾向性受许多因素的影响，如党派、信仰、民族、地域、文化、职业、心理、特定环境等。在现代社会里，从根本上影响和决定舆论倾向性的因素，则是人们的政治立场。因此，舆论总是有一定的政治倾向性的。在通常情况下，政治观点不同，则舆论不同。

第五，稳定性与变动性。舆论一经形成，便相对稳定，要持续一个时期，舆论很难招之即来，挥之即去。但是舆论也并不是一成不变的，其本就形成于变化之中，并且在形成以后还在不断地变化。伴随着客观现实的不断变化及时间的不断变动，有的舆论会巩固下来并逐渐发展成为信念，有的舆论则为新舆论所取代。舆论之所以可以被引导，正是因为其变动性。舆论的稳定性和变动性是相互作用的。变动是内容上的不断更新与积累，变动之后，其前后内容仍有质的联系。

（二）舆论产生与发展的条件

第一，要有能够诱发舆论的社会事件。抽象的社会现象及问题、大的社会变动及变革或者是突发性事件都可以作为社会事件。但凡此类事件发生，就会快速地和公众头脑中的知识结构以及固有成见等进行信息的"化合作用"。此种作用生出的能量对信息的扩张起到推动作用，并且这种能力不断地被转化成动力，使对此发表意见、见解及看法成为公众的一种即时需要，包括他们的各种情绪与情感。从此，意见在公众之中蔓延开来，并开始形成相关的舆论。

第二，要有宽松和谐的社会环境，能够让公众对社会事件发表看法、表达意见。在我国，由于有社会主义制度的保证，人民群众可以行使当家做主的权利。改革开放以来，我国的经济建设取得巨大成就，综合国力进一步增强，民主和法制建设进一步得到发展，人民安居乐业，安定有序，人民群众表达意见的渠道更加通畅。

第三，要有传播舆论的新闻媒体。新闻媒体是传播舆论的重要载体，新闻媒体的主要功能之一是反映舆论、表达舆论、引导舆论。麦克卢汉在论述媒介的本质时就曾指出，"媒介不是人与自然的桥梁，它们就是自然。媒介并不是把我们与'真实的'旧世界联系起来，它们就是真实的世界，它们为所欲为地重新塑造旧世界遗存的东西"，"一切媒介都给我们的生活赋予人为的感知和武断的价值"。公众头脑中的这种"自然"的形成，将引导社会舆论走向新闻舆论调控的归点。

（三）舆论的功能与作用

舆论的功能与作用，概括起来有以下三点。

首先，舆论是各种社会信息的载体。舆论反映社会现实问题但其没有特定的反映对象，于是各种社会问题都会反映到舆论里面来，或通过舆论表现出来。作为大众的态度和意见，舆论具有良好的判断能力和相当准确的预测能力。因而，舆论便成为语言化了的社会心理现象，成为许多有效信息的载体。通过舆论，可以观世俗、看政局、察民情、知得失、审征兆。有经验的执政者以社会舆论为信息库，总要千方百计地了解舆论，并且将其作为对形势进行判断及制定政策的重要依据。

其次，舆论是社会的道德法庭。道德就是指人们共同生活及其行为的准则与规范。舆论是众人的一种公开意见，它对客观事物进行的论断与给出的评价，将公共道德的内容与标准直接体现了出来，对社会生活和人们的言行起约束作用，对有违公理和民意的人和事起监督作用，对高尚的行为予以褒奖。古语"众口铄金"，今语"这奖那奖不如老百姓的夸奖，金杯银杯不如老百姓的口碑"，等等，将舆论的此种道德力量生动地表述了出来。舆论并不是一种行政手段，虽然它对人们并不产生强制性的作用，但是它又能对人们具有相当大的约束力。在建设精神文明、优化社会环境、端正党风政纪、弘扬人间正气、荡涤污泥浊水等方面，舆论的作用是显而易见、不可替代的。

最后，舆论是社会的调节枢纽。舆论是公众参与社会事务的途径和方式。有时，它是一种宣泄。舆论还可以起到宣传作用，宣传某种观点或看法。所以，它可以调控社会方方面面的关系，可以对社会的思想、情绪、行为等进行宏观调节和微观调节。比如，执政者通过舆论或了解社情民意，调节自身行为；或理顺上下关系，达成某种共识。群众通过舆论，表达某种意见，反映某种要求。古语说："防民之口，甚于防川，川壅而溃，伤人必多。民亦如之。是故为川者决之使导，为民者宣之使言。"这道出了舆论的社会调节器作用。

二 新闻舆论

（一）新闻舆论的定义

很多学者在著述之中直接使用"新闻舆论"这一概念，却很少有人给它下一个定义。这是因为人们通常认为理解了"舆论"也就等同于理解了"新闻舆论"，因而他们就将对这个概念的专门界定忽略了。对于一些"新闻舆论"定义，其各自界定的内涵也具有非常大的分歧。这主要是由于学者们对"新闻舆论"中的"新闻"存在着和其他人不同的理解。有的学者的观点是认为"新闻舆论"中的"新闻"就是指"新闻传播活动"，例如，程世寿把"新闻舆论"定义成"新闻舆论是通过新闻传播活动而表现出来的舆论"[①]；还有学者指出"新闻"即"新闻传媒的力量"，例如，丁柏铨的观点认为"新闻舆论就是借助于新闻传媒的力量而形成的舆论"；有的学者认为"新闻"就是指"新闻传播方式"，例如，刘九洲的观点"舆论主体借助于新闻传播媒介与方式对舆论对象所表明的共同意见"正是体现了这一点。

对新闻舆论的定义，众多舆论学者没有统一的说法，本书认为通过新闻手段，以新闻传媒为载传工具的社会舆论叫新闻舆论。新闻舆论只指报刊、广播、电视、网络等新闻媒介所传播的舆论，而在新闻工具和新闻影响下形成的社会舆论，应当不算在内。如果这种社会舆论由新闻媒体再传播开来，那么其就变成新闻舆论了。

广义上的新闻舆论即"通过或经由媒体表达的社会意见"，那些"意见领袖或具有参与和表达意见的活跃的人群"是意见表达的主体；狭义的新闻舆论则是指"媒体表达的意见"，表达的主体就是新闻媒体。

舆论的三大要素包括舆论的主体（公众），舆论的存在形式即其本体

---

① 程世寿、刘洁：《现代新闻传播学》，华中理工大学出版社，2008，第208页。

（一致性意见），舆论的客体（公共问题）。根据这一观点，许多学者认为新闻舆论也包括此三大要素。

新闻舆论的承担者与制造者即其主体。通常来讲，新闻媒体被人们定义成新闻舆论的主体，其主要原因是新闻媒体人均是一些从事新闻工作的专业人士，他们清楚地了解从事新闻事业所应当具备的一些职业规范与道德以及专业素质与技术，所以其能够得心应手地应对新闻工作。而从广义的范畴看，一些善于利用媒体表达自身意见的活跃的社会人群也属于新闻舆论的主体范畴。这些人群在媒体上表达的意见大都经过了媒体人的把关，并接受了媒体人意见的影响，正是这些不同的新闻舆论主体为新闻舆论提供了丰富的社会信息来源。

新闻舆论的对象就是新闻舆论的客体，新闻舆论的对象范围比舆论的对象要小一些，新闻舆论的对象既有可能是新闻媒体进行报道的一些事物，也可能是一些还没有被媒体报道的而极少人知道的事件，甚至还可以是一些可能并不存在的、人们想象出来的事物。

值得指出的是，新闻舆论与新闻评论并不是同一个概念，二者不能混为一谈。新闻舆论是一个宽泛得多的概念，它包含在每一篇新闻报道之中。选取哪一件事情予以报道，从哪个角度进行报道，这本身就是一种评价。几乎可以说只有目的、意图被隐藏得深浅的问题，而不存在有没有倾向性的问题。

（二）　新闻舆论的特征

1. 多样性的形态

形态是事物的外部形式和状态。任何舆论活动都要有一定的形态。新闻舆论与人际舆论和会议舆论相比，其形态要丰富许多，主要包括新闻报道、新闻评论、社会讨论、社会调查、群众来信、民意测验、协商对话等。新闻报道是新闻媒介每天每时给社会公众提供各种信息的一种主要形式，它不但可以对社会舆论的议题进行有效的设置，使信息交流可以有效地进行，而且其量和质本身就可以使某种社会舆论形成。新闻评论是新闻媒介就社会现象和社会问题直接发表意见，它往往代表了某个社会组织、社会群体的意见，是社会舆论在新闻媒介上的直接表现。群众来信是社会公众以来信的形式对社会问题发表意见，是民意最直接、最具体的表达方式，是社会舆论的最基本的形态。社会讨论是公众以新闻媒体为阵地，就社会问题公开交换意见，最终形成基本一致的意见或结论，进而成为一种舆论。民意测验是新闻单位就某个社会问题对公众进行测定，它实际上也是一种了解群众舆论动向的社会调查。社会调查是新闻单位就某个社会问题进行专门性的调查研究。协商对话是新闻媒介让公众对有争议的问题进行面对面的讨论，它本身也是一种舆论形态。

2. 组织性

新闻舆论的组织性就是指新闻媒介依据现实的需要，按自身的政治方针，将某种舆论有意识地制造出来，把群众的舆论方向引导到自己所设定的方向上。通常社会舆论的产生是自发的且无组织的，那些参与讨论的社会公众可以自发地参与到共同关心的社会问题中。新闻舆论则是有组织有目的地形成的，这是它区别于社会舆论的一个显著特点。

由于事实是进行评价、引发舆论的客观依据，社会公众获知事实的情况如何，在很大程度上决定着舆论的方向和强度。因此，新闻媒体在组织舆论时，其时间上的缓与急、内容上的详和略，都是影响舆论的因素。至于如何报道，报道到什么程度，各种新闻手段、新闻要素之间如何组合、协调，更是以能否造成有利于本党本阶级的舆论环境为标准的。

"事实胜于雄辩"，事实是影响舆论最有力的因素。在揭露敌人惑众的谣言时，我们首先是将事实公之于众，用来反击敌人、教育人民。早在1925年毛泽东同志就指出："我们反攻敌人的方法，并不多用辩论，只是忠实地报告我们革命工作的事实。"及时地公布事实，让公众了解事实真相，也是制止传闻流言、防止舆论畸变的有力措施。总之，社会主义新闻事业只有坚持忠于事实、忠于真理的原则，通过向社会传递充分可靠的信息，让人民了解事态真相，才能形成正义的、健康的舆论。

3. 权威性

舆论的权威性体现在以下两个方面：其一，新闻舆论是集体智慧的结晶，它凭借集体的思想基础、知识平台以及人才结构的优势，促使更加自觉的、理性的、目标明确的且优于公众舆论的意见形成；其二，它属于更高层级的意见，其发表的意见代表的是其所属阶级、集团或者是群体的利益，反映的是国家或者阶级意识形态。新闻媒体在进行新闻事实传播的时候，始终坚持的原则就是客观公正、真实、求实、及时，从而增强其表达与传播的意见的公信力。作为一种"媒介意见"，新闻舆论的权威性就得益于意见的公信力及其优质性。

新闻舆论的权威性主要体现为其影响力与强制性。新闻媒介将自己强大的公信力与大众传播的方式很好地利用起来，在将值得信赖的信息与意见传播给社会公众的时候，让公众潜移默化地将这些信息接收，因此使其形成强大的影响力。强制性源于新闻的价值性判断，其"是舆论主体对新闻事实与自己的价值关系所做的判断，也就是舆论主体对新闻事实是否符合自己的利益、满足自己的需要所做出的或是或非，或善或恶，或美或丑的判断"，这句话的意思就是，道德的力量使得新闻舆论具有了强制性。

（三）新闻舆论的价值

所谓价值，就是客体满足主体需要的程度。如果说社会舆论价值是对人们参与社会事务、调节对象这一特殊需要的满足的话，那么，新闻传播活动满足人们参与社会事务、伸张自我、调节对象的这一特殊需要就是新闻舆论的价值。

构成新闻舆论价值的因素有三个。

第一，新异价值，即新闻传播的事实信息应具有新异性、显著性、突出性、奇异性，能够引起人们的好奇心和传播动机。

第二，利益价值，即新闻传播的事实信息关系到人们的利益，与人们的利害关系密切。

第三，认知价值，即新闻传播意见信息的喻理性强。认识越全面、评断越公允、道理越深刻，就越能引起人们的认同与共识。

第二节 新闻传播的舆论导向和调控

一 新闻传播的舆论导向

(一) 舆论与新闻的关系

舆论与新闻的关系很密切，新闻界被称为"舆论界"，人们讲舆论及新闻，讲新闻必及舆论，否则就说不清楚。至现代社会，两者的联系更为广泛，关系更加紧密。概括说来，两者的关系主要有以下两个大的方面。

第一，舆论是新闻的重要建筑材料。各种舆论总是产生着新闻。作为公众对某一现实问题的议论和意见，舆论反映社会、反映现实、反映民意，是社会和时事的晴雨表。因此，许多舆论往往属于新闻事实，具有报道价值，一经报道出来，就构成"舆论新闻"。深入一步看，比较突出的群众舆论所涉及的问题，通常是社会的热点问题、焦点问题，与国计民生关系很大，其通常属于实际问题、具体问题，在"三种文明"建设中显得实在、迫切。因而舆论不只是值得报道，而是很有报道价值，属于重要的甚至是重大的新闻题材，其一经报道出来即成为很有影响的新闻，引起广泛关注，乃至引爆某一社会现象，因此，对其非报道不可，不然就"走漏"新闻。① 从新闻传播的实际情形看，新闻总是直接反映舆论，特别是那些颇有影响的舆论，新闻媒介多争相反映，"舆论新闻"从来是传媒造就自己影响力与公信力的重要措施。因而，新闻传播从来不曾缺少社会舆论的内容。中外新闻史上的许多大新闻、好新闻、有影响的新闻，都是"舆论新闻"。

第二，新闻是舆论的重要媒介。信息是舆论的产生及最终形成均要依赖的，传播也对其有所依赖。只有这样，新闻才成为舆论的重要媒介，对舆论具有决定性作用。在现代社会，新闻在很多方面、许多时候供应着人们思考问题所需的材料，直接影响舆论的生成。在许多场合，新闻如果不

---

① 喻国明、刘夏阳：《中国民意研究》，中国人民大学出版社，1993，第277~404页。

提供事实、不提供话题，舆论就无从产生。好的社会舆论尤其离不开新闻，新闻媒介的"议程设置"直接决定社会舆论的走向和质量。

新闻与舆论之间的关系要求新闻媒介在反映舆论、引导舆论、为舆论提供依据和传播载体的过程中，注重给人们带来新的信息，要以对事实真相的报道来推动、促成舆论的形成，而不能把新闻本身当作舆论，更不能为制造某种舆论而违背事实真相，制作假新闻。一些优秀新闻节目的制作，正是牢牢把握新闻的特性，从而起到良好的反映舆论和引导舆论的作用。像中央电视台的综合新闻节目《焦点访谈》，其栏目标语就是"社会热点透视、大众话题评说"。"社会热点""大众话题"是舆论密集之所在，而"透视"和"评说"点明了引导舆论的题旨。这个栏目的每一条新闻都能做到记者亲临现场对事件予以翔实报道，因而其在舆论的反映和引导方面取得了很好的效果，创建了良好的舆论环境。

（二）新闻传播过程中的舆论导向方式

导就是指导、引导，向就是指向、方向，舆论导向的目的就是通过对人们的思想和行为进行指导和规范，以将其引导到一定方向上来。因此，舆论导向是舆论意识的归结点，又是舆论产生影响力的发力点。它一般通过下述方式产生作用。

第一，信息是舆论的建筑材料，人们对事实掌握的程度及对外界的感知由它决定，并且它还是意见态度形成的基础、人们的判断依据。随着现代媒介的不断发展，人们通过源源不断的信息流，将现代信息环境构筑起来，这对人们的认识起到一定的作用。而人们认为的现实是由媒介有意或无意地营造出来的一种媒介拟态的环境。"回过头来看，对于我们仍然生活在其中的环境，我们的认识是何等的间接。我们可以看到，报道现实环境传给我们的有时快、有时慢；但是，我们总是把我们自己认为是真实的情况当作现实环境本身。在涉及现在我们行动所遵循的信念时是较难回想起这一点的。"[①] 媒介信息环境制约着公众意见态度的形成，此种信息在潜移默化中有着一种

---

① 〔美〕李普曼：《舆论学》，林珊译，华夏出版社，1989，第62页。

钳制式的引导，其作用有效且影响力大。

第二，新闻媒体利用报道之中隐含着的那些意见倾向以直接或间接的方式引导着公众发表自己的意见或者直接进行评论，进而对舆论进行引导。

德国的学者诺依曼提出了一种非常著名的理论——"沉默的螺旋"理论：在舆论形成的过程之中，分散的公众成员在发表自身意见的时候会受从众心理的制约，出于避免被孤立的想法，会不由自主地被那些占优势地位的多数意见影响或左右。

人际传播和大众传播对外界意见的导向性影响较大。由于新闻媒介的意见传播具有公开、广泛、持续时间长、声势浩大的特点，而且其常以公众代言人的姿态出现，在媒体意见中具有独有的、很难被超越的优势，在社会意见中也具有独特的权威感，所以作为面向大众的新闻媒介，其意见很容易成为一种主流意见，进而对公众的舆论导向有所影响。因此，公众在感知外界意见的时候也常常把它们看作多数人的意见，若是自己和媒介意见一致人们就会勇敢地发表出来，若是与其有一些意见分歧人们就会保持沉默或者是改变自己原本的想法。新闻媒介就是利用这种潜移默化、有意识的引导过程，使越来越多的公众被主流意见吸引过来，少数意见就会日益减弱下去，进而就会形成一个上大下小的"螺旋"，它是新闻媒介对舆论最为积极的一种作用方式，同时也非常鲜明地体现了其强大影响力。

（三）舆论导向的原则

舆论是公众意见的整合，是人民共同的声音。随着公民素质的提高和公民权利意识的觉醒，舆论引导的工作越来越难做。当代各国政府都承认人民是国家主权的主体，如果没有公共舆论的支持，政府、法律、媒体都将丧失存在的合法性。所以，新闻媒体要想做好舆论引导工作，必须要有科学的态度，应用辩证的方法，在科学精神的指导下引导舆论，帮助人民树立积极的价值观，激发人民的工作和生活热情。具体来说，其应坚持以下几点原则。

第一，党性原则。对社会舆论进行引导是我国政府和媒体的重要任务，也是我国社会主义事业成功的重要因素。江泽民同志在 1996 年对《人民日报》进行视察时指出："舆论导向，对于我们党的成长、壮大，对于人民政权的建立、巩固，对于人民的团结和国家的繁荣富强，具有重要的作用。舆论导向正确，是党和人民之福，舆论导向错误，是党和人民之祸。"这段话清楚地表明，新闻媒体的舆论引导工作与党的事业休戚相关。

"党的新闻舆论工作坚持党性原则，最根本的是坚持党对新闻舆论工作的领导。"习近平总书记指出，"党的新闻舆论媒体的所有工作，都要体现党的意志、反映党的主张，维护党中央权威、维护党的团结，做到爱党、护党、为党"。一定的评价标准总是由一定的世界观、人生观和价值观决定的。我国的新闻事业是党的事业的重要组成部分，新闻舆论导向绝不可以违背党性原则。党性原则不但是无产阶级新闻工作的一项基本原则，而且也是新闻舆论导向的基本原则和正确的政治保证。

第二，有效性原则。舆论机关应该熟悉信息传播规律，利用先进理论指导舆论传播。信息传播是一种职业活动，有它自身的传播规律和传播特点，舆论引导必须在尊重舆论规律的基础上，主动利用传播理论来指导工作。其具体要求有以下几点。①舆论传播必须以真实为前提。宣传部门应该确立现代舆论观，尊重社会共享价值，及时、准确地公布信息，不能为别人犯的错误埋单。②舆论引导要掌握时机。传统媒体应该抢在第一时间发言，发挥首因效应，为新媒体提供权威的信息和舆论材料。③舆论引导多说两面理。现代公众素质不断提高，获知信息的渠道不断拓宽，此时媒体应该向公众说两面理，使他们能够冷静、理性地面对社会问题。④舆论引导要有逻辑力量。人类是理性的动物，只有逻辑论证才能说服别人。在重大事件中媒体之间应进行善意的辩论，参与的媒体多了，说谎话、制造假新闻的媒体的市场份额就必然减少。⑤发挥舆论领袖的作用。在舆论引导过程中，各级党和政府的领导是最重要的舆论领袖，他们应通过其人格魅力引导舆论，以塑造官员与政府的良好形象。

第三，正面宣传原则。习近平总书记在 2016 年 2 月党的新闻舆论工作座谈会上指出，党的新闻舆论工作的基本方针是：团结稳定鼓劲、正面宣传为主。增强吸引力与感染力才可以做好正面宣传。

我国的现实情况决定了舆论宣传要坚持以正面引导为主。党的十一届三中全会以来，得益于党中央的正确领导，我国的政治、经济、文化发生了十分重大的变化，这种变化的主流好、方向对，并且成绩瞩目、前途光明。新闻舆论在对社会新近变动的报道中起着不可忽视的作用，这就更加肯定了新闻舆论的导向性，所以就需要新闻舆论通过正面的报道，引导人们遵循主流价值观，并且使人们看到光明和希望。

新闻舆论必须以正面的引导为主要内容，对党的理论、方针、政策和路线进行正确的宣传，用科学的理论武装人，以高尚的精神塑造人，以优秀的作品鼓舞人，以正确的舆论引导人。社会主义新闻事业舆论导向的目标是创造正面的社会效果，而并不是要取得多么轰动的效应。新闻舆论传播应在建设有中国特色社会主义事业之中给予人们思想保证及舆论支持。

正面引导原则要求新闻媒介要按照社会发展的需要，对群众中自发产生的、多种多样的舆论，进行慎重的鉴别与筛选。我们发挥新闻媒介的正面引导作用，对积极有利的舆论予以支持、推动；对消极有害的和可能暂时带来副作用的舆论要加以阻止、批评和揭露。

二 新闻传播的舆论调控

（一） 舆论调控的内容

舆论初步形成了，当种种舆论成多元局面时，新闻便成为调控舆论的按钮。新闻或者为舆论提供阵地，或者不为舆论提供阵地；对某些舆论或肯定，或不肯定。新闻通过一些形式和方式，或者使某种舆论升温，加大其强度，增加其生存的空间与时间；或者使某种舆论降温，使其受到冷落或制约，直至其自行消失。一般说来，新闻对舆论的这种作用是肯定要发生的。对新闻来说，其不可能对舆论坐视不管，任其自生自息；对舆论来说，其不可能摆脱新闻的影响，拒不接受新闻的调控。

其中，新闻在传播过程中对舆论的调控有以下几点内容。

第一，引导舆论。新闻传播是推动社会前进的巨大精神力量，是社会变革的先导。毛泽东同志 1955 年在《一个整社的好经验》一文的按语中指出："一个新的社会制度的诞生，总是要伴随着一场大喊大叫的，这就是宣传新制度的优越性，批判旧制度的落后性。"新闻传播是社会变革在观念上的反映，是适应社会变革的需要产生的。它通过揭露旧制度、旧体制的弊端，指明社会发展的方向和道路，从而为新制度、新体制的诞生鸣锣开道。1978 年 5 月 11 日，《光明日报》刊载文章《实践是检验真理的唯一标准》，由此拉开了"真理标准问题讨论"的序幕，形成了强大的舆论洪流，冲破了"两个凡是"的桎梏，破除了现代迷信，大大解放了人们的思想，为党的十一届三中全会的召开奠定了重要的思想理论基础，为改革开放政策的推行做了充分的舆论准备。可以想象，当时如果没有"实践是检验真理的唯一标准"这样一种新闻舆论去统一全党、全民的思想，就不会有党的十一届三中全会的顺利召开，也就不可能有伟大的改革开放。

第二，稳定舆论。社会秩序是社会整体各个组成部分在结构上相对稳定有序，在运行中相互协调、平衡的状态。有了一定的社会秩序，社会成员和群体间的交往就具有可期待性，社会的运行也就相对平静，从而确保社会稳定。新闻传播往往暗示着特定的社会价值规范和行为准则，当一个人面对某种社会舆论而不知所措时，往往会因得到新闻传播的指导而能应付自如；对于一个组织而言，有了新闻传播的指导和监督，则能增强其内聚力和提高工作效率。新闻传播所营造的舆论一旦形成，即对少数人与众不同的言行或越轨的行为产生压力。俗话说："千夫所指，无疾而终。"少数人为了缓解这种压力，就会改变甚至放弃自己原来的言行，表现出顺从的态度，与社会整体保持一定程度的一致。

第三，整合舆论。稳定是社会存在和发展的基本前提，社会的稳定有利于社会的发展。新闻传播对舆论的调控既着眼于社会稳定又着眼于社会发展，其具有对舆论环境的整合功能，易于在全社会促成一种兼具集中和民主、纪律和自由、统一意志和个人心情舒畅的氛围，进而在对社会舆论实施调控的同时，最大限度地激发广大人民群众投身于国家建设事业和民族振兴事业的积极性、创造性。由此也可以看出，新闻传播对舆论环境的整合不同于行政与法律等刚性整合手段，它更多地表现为一种弹性整合和柔性整合。

但是，新闻传播对舆论的调控是一把"双刃剑"，它可以发挥积极功能，但在一定条件下也可能对社会舆论产生消极作用。为此，必须运用科学的态度去对待新闻舆论调控。一方面，新闻传播对舆论的调控必须遵循社会舆论运行的规律，譬如，舆论运动具有不可抗拒的强大威力，舆论产生后就有自身独立发展的自发性和坚定性。为此，新闻舆论调控必须因势利导，顺势而为，横加干涉和强行堵塞只能适得其反。再比如，舆论运动具有多极性特点。针对同一现象、同一事件产生舆论纷争是客观存在的现实。为此，新闻传播对舆论的调控必须从实际出发，坚持"一面理"和"两面理"的统一，逐步强化正向舆论，转化负向舆论。另一方面，新闻传播对舆论的调控必须坚持与时俱进。一个时期内的新闻舆论所维护的主流意识和社会规范是在一定条件下建立的，当社会条件发生变化时，人们对利益的追求有了发展，原有的舆论就会对人们的创新行为和价值观念的更新起阻碍作用，进而会阻碍社会发展。因此，新闻传播对舆论的调控必须做到与时俱进。

（二）舆论调控的原则

原则是观察、分析、解决问题的法则和准绳。新闻传播对舆论的调控原则是立足于我国新闻媒体特别是主流媒体之上的，是党和国家的路线、方针、政策、法律法规以及宣传思想工作方针在新闻传播领域的具体体现，是新闻传播对舆论实施调控的指导思想和主要依据。

在现代社会，由于传播媒介的高度发达、民主意识的广泛普及和社会舆论的空前活跃，舆论调控日益显现出复杂性和难以把握性。面对丰富多样、流动变幻的社会舆论，如何把握其根本方向，按照怎样的原则进行调控呢？本书认为，舆论调控的原则可以列举不少，但基本原则应该体现为以下几点。

第一，客观性原则。新闻传播对舆论的调控必须从客观事实出发，尊重事实，反映事实，以真实性和客观性赢得受众的认同与尊重。实践证明，建立在谎言和虚假信息基础上的舆论调控，虽然可能取得一时之效，但其一旦为事实所揭穿，公众就会因被欺骗和愚弄而对其产生强烈的逆反情绪，舆论调控的公信度也就无从谈起。强调舆论调控的客观性，并不否认舆论调控的策略性。新闻传播对舆论的调控绝不是事实的传话筒，它所阐述的事实和道理都是为实现舆论调控的目的服务的。从这个意义上讲，舆论调控的客观性主要包含两层含义：其一，舆论调控必须尊重事实、利用事实、依靠事实但不捏造事实，运用于舆论调控的事实必须经过精心选择，必须满足于舆论调控的目标需要；其二，在舆论调控中，事实固然重要，但对事实的解读更为重要，而对事实的解读在很大程度上体现了舆论调控的艺术和水平，会直接影响新闻传播对舆论的调控效果。

第二，科学性原则。新闻传播对舆论的调控必须以科学的方法论为指导，运用先进的科学技术手段，正确有效地发挥效应。首先，新闻传播对舆论的调控作为一种"软调控"，其必须与行政、法律等"硬调控"相结合。换句话说，它们之间是相互配合、相辅相成的关系。其次，必须正确认识继承和发展的关系。只有在继承和发扬新闻传播的舆论调控理论经验的同时，结合新的实践，不断地发展创新，并消化吸收国外理论和经验中的科学成分，才能保持新闻传播在舆论调控中的活力和优势，使其卓有成效。最后，必须增强新闻传播对舆论调控的针对性。新闻传播对舆论进行调控必须具有针对性，使其符合调控对象的心理特点。这种针对性来自对调控对象实际的研究和把握，只有针对调控对象的民族性、社会生活及思想情感特点，真正把握新闻传播的受众喜好、厌恶，才能真正做到有的放矢，事半功倍。

第三，方向性原则。新闻传播对舆论实施调控，其目的在于为社会的长期稳定和可持续发展服务。这种性质、目的和任务，决定了舆论调控必须服从和服务于国家政治的性质、目的和任务。在当前中国，坚持方向性原则，就是要在舆论调控过程中坚持正确的政治方向，维护国家的整体利益，为实现新时期建设小康社会的宏伟目标创造有利的舆论环境。新闻传播对舆论的调控必须始终不渝地巩固马克思主义在意识形态领域的指导地位，将坚决维护国家的根本利益和社会的稳定发展作为最高原则。围绕舆论调控而展开的一切研究和实践都必须以这一最高原则为价值判断标准。

第四，主动性原则。新闻传播对舆论的调控作为社会调控体系的重要组成部分，其只有科学预见、主动实施，才能牢牢掌握主动权，从而维护社会稳定，促进社会发展。"先入为主"、"首因效应"和"重复效果"是人类认识事物过程中普遍存在的心理现象。长期以来，我国的新闻媒体就是根据这些原理，积极利用各种形式和手段，从各个领域、各个层面对社会舆论进行调控，并且取得了很好的效果。历史经验告诉我们，只有充分认识到新闻传播对舆论的调控功能，自觉把新闻传播的舆论调控作为维护社会稳定和国家安全的重要途径，并且有组织、有计划、有步骤地在经济、政治、军事、文化、科技、意识形态领域主动实施，才能真正把主动权把握在自己手里。

第五，系统性原则。新闻传播对舆论的调控，其组织和实施是一个系统的动态发展过程，体现出上下协同一体、结构整体优化、层次简明有效、适时自我调整的要求。从我国现实情况看，新闻传播的舆论调控从概念上尚未进入社会调控体系之中，相关研究尚处于民间或半官方状态，其实施尚未形成统一的组织协调系统，面对突发性事件的新闻舆论调控尚缺乏思想、组织、方法和策略上的足够准备。为此，应该积极适应新形势的要求，尽快将新闻传播的舆论调控纳入社会调控体系之中，积极谋划新闻传播的舆论调控策略，加强对新闻传播的舆论调控的理论研究和力量建设，努力创造和发展新闻传播的舆论调控手段和方法，不断提高和优化新闻传播的舆论调控效果。

（三）舆论调控的途径

对社会舆论的调控，目前有多种多样的途径，以下是其中主要的几种。

第一，大众传播媒介途径。在当今世界，电视、报纸、广播、图书、杂志、电影、录像等大众传播媒介被称为重要的舆论机关或舆论工具。运用媒介施行舆论调控，主要是通过控制信息的筛选与设置报道议题，定期辟出版面和栏目连续组织讨论，运用言论评价手段不断使议论引导者通过媒介促进重大方针政策和改革措施的推行，能够在广大公众中产生重大影响，在整个国家形成有利于政策施行和改革开放的强大社会舆论。一个公司或工厂的领导者，也能够运用媒介开展一系列的公关活动，对一定的公众施行舆论调控，于潜移默化中树立起企业和产品的形象，使企业在市场竞争中崭露头角。总之，大众传播媒介的日常舆论负荷或密集程度最高，这对整个社会的舆论过程能产生经常性的重大影响，是舆论调控的最重要的途径。

第二，会议途径。通过会议进行舆论调控，这是十分常见的现象。大至联合国召开的会议，各种世界性组织举行的会议，西方国家的国会、议会，我国的人民代表大会、中国共产党全国代表大会，小至村民会、班组会，其在不同程度上都具有舆论调控性质。会议有一定的程序，议题明确、议论集中，意见的差异当场即可发现，也比较容易消除，整个舆论过程具有较强的控制因素，其中名人或领导讲话、中心发言都起着奠定舆论基调和引导舆论发展的作用。会议形成的舆论，通过大众媒介传播和人际传播，容易形成声势，能够对社会舆论产生较大的影响，故其成为舆论调控的重要途径。

第三，思想政治工作途径。在我国的舆论调控中，用思想政治工作来调控舆论是非常重要的途径。思想政治工作的根本目的即通过各种方法使党和政府的方针、政策或正确的主张意愿影响被教育者，促使他们形成正确的思想观念和良好的道德品质。这种形式具有组织引导舆论并保证舆论向正确的方向发展的功能。舆论形成后，随着社会的发展和变化，有的会被淡化，有的会被修正，有的则会被摒弃。如果在思想政治工作中不断地强化或者倡导某一观点，批评或者抑制某一观点，那么公众就会逐渐受其引导，强化、修正或摒弃某一舆论。总之，思想政治工作可以对舆论的形成和发展起到"方向盘"的作用，在建设社会主义精神文明中值得充分重视。

第四，组织途径。通过组织舆论，常能达到舆论调控的目的。组织舆论亦称制造舆论，即通过有组织的宣传，把舆论的形成过程，变为可以控制的、具有宣传目的的心理整合过程和观念生成过程。在社会生活中，人们往往会按照某种意图利用公共事务，组织、操纵公共的议论过程，借此形成符合自己意愿的舆论。

第三节　舆论监督与新闻批评分析

一　舆论监督

（一）舆论监督的特征与意义

一般认为，舆论监督反映的是人民大众的意见、愿望和呼声，其是人民群众以多种形式的舆论媒介监督党和政府的工作，并监督党和政府工作人员的手段，也是党和人民通过新闻媒体对社会进行的监督。舆论监督的价值体现为新闻媒体报道出新闻事实从而形成一种舆论聚合力，因而使其获得党与政府的重视及支持，使问题得以解决。

1. 舆论的要素构成

第一，舆论监督的主体。舆论监督的主体本应是能享有权利和承担责任与义务的自然人或者是法人。但是，人民大众仅为抽象的群体概念，若是没有传播者的话，则其就不能对任何责任和义务进行承担，也没有办法行使自身的权利。按照传播学的原理，大众传播的传播者就是新闻媒体，要使舆论监督能够实现，必须通过新闻媒体。因此，舆论监督的价值主体就是新闻媒体。

第二，舆论监督的客体。舆论监督的一种主要形式就是新闻媒体的批评报道，对错误的行为进行批评，让各种假、丑、恶的行为曝光，是舆论监督的主要内容。同样，对社会政治问题与社会现象进行公开报道、评论和开展讨论，对一些热点问题、焦点问题进行引导，也可以看成一种舆论监督。

　　所以，舆论监督的客体其实就是指国家机关及其工作人员以及公众人物与公共利益有关的一些事务，其实质就是指对现行社会制度与法律所保护的社会关系有背离或妨碍甚至损害的所有现象及行为，以及社会上一切假、丑、恶的东西。

2. 舆论的特征

　　第一，意识形态性。这是它最本质的属性。新闻舆论监督是一定阶级、政党的思想宣传机器和政策宣传机器，它内在地反映着统治阶级的意志、立场和利益，属于意识形态的范畴。新闻舆论监督固然能体现民意、反映社会公众的要求，但它总是自觉或不自觉地带有一定阶级的倾向，反映它们的意愿和立场。舆论监督比之其他新闻传播方式在表达意见、引导舆论、调整社会关系上具有更大的优势和便利，是统治者最好的宣传、调适机器。社会主义舆论监督具有意识形态性，它是我党和政府的宣传机器，体现党和人民的意志，为社会主义市场经济服务。

　　第二，人民性。让人民有权利对自身的不同看法进行充分表达，对自身的意见进行充分反映，就是舆论监督的实质。要使人民群众实行监督权，就要依靠人民群众，吸引人民群众积极参与。人民群众是舆论监督的主体，舆论监督是人民群众的监督，其不但可以向权力、行政、司法机关以及党的纪检机关提出书面或者口头申诉、检举、揭发、建议，实施舆论监督，还可以对新闻单位和新闻记者加以合理有效地利用。在舆论监督实施的时候，新闻媒体的任务就是使人民群众的意愿得以充分的体现，使人民群众代言人的作用可以有效地发挥出来。舆论监督的实行要依靠人民的力量。

　　第三，广泛性。目前，我国已形成一个巨大的信息传播网络，这个信息传播网络由大众传媒构建。舆论监督不受限于时间、地域及行业，其监督对象的广泛性及内容的广泛性也是造成舆论监督受限少、监督面广、有广泛选择性的原因。由于舆论监督主体是广大民众，其存在于各个社会阶层、群体、组织乃至全体公民之中，所以舆论监督主体的不特定性对发现事物的广泛性起着决定性的作用。在时间及空间上，社会事物很少有能逃过广大民众眼睛的。党和国家的所有政务、所有和公共利益相关的事务，以及整个社会思想、风尚等都属于监督客体。显然，若是能够让这些大众传媒的监督功能得以充分的发挥，则人民监督就会容易许多、广泛许多，人民群众的切身利益就能更好地得到保障。

第四，公开性。新闻舆论监督的载体是新闻媒介，方式是公开报道、公开评论，主体是广大的社会公众，指向是与社会公众切身利益密切相关因而也是他们最为关注的公共事务与公共权力，这些特点使新闻舆论监督具有极大的公开性。特别是在我国改革开放的今天，人民的民主意识普遍增强，社会主体间的利益关系日益密切，社会的开放程度、民主程度得到提高，这更增强了新闻舆论监督的公开性和社会公众的参与热情，从而能最大限度地调动整个社会的公共意识，调动全体公民的参政议政意识。

第五，专业性。美国著名报人约瑟夫·普利策曾经把一个国家比喻成一条正在大海上航行着的船，记者被比作那正在船头上站着的瞭望者，随时观察着海上的一切，包括航行在海上船只的一举一动和大海上的不测风云与浅滩暗礁，并及时发出警告和采取相应的行动。从事新闻事业的人有着敏锐的观察力，他们所拥有的专业知识和技能，可以使他们的思考能力更全面，使他们在遇到突发事件后更沉着冷静，也更能抓住事物的本质特征。所以相对于群众监督来说，新闻媒体人的舆论监督更专业，能取得更好的监督效果。

第六，非强制性。社会监督分为强制性和非强制性两种。强制性监督依靠社会强制力对社会实施监控、制约，如法律监督、行政监督等，它们是权力实体，自身被赋予了实质性权力，因而具有强制性和直接性。非强制性监督则是依靠思想观念、社会心理等非强制力进行制约，新闻舆论监督属于这一类。它以事实、意见、评论等形式，通过新闻媒介在社会上的广泛传播，引起人们的普遍关注，形成对越轨行为的警示性、谴责性舆论，对越轨者造成一种心理压力，从而制约他们的行为。

3. 舆论监督的意义

在我国社会民主政治生活中，舆论监督具有重要作用。

首先，开展舆论监督有助于党和政府决策的民主化和科学化。中国共产党和人民政府是人民群众根本利益的代表者，人民群众通过新闻媒介发表对党和政府决策的意见和建议，这是其参与国家政治生活的重要途径。新闻媒介积极参与决策过程，有利于充分反映各阶层人士的意见，集思广益，使决策过程民主化和科学化，并且使上情下达、下情上传，同心同德，促使政策更好地贯彻实施。

其次，开展舆论监督有助于吸引广大群众参政议政。既然党和政府的工作都是为了人民群众的根本利益，除具体的国防以及外交机密之外，人民群众可以对绝大部分的问题进行讨论，或者发表自己的意见。这样不但能使民主气氛活跃起来，还能让人民群众进行自我教育，提高自身的参政议政水平。

最后，开展舆论监督有助于克服党和政府工作中的不正之风和腐败行为。为了保证党政机关及其工作人员的廉洁高效，有必要继续加大对其进行舆论监督的力度。和党内监督、行政监督、司法监督相比，舆论监督虽然不具强制力，但它能够引导广大群众参与，能使腐败者有所顾忌，起到惩一儆百、治病救人的作用。不过，也应该看到，舆论监督是一把双刃剑，其既可以揭露腐败、弘扬正义，也可能混淆视听、伤害无辜。因此，新闻媒介和新闻工作者在开展舆论监督时，既要积极主动，又要理智慎重，切不可感情用事，图一时之快。

（二）舆论监督的基本原则

第一，实事求是的原则。舆论监督一定要将事实作为基础，真实是舆论监督的生命，是舆论监督的力量之源。舆论监督要真实包含四层含义："一是新闻事实必须真实，二是必须准确地反映真实，三是必须有客观的态度，四是要坚持公正的立场。"新闻是有局限性的，新闻"无法承担人民主权的全部分量，无法自动提供民主主义者希望它天生就能提供的真相"。为了避免新闻失实，为了减轻舆论监督的杀伤力，舆论监督者一定要有科学客观的态度和公平公正的立场，不带一点私心，深入事件现场，进行调查取证，尽可能地还原事实真相。

第二，把握分寸的原则。舆论监督具有很大的杀伤力，因此，媒体一定要把握好分寸，始终记住舆论监督的目的是纠偏，是治病救人，而不是落井下石。从辩证法的角度看，谁都会犯错误。为了保护好无辜者，为了使犯错误的人有改过自新的机会，新闻工作者一定要用事实说话，慎下结论，不能搞围剿式、摧毁式的报道，更不能轻易上纲上线。舆论监督必须坚持以正面宣传为主的方针，舆论监督的目的是帮助党和政府改进工作，而不是站在党和政府的对立面。

第三，保护信源的原则。新闻记者的活动空间是有限的，媒体很多重要的新闻线索需要靠社会公众提供。一个成功的记者需要和社会上不同层次的人打交道，通过社会公众提供的新闻线索，扩大新闻的报道面。对于日常的新闻报道来说，作为"消息来源"的"线人"在提供新闻线索的时候，并不会向记者提出保守他们身份秘密的要求。但是在舆论监督类的报道中，很多提供消息来源的人害怕被监督对象打击报复，因此，一般不愿公开自己的真实身份。此时，记者无论是从道义上还是从法律层面上都应该尊重新闻来源的提供者，保护其合法利益。

第四，遵守法律原则。舆论监督不能违背国家法纪，不能无法无天。法律是社会秩序的统一规范因素和权威制约力量，是全体社会成员的共同契约。在法律面前，人人平等，谁都不应该有任何特权，新闻记者和新闻媒体同样不具有任何形式的法外权利。现在很多监督类报道用隐性采访的方式报道，但这种报道方式是经不起法理推敲的，记者一定要慎用。舆论监督本身是对违法违规现象的揭露和批判，如果记者和媒体的行为本身在监督过程中有法律缺陷，那么其迟早要受法律制约。

第五，允许答辩的原则。舆论监督不是敌我斗争，而是对社会不公正现象进行纠偏。舆论监督一定要保留被监督者申诉和答辩的权利，当新闻稿中出现不实信息的时候，媒体一定要及时更正，并向有关单位和个人道歉，为其恢复名誉。当被监督者与社会舆论有不同意见的时候，只要其在情在理，媒体应该允许他们公开表达。同时，对那些确实违法违规的单位和个人，当他们改过自新，并且确实做出了新成就时，媒体应该再给予其正面报道，提升他们"走正道"的信心。

第六，接受监督的原则。新闻媒体是舆论监督的重要工具，是维护社会正义的精神武器。但是再好的工具、再好的武器也有锈蚀的时候，所以，新闻媒体不但要监督一切社会不公正现象，同时自己也要被社会监督。只有监督者接受社会监督，监督的权力才不会被滥用，舆论监督才能做到客观公正。

（三）舆论监督的优势

舆论监督无论是在载体方面还是在形式方面都比其他监督形式更有优势，其具体体现为舆论监督的覆盖面大、速度快、影响范围广、可信度高、具有强烈的社会反响。其中报纸、杂志、广播、电视、互联网等都是舆论监督的载体，舆论监督的形式有电话访谈与记者采访以及实况报道、专家评论等。舆论监督还有一些其他的优势，其具体内容如下。

第一，及时性。舆论监督具有其他监督形式无可比拟的优势，一些发达的新闻事业能在几个小时到几天的时间里产生监督效果，对事件进行最快速的干预。舆论监督不同于报纸的监督，今天的事能明天再见报，如广播、电视、网络等媒体能以现场直播的形式将其监督功能发挥出来。舆论监督就是新闻记者用照相机、摄像机、录音机等设备仪器现场记录被监督者的言谈举止及被监督事件的真情实景，把实况客观形象地再在大众的面前展示一遍，形成一种毋庸置疑的"铁证"。

第二，强影响。与法律监督相比，舆论监督具有一种非直接强制性，但是舆论监督一样也具有十分强大的威慑力，"不怕通报，就怕见报"，其具体体现在以下两个方面：舆论监督本身就能将社会上的一些丑恶现象揭示出来；舆论监督还能通过转化为法律监督、监督机关监督，以及由个别监督转化成普遍监督等形式，将一些社会违法犯罪问题暴露出来。

第三，低成本。舆论监督的社会成本是最为低廉的。其原因在于，现阶段中国的媒体在市场化运作的过程之中实行自负盈亏制度，其将社会的监督成本进行了自我消化，不需要再进行专门的投入。媒体通过这些正当渠道可以赢取人民的信任、获取经济回报。而监督机关的监督却是需要将大量的人力、财力以及物力投入进去，并且还需要将相当数量的一批精英人才聚集起来。

二　新闻批评

（一）　新闻批评的概念

何谓新闻批评？新闻批评一词，我国新闻学界虽然对其鲜有专门阐述，但是其概念是清楚的。有的新闻学教科书将它称为"批评性新闻""批评性报道"，还有一些将其归到"新闻事业的战斗性"中。新闻批评就是指新闻媒介"对不良现象和错误现象作事实陈述和说理评析的报道……其目的是为了纠正错误，变消极因素为积极因素。"① 从形式与内容上来看，新闻批评主要是将社会中的消极腐败现象揭露出来，它和西方新闻界的"调查性报道""揭露性报道"有相似之处。但是，新闻批评的目的不在于"揭露""曝光"，而在于"治病救人"，其对社会风气的好转有一定的促进作用。从这一意义上来讲，新闻批评与我国新闻界的"正面宣传"具有一样的目的与功用。

新闻批评是新闻传播总体内容的有机组成部分，这是由新闻事业的功能和任务所规定的。新近发生的事实既有好事，也有坏事；既有应该彰扬的，也有必须贬抑的。新闻作为当前社会生活的反映，应当是全面的，全面反映就包括对社会的阴暗面进行曝光，揭露人们工作中的缺点和错误，揭露社会生活中的消极落后现象。如果不是这样，那么新闻传播就不全面了，就不能达到总体上的客观和真实。新闻事业要履行社会教育的职能，新闻批评也是社会教育的重要方式。批评和否定错误的东西，指出缺点，乃是从反面指示正道。指出什么是不对的、不好的，也就是指明了什么是对的和好的。并且，其效用往往为正面指点所莫及。因此，要很好地引导社会舆论和进行社会教育，就应该正确使用新闻批评。

新闻批评是无产阶级新闻事业和社会主义新闻工作的重要特征。开展批评和自我批评，是无产阶级政党的优良传统和作风。马克思曾经说过，

---

① 冯健主编《中国新闻实用大辞典》，新华出版社，1996，第86页。

无产阶级革命与任何其他革命的一个不同之处就是对自己进行批评，并且以此壮大起来。把无产阶级政党的优良作风应用于新闻领域，便有了无产阶级和社会主义的新闻批评。

（二）新闻批评的特征

新闻批评从来就是一种很尖锐、很有力量的批评，所谓"不怕通报，就怕见报"。新闻批评的特点具体包括以下几个方面的内容。

第一，新闻批评是一种公开批评，并且它是面向社会的。新闻批评属于新闻传播行为，新闻传播与新闻的公开性，决定了新闻批评的公开性。公之于众，向全社会公开揭露某人某单位的缺点或错误，公开批评某种不良现象，让全社会都知道其所犯过失或错误的危害，使之成为社会公众谴责和监督的对象，这是新闻批评最大的特点。新闻批评的这一特点，使得新闻批评成为最大范围的批评，新闻传媒的覆盖面有多大，新闻批评影响的范围就有多大，这是任何其他形式的批评所不能相比的。

第二，新闻批评具有很大的权威性。在我国，新闻传媒是党、政府和人民的喉舌，新闻批评是在领导部门支持下进行的，有许多新闻批评要经过多方研究讨论和相应的审稿程序，点名的新闻批评，从来都是慎之又慎的。这使得新闻批评特别是机关性新闻传媒所发表的新闻批评，给人的印象是这是某一级党组织或政府的态度，它是某项组织措施的前奏。重大的新闻批评大都是有"来头"的，它是某种社会力量的声音，代表某种立场和倾向，而绝不是某记者编辑"文责自负"的文章。

第三，新闻批评具有巨大的舆论力量。作为一种社会行为，新闻批评本身就是舆论，是新闻舆论的重要组成部分。新闻批评的使命和职责决定了，新闻批评一经发表，肯定会引起社会舆论的注意。正确的、重大的新闻批评，往往会轰动舆论，引起巨大的社会反响。全社会最广大的公众围绕新闻批评的内容，纷纷发表意见，形成强大的社会舆论，形成对批评对象的一致谴责，同声诛伐。而被批评者，很难像受到其他形式的批评那样，可以随时申述自己的意见，随时做出说明和解释，而只能接受社会舆论的裁决。

（三）新闻批评的形式

长期以来，我国新闻传播媒介在实践中形成了以下五种新闻批评的形式。

第一，读者（听众或观众）来信。读者来信是指读者向新闻传播媒介反映问题、提出批评、表示意见的信函，它体现着读者对新闻工作特别是舆论监督的参与意识。对于一些重要的读者来信，新闻传播媒介不宜轻易地转给有关部门答复，而应对其调查核实，公开发表或者在内部刊物上发表。

第二，典型批评。典型批评是典型报道中的一种，一般是针对社会上带有普遍性的问题和现象进行的新闻批评，它具有普遍的教育意义。新闻批评所涉及的典型，既可以是某些坏人坏事，也可以是某些带有普遍意义的不良社会风气，还可以是阻挠某项中心工作顺利推进的某种错误思想。

第三，连续批评。连续批评是新闻传播媒介针对重大问题或者事件进行的集中、突出、连续的批评报道。这种批评形式往往针对某一问题，在时间上展开连续报道，在对象上展开合理的联系，以便引起社会的普遍关注。

第四，对比性批评。对比性批评是将具有代表性和相关性的正反两方面的事例对应编排，其目的在于用正面典型反衬和鞭挞反面典型，使人们在鲜明的对比中认清是非、深受教育。

第五，专题批评。专题批评是通过群众讨论对社会上某一专门问题展开辩论，以分清是非、提高认识所进行的一种讨论式批评。新闻传播媒介所设置的论题一般是群众普遍关心而又有意见分歧的问题。这种方式没有明确的批评对象，目的在于帮助人们进行自我教育、提高认识。

三　舆论监督与新闻批评的关系及开展方法

（一）舆论监督和新闻批评的关系

人们往往将舆论监督看作新闻批评或一些带有批评性的新闻报道。新闻批评或是那些带有批评性的新闻报道是舆论监督的一个非常重要的组成部分，这是毋庸置疑的。但是如果由此将舆论监督归结为新闻批评，或者主张"舆论监督就是揭露和曝光"，则是错误的。中共十三大政治报告指出："要提高领导机关的开放程度，重大情况让人民知道，重大问题经人民讨论。""利用各种现代化的新闻和宣传工具，发挥舆论监督的作用，对财务和党务的活动加以报道，反对官僚主义，支持群众批评工作中的缺点和错误，同各种不正之风做斗争。"可见，在概念上，舆论监督要比新闻批评或批评性新闻报道宽泛许多。前者包含后者，并且前者还包括人民群众通过新闻传播媒介讨论和参与的各项社会工作的决策，新闻传播媒介反映出来的人民群众的各种建议、倡导及要求，以及领导者及时沟通、疏导、化解的那些新闻传播媒介反映的各种各样的问题等。

新闻批评是舆论监督的主要方式之一。舆论监督既可以通过肯定、倡导某种现象或行为的方式引导人们择善而从之，也可以通过否定、批评、谴责某些不良社会现象和行为，促使人们警觉、悔改和反思，以克服社会的消极腐败现象。这种通过否定、批评、谴责某些不良社会现象和行为的方式，促使人们警觉、悔改和反思，以克服社会的消极腐败现象的舆论监督形式，就是新闻批评。由于新闻传播媒介具有广泛性、及时性和巨大的影响力，新闻批评能够产生广泛而深刻的影响。由此可见，新闻批评不仅是舆论监督的一种形式，而且是一种重要和主要的形式。一个社会的民主进步程度如何，其主要标准之一就是看它是否真正允许新闻传播媒介开展舆论监督。一家新闻传播媒介的影响力如何，其重要标志之一也是看它的舆论监督开展得如何。换言之，新闻批评开展的深度和广度往往成为衡量新闻传播媒介在多大程度上真正发挥舆论监督作用的标尺。

中华人民共和国成立之后，中国共产党对舆论监督与新闻批评的问题非常重视。中共中央于1950年4月做出了《关于在报纸上开展批评和自我批评的决定》，指出："在报纸刊物上进行批评和自我批评，是为了巩固党与人民群众的联系、保障党和国家的民主化、加速社会进步的必要方法。"该决定发表后，在全国引起很大的反响，当时衡量一家报纸办得好坏的标准就是其批评报道开展得如何。据专家统计，1951年到1953年，《人民日报》平均每天发表的批评稿件超过了 4 篇。① 1954 年 7 月，中共中央又颁布了《关于改进报纸工作的决议》，指出："报纸是党用来开展批评和自我批评的最尖锐的武器。为了广泛地开展批评和自我批评，各级党委应充分地和正确地利用报纸这一有力的武器。"该决议的发表，对加强报纸的批评报道起到了重要的作用。但是，1957 年以后，随着"左倾"思潮的不断泛滥，报纸上正确的批评报道遭受到破坏。改革开放后，我国的新闻批评逐渐得到恢复。中共中央于 1981 年 1 月颁布的《关于当前报刊新闻广播宣传方针的决定》，充分肯定了报纸刊物积极地开展批评和自我批评的做法，认为这"增强了党和人民的联系，也将报刊与党的声誉提高了"。1987 年 10 月召开的中共十三大，首次把新闻批评提高到了"舆论监督"的新高度。报告指出，一定要"提高领导机关活动的开放程度，重大情况让人民知道，重大问题经人民讨论。……要通过各种现代化的新闻和宣传工具，增加对政务和党务活动的报道，发挥舆论的监督作用"。在中共中央的倡导下，新时期新闻批评和舆论监督工作有声有色地开展起来。

（二） 开展舆论监督和新闻批评的方法

改革开放以来，我国新闻传播媒介积极开展新闻批评，使舆论监督的作用得到了有效地发挥。对下列舆论监督与新闻批评的原则和方法进行正确的掌握，具有重要的意义。

第一，必须正确处理好舆论监督和新闻批评与中国共产党的领导的关系。这是舆论监督成败的关键，是由我国特殊的新闻传播体制所决定的。在这个问题上，应该把握以下三个关键。首先，新闻媒介开展舆论监督必须接受中国共产党的领导。宪法中明确规定：中国共产党是全国人民的领导核心。新闻传播事业作为社会主义事业的一部分，毫无疑问，它所开展的舆论监督工作必须接受中国共产党的领导。其次，中国共产党的各级机关及其干部都应该接受舆论监督。宪法既规定了中国共产党的政治领导地位，也规定了包括中国共产党在内的各个政党都要在宪法

---

① 王强华：《舆论监督和新闻纠纷问题研究》，《新闻与传播研究》1997 年第 3 期。

和法律规定的范围内活动。《中华人民共和国宪法》第四十一条明确规定，新闻媒介有开展舆论监督的权利，中国共产党的机关和各级干部都应该接受舆论监督。这种监督可以是对党员个人的，也可以是对党组织的，更应该是对党的路线、方针和政策的制定和执行的。最后，新闻媒介对共产党的舆论监督应该是善意的和建设性的。社会生活的光明面和阴暗面同在，阴暗面也有许多不同的情况，对于人民内部的那些缺点错误，也应该进行揭露和批评，但是这种揭露和批评的目的是用同志式的态度帮助其克服缺点、纠正错误。对中国共产党和政府工作中存在的那些缺点和错误的新闻批评，只要其是善意的、对工作改进有益处的，中国共产党和人民政府都应该给予热烈的欢迎。

第二，掌握"开、好、管"的三字方针。所谓"开"，就是要开展批评；所谓"管"，就是各级党委要把新闻批评管起来；所谓"好"，就是要把新闻批评开展好，使之产生良好效果。根据上述三字方针，新闻传播媒介在开展新闻批评时，应该注意以下五项具体原则。一是要有对党和人民高度负责的精神。开展新闻批评要从党和人民的根本利益出发，要坚持真理，出以公心，不能利用新闻传播媒介之便泄私愤、谋私利。二是与人为善，维护稳定。新闻批评应该选择那些带有普遍教育意义的事例加以报道，而且要让人感到这种批评是善意的、满腔热情的，不能冷嘲热讽，一棍子打死人。三是有头有尾，善始善终。新闻批评不可以一"批"了之，而是应当争取相关部门协助将问题解决，以使批评报道产生一些有益的、积极的结果。四是客观公正，不偏不倚。新闻批评的事实一定要准确、全面，不能感情用事。五是遵守有关法规，依法开展新闻批评。对于重大的批评报道一定要事先争得有关领导部门的意见，并事先向被批评者核实和通报。

近年来，我国新闻界在怎样将新闻批评开展"好"这方面积累了一些成功的经验和方法。这些经验和方法主要包括以下五个方面。

其一是端正认识，过好"思维关"。长期以来，新闻界有一种观点认为，新闻传播事业具有"党性"，新闻传播媒介上的每一条消息，甚至每一句话都要代表党的声音。受这种观点的影响，新闻批评者以"裁判"自居，动辄给被批评者"定性"，往往对其造成被动。应该看到，新闻批评首先是一种新闻报道，既然是新闻报道，就应该从新闻事件入手。这样既可以增加新闻批评的新闻性，又可以避免不必要的麻烦。

其二是现场调查，过好"采访关"。新闻批评的线索可能是记者感觉到的，也可能是读者来信反映的，还可能是有关职能部门提供的。无论是哪一种情况，记者都必须深入现场进行采访。在采访中，记者不能带任何个人成见，也不能单纯核实"材料"，而应该"站在被批评者的角度"，把事件的全过程调查清楚，并且随时注意发现具有新闻价值的事实。

其三是删繁就简，过好"写作关"。对新闻批评事件即使调查得再清楚，也没有必要按照"先下结论—次述经过—再列原因—最后提建议"的框架全部写出来。明智的做法应该是抓住要害问题，舍弃枝节问题。这样做是为了集中"火力"，指向"要害"，同时避免"言多必失"的危险。

其四是推动处理，过好"协调关"。新闻传播媒介不是权力机关，不可能包揽被批评事件的处理环节，但是它应该积极推动有关权力机关妥善处理被批评事件。

其五是处理三大关系，过好"艺术关"。新闻批评涉及方方面面的复杂关系，一般要妥善处理好以下三个方面的关系。一是处理好揭露负面事件与揭发个人行为的关系。新闻批评的目的是解决问题，而不是"整人"，因此新闻批评应以揭露负面事件为主，尽量避免披露当事人那些与新闻事件无关的行为。二是处理好社会性事件和工作性事件之间的关系。前者是人民群众关心的一些大事件，其特点是突发性与接近性；后者是党和政府在某个时期或者某个方面进行重点关注的一些大事件，其特点是具有计划性和重要性。新闻批评应该以社会性事件为主，并且尽量把社会性事件和工作性事件结合起来。三是处理好新闻采访与案件调查的关系。新闻采访应像案件调查那样真实而全面，用事实说话。但是，新闻采访的目的是报道，而不是侦察。因此，新闻采访应该注重那些具有新闻价值的事实，而不应该面面俱到，更不能轻易下结论。

第三，依法开展舆论监督。舆论监督是公民的一项基本权利，是维护司法独立也是促进民主政治所必须遵循的一项原则。因此，开展舆论监督和新闻批评必须遵守法律的规定，尊重和维护公民和法人的名誉权。舆论监督和名誉权保护制度是人类文明和社会进步的重要标志，它们的最终价值取向都是为了整个社会文明的健康发展。怎样既保护公民和法人的名誉权，又保护正当的舆论监督呢？原最高人民法院院长任建新指出："对报刊上发表文章引起的名誉权纠纷，要区分正当的舆论批评与侵犯名誉权的界限，既要依法保护名誉权，又要依法支持舆论监督。"[①] 这应成为正确处理名誉权保护和行使舆论监督权利关系的指导思想。

---

① 张西民、康长庆：《新闻侵权：从传统媒介到网络》，新华出版社，2000，第 94 页。

| 第五章 |
新闻传播伦理及法制建设研究

在新闻传播活动中，新闻传播伦理具有调节与规范作用。新闻传播伦理主要通过新闻传播主体的言行表现出来，对新闻传播行为的规范意义是其和其他职业道德在形态上的根本区别。本章主要阐述的是新闻传播伦理及其平衡和新闻传播中侵权现象及新闻传播的法律制度等。

第一节　新闻传播伦理及其失衡

一　新闻传播伦理的内涵与特征

（一）新闻伦理的内涵

先秦诸子在讲学中提出"诚""信""实""公"的理论，这是新闻传播伦理的源头。所谓"诚"，就是传播知识和理念要诚实。"信""实""公"概括了传播思想的三原则，即著书立说要以"信"为本，讲究诚信；注重事实，不说空话和假话，讲究以实求是；公正地评价事实和人物，体现客观秉直。中国先哲把"诚""信""实""公"作为治学为人的最高境界，提出了一个广泛适用于政治、经济和文化传播的普遍道德原则，至今仍是新闻传播伦理思想的坚实基础。

新闻道德在新闻领域具有至关重要的地位，当新闻工作与新闻道德脱节后，新闻工作便没有任何存在的价值。① 以上是美国新闻学者约翰·赫

---

① 〔美〕约翰·赫尔顿：《美国新闻道德问题种种》，刘有源译，中国新闻出版社，1988，第11页。

尔顿曾经对新闻传播伦理做出的解读。

在新闻传播的过程中，新闻传播主体在传递新闻内容的过程中，应自觉遵循"合德性"原则，以符合社会道德规范、道德观念以及新闻职业道德的内容为报道对象。道德属于社会意识形态领域，它是人类社会生活中一种特有的精神价值。道德的形成一方面受社会经济关系的影响，另一方面也由人们内心的信念所维持，它具有规范社会行为、强化社会意识、调节社会生活的作用。由于道德规范存在于人们的观念、意识中，因而其约束作用不具有强制性，只是一种内化的、非制度化的规范。道德规范既然得到了社会的公认，就变成了全体社会成员所应自觉遵守的行为准则，一旦有人违背了某一规范，其不但会受到社会公众的谴责，而且还会在社会上产生一定的负面影响。

因此，新闻传播的过程，应以新闻事实将会产生的社会影响为基础，对新闻的内容要慎重选择。能被大家普遍认同和符合社会道德规范的新闻内容是新闻媒体最好的选择。

1911年作为密苏里大学新闻学院院长的沃尔特·威廉博士拟定的《记者守则》，大致规定了现代新闻职业道德的基本内容：新闻事业是一种专门的职业；报纸应为大众所信赖；优秀新闻事业的基础必须要有清晰的思想，并且说理要明白，并且还要正确而公允；新闻工作者要保证自己的内容实事求是；如果不是为了国家和社会的稳定幸福，那么一切限制新闻的自由都是不对的；避免受本身偏见或他人偏见左右，不可以因为威胁或者诱惑逃避自己的责任；广告、新闻和社论都应该服务于使读者获得最大利益；新闻事业应该独立不挠，傲慢、权势均不能使其动摇。[1] 这八条守则涉及新闻事业的追求目标、新闻从业者的报道态度及职业作风，体现了西方新闻职业最基本的伦理精神。

1919年，徐宝璜先生在中国第一本新闻学著作《新闻学》中从新闻与社会、记者与报纸的关系深刻阐述了新闻道德的重要性，并对记者应具备的道德品质进行了论述："伟大之记者，应有大无畏之精神，见义勇为，

---

[1]　黄瑚主编《新闻法规与职业道德教程》，复旦大学出版社，2003，第78页。

宁牺牲一身以为民请命，不愿屈于威武而噤若寒蝉。"在《新闻学》中，他专门列出了"访员应守之金科玉律"一节，提出16条要求；"访员之资格"一节也涉及新闻人的道德问题，这是我国新闻道德规范的雏形。

由此可见，新闻传播伦理作为社会意识形态的一种，同其他伦理道德一样，是由社会存在决定的；同时作为上层建筑的一种，其也是由经济基础决定的，因此，社会物质条件的发展与社会生活水平对新闻传播伦理的具体内容与表现形式有直接影响。从新闻事业的本质属性出发，新闻传播活动中的行为准则与道德规范具有更为鲜明的阶级属性和政治色彩。

（二） 当代新闻传播伦理的特征

第一，职业属性。社会意识形态包含了新闻伦理，这是从新闻传播的职业属性来考察的。新闻传播伦理对新闻领域具有规范与调整作用，是一定社会意识形态的体现。

第二，选择性。新闻工作者是新闻伦理的主体，其行为规范包括社会的普遍道德及新闻职业道德。此外，新闻机构也针对自身的行业特点制定出了一些自己的行业自律准则。社会成员对道德的自律性特点具有一定的选择性。人们的行为选择是根据自身对道德的理解或是对实践价值的判断来进行的。

第三，规范性。新闻传播伦理对社会成员行为的规范为：对于社会成员的行为，保障其合乎伦理的部分，限制其违反道德规范的部分。此种规范的完成更多的是要依靠社会舆论的形式。

第四，自律性。人们在进行社会活动时，通常会受到法律与道德的维护或制约。就其约束性质来看，法律具有他律的强制性，对社会成员的约束与规范都是最基本的；而道德除具有他律性以外，还有一定的自律性，是从更高的层次上来规范和要求社会成员的行为。法律具有一定的社会客观性，这一特征往往是由他律体现出来的；而道德的约束作用与其他规范不同，他律性出现的形式是自律。新闻传播伦理主要是通过新闻传媒界自身的自律实现其对新闻传播活动的制约，这种自律包括两个层面的内容：新闻传媒界的行业自律，新闻传媒从业者自己的道德自律。

第五，公共性。在判断社会成员的行为活动是否恰当、是否正确时，一般会有一定的衡量标准，这一标准不是某一个体意志的反映，而是由一定的社会阶级共同认可的。因此，道德标准具有一定的社会性。新闻传播伦理是新闻行业职业道德的表现形式，其公共性主要表现在两个方面：首先，新闻传播伦理应以社会对社会成员的普遍要求为衡量标准；其次，新闻传播伦理应以新闻传播活动的道德标准为依据。

二　新闻传播伦理的原则及作用

（一）新闻传播伦理的基本原则

第一，真实。每一个具体事实都必须在新闻报道中符合客观事实，即新闻五要素：何时（When）、何地（Where）、何事（What）、何因（Why）、何人（Who）。它们要都能经得起考验与调查。在核对新闻报道是否属实时，其唯一标准为是否与客观存在相符合。在新闻工作中，必须坚定的一个信念就是真实，真实是新闻存在的前提和基础。新闻媒体自诞生以来，就以为受众传递真实的信息为宗旨，就受众而言，他们所接收到的信息是切切实实、真实存在的，因此，新闻传播伦理应以真实为主要内容，这也是忠诚于受众、对受众认真负责的表现。相反，如果受众接收到的消息是虚假的，那么这既是对受众的欺骗，也是对受众新闻感的亵渎。

第二，公正。公正，即公平、正义，是指一个社会所具有的平衡性程度。公正就是符合人类道德要求的行为规则，与行为主体所在社会道德体系的行为方式相符合，也就是合乎善的行为准则及方式。公正代表着透明、公开与公平，以及民主、平等与自由。公正准则其实就是指传播主体在新闻传播活动中应当予以坚守的新闻道德原则。从伦理学角度上讲，公正在"本质上依赖于如何分配基本的权利和义务，依赖于社会不同阶层中存在着的经济机会和社会条件"。① 社会的发展不是绝对平衡的，所以，总是存在着"快"和"慢"、"强"和"弱"等问题。政治的压力、领导的要求、人情关系等，都会影响新闻传播活动的公正性。这些因素或无理或合理，使得新闻工作者在工作的过程中面临着重重考验，因此，新闻工作者要有坚持正义的勇气、坚持真理的毅力以及抵制不良影响的决心。新闻传媒作为大众化的社会机构，在新闻实践过程中，应该将社会发展的客观现状进行多方面与多层次地反映，使之成为大众表达自身意见的一个公共平台，而万万不能沦为那些"强势群体"的传声筒。

第三，客观。真实和客观是相互连接在一起的。新闻的真实性要求新闻媒体和新闻工作者必须客观地反映和报道事件。客观，就是不掺杂任何主观意识，即"新闻工作者摈弃个人好恶，主观世界服务客观世界，而'没有权利从一群事实中，摈弃不符合我们的立场和观点的新闻'，力争以最充分的事实展现客观世界的完整面貌"。② 因此可以看出，客观并不仅仅是新闻的原则，在更高意义上是一种新闻精神、职业理念。新闻报道的客观性是新闻求实性要求的背后所体现出来的一种更深层次的要求和价值追求。《中国新闻工作者职业道德准则》中有明确的规定："采写和发布新闻要客观公正，不得从个人或小团体利益出发，利用自己掌握的舆论工具发泄私愤，或做出不公正的报道。"新闻媒体在新闻报道的活动中要时时刻刻保持清醒的头脑，不应把个人自身的主观意见和情感体现出来。此外，在参与新闻实践时，要尽量避免主观倾向的出现，避免对受众加以误导。在发表一些言论性意见的时候，要照顾到各方的观点，让持有不同看法的各方拥有平等的将自己的意见发表出来或对自己的意见做出相应辩解的权利，以这种方式保持报道的平衡。

第四，人道主义。人道主义强调以人为本。其具体体现就是同情心。亚当·斯密认为，同情心是人类本性中最基本、最广泛的道德感情。罗素说，爱情、知识及关心人类的苦难是他一生之中的三个追求。其中关心人

① 〔美〕约翰·罗尔斯：《正义论》，何怀宏等译，中国社会科学出版社，1988，第35页。
② 〔法〕贝尔纳·瓦耶纳：《当代新闻学》，丁雪英等译，新华出版社，1986，第66页。

类的苦难就是指同情心。这是对新闻传媒的一个人性化的要求，也是新闻传媒所要达到的传播效果之一。新闻的真实、客观，往往成为一些媒体从业者忽视人性的借口。其实，这两者是不矛盾的，无论是何种社会结构，最终都是为人服务的，同情心应该成为新闻传媒新闻实践的动力。

第五，社区意识。新闻传播伦理是新闻道德规范的原则，抽象、一般便成为其形式上的特征。但是，任何新闻机构都是针对具体的目标人群进行信息传播的，所以，新闻媒体又必须分析受众的文化背景、地域特征、社会心理特点等。因为要考虑到所界定的目标群体对所传递信息的心理承受能力，所以，新闻传播伦理又是具体的，必须考虑到相关的社区需求。

（二）新闻传播伦理的作用

1. 新闻传播伦理对社会道德建设的影响作用

面对着那些纷繁复杂的信息，新闻工作者处于新闻传播中的主体地位，掌握着信息的选择大权，担当着"把关人"的角色。在新闻传播的过程之中，他们会使用各种各样的手法与方式将自身对所传信息的态度与观点融入其中，并且将其传达给该新闻的受众，受众以这种方式获得的信息其实是已经被"过滤"之后的信息。也就是说，在一定程度上，媒体是社会的道德坚守者并对社会具有一定的道德责任。媒体的舆论功能可以确保社会的最低道德底线，并在全社会范围内起示范作用。具体表现为以下几点。第一，客观报道中道德倾向的体现。在事实报道中，媒体必须以真实为其基本理念，并在新闻的采写中体现出一定的道德标准和要求。第二，社会道德可以由媒体言论的发表来维护。所以，记者的工作绝非仅仅对新闻进行一些简单的复制并被动地传达，新闻工作者在新闻信息的传播活动中的主观能动性是毋庸置疑的。正因如此，每位新闻工作者在新闻传播活动之中所表现的道德状况对于形成整个社会良好风气与提高整个社会的道德水准均有非常重要的意义。一个道德败坏、利欲熏心的新闻工作者，是不可能采写出优秀的新闻作品的，更不可能起到启迪民智的作用。因此，新闻工作者的工作绝不是孤立存在的，而是与社会发展、人民的日常生活有密切联系的，其影响主要表现在意识形态领域。

2. 进行社会调节和对新闻工作者自我调节的作用

从社会调节的角度与范围上来看，道德是将社会个体与整体或者个人与个人的关系从利益的角度进行调整。道德是社会调节的标准，其对社会的调节方式主要是利用社会舆论进一步沟通和教育。新闻当事人对其社会义务的履行应符合当代社会对道德的要求。

新闻传播伦理对社会的调节主要体现在以下几个方面。

第一，社会成员的权利得到很好保护。道德主要是从社会成员权利与义务的角度对社会进行调节，也就是说，维护社会成员的权利保障了社会成员对其职业道德的遵守。其具体表现为：在进行符合道德规范的新闻传播活动时，社会舆论对新闻传媒机构或新闻工作者要予以高度的评价。

第二，社会成员的违法行为可以得到很好制约。社会政策法规等对违法行为的制约是强制的，而新闻传播伦理则是通过舆论来树立公民的行为道德标准，这也是新闻传播理论的一个重要功能。"社会处于舆论的氛围里，而所有的舆论又都是一种集体的形式，都是集体产生的结果。"① 在现代社会中，社会日益传媒化，新闻传媒成为社会舆论的聚合和发散的主要平台，对社会起着一定的监督作用。

自我调节就是指新闻传播伦理不但可以对社会及他人产生一些作用，而且还能反过来对新闻从业人员产生一定的作用，进而使得新闻工作者自我心理调适的能力与水平有所提高。当新闻从业人员遇到个人和他人、局部和全局、眼前和长远等各种利益的矛盾和冲突时，有些人很容易产生心理上的不平衡，最终导致他们对新闻工作失去兴趣。在这种情况下，就需要新闻工作者通过道德的教育与反思，让自己对眼前的各种利益关系进行理性与客观的分析，并对现实的矛盾和问题进行正确的认识和处理，纠正自己不正当的各种思想和行为。新闻工作者在这个过程中进行一定的自我心理调节，对保证新闻工作者心理生活的健康运转，及愉悦地进行生活、工作与学习，具有十分明显的效果。

① 蓝鸿文主编《新闻伦理学简明教程》，中国人民大学出版社，2001，第 7 页。

3. 新闻传播伦理的认识教育作用

这是指其能将社会现实反映出来，尤其是新闻传播实践的功能。新闻传播伦理是对新闻传播活动主体之间利益关系的反映，因此，可以从两个方面来理解新闻传播伦理的认识功能，其具体内容如下。

其一，新闻传播伦理会让新闻从业人员厘清职业界限，认识到新闻工作者需要承担的责任，进一步明确新闻传播伦理的特点。从社会的角度来讲，新闻工作者是社会责任的承担者而不仅为一名单纯的信息发布者，其既承担着许多的社会责任，还肩负着履行国家职能的重要任务。任何媒体都或多或少地具有引导社会文化方向的责任和义务，所以，这对新闻传播工作者所肩负的社会道义与责任要有一些特殊的要求。只有如此，对社会责任的真挚感及对公众真正的关心才可以成为一切当代媒体在新闻传播活动中的显著特点。

其二，新闻传播伦理的认识教育可以使受众对新闻传播事业的特征有一个更好的认识与理解，进而形成理性的媒介素养。新闻媒体作为大众传播媒介，不仅充当着社会的"守望者"，而且还是社会环境的"检测者"。因而新闻媒介有助于人们对环境的变化进行正确认识。

三　新闻传播伦理的平衡

（一）新闻传播伦理失衡的主要表现

"失衡"代表思想观念表现出偏差，行为取向偏离原来位置。新闻传播伦理的失衡和错位，就是指新闻工作者的新闻工作行为和道德出现冲突，他们行为的动机、使用的手段以及达到的效果和自身的责任与义务范围不相符，出现了一些本来不应当在新闻工作中出现的现象，采写活动中的价值标准出现了一些混乱，并且缺乏一些对行为方式的规范，这种说法是对新闻传播伦理失衡和错位的一种较为通俗的表达。新闻传播伦理失衡有以下几组"关系"间的失衡。

第一，传媒和受众之间的关系。媒体的大众化取向取决于商业化取向，媒体通常首先追求的是收视率、收听率以及阅读率。而传媒和受众间的一种"服务和引导"的平衡关系渐渐变成了"取悦和迎合"的不平衡关系。这种变化具体体现为：①内容选择方面，传媒致力于为受众带来一个非真实的偏差世界；②处理手法方面，传媒经常夸张渲染、欺骗受众、放弃中立，把自身的主观意识强加给受众等。

第二，传媒和传媒的关系。健康的竞争对发展有利，它是建立在诚信及合作的基础之上的；而对知识产权和著作权不尊重、和同行交换彼此的采访数据、不进行互相监督、用自己的传播平台对对方进行诋毁等一系列恶性竞争的效果则恰恰相反。

第三，传媒与被采访对象（含消息来源）的关系。从新闻的产品属性角度来看，新闻原材料便成了一种稀缺的资源，这就造成了新闻媒体对新闻原材料进行"抢夺"的现象。诸多新闻媒体在"抢"新闻的过程中，往往会出现动作失常、对采访对象进行冒犯的行为活动。

第四，传媒和党政管理部门之间的关系。传媒作为党与政府的"喉舌"，不但让媒体的管理更容易，还减弱了媒体的独立性。此种整体联动的"捆绑"式关系无疑是一把双刃剑，其伦理失衡具体表现为媒介失语、政府和媒体一同对新闻事件进行策划等。

第五，传媒和广告商之间的关系。其伦理失衡具体表现为新闻和广告不易分离、媒体对广告商的负面消息不进行报道、报社对其发行量进行虚报、媒体强迫企业与团体赞助、媒体将一些虚假的信息反馈给广告商等。

新闻传播的伦理失衡具体表现为以下几点。

第一，忽视了新闻人道主义。人道主义即对人的尊严、权利与自由进行维护，并且尊重人的价值，要求人的思想及观点可以自由地发展。而新闻人道主义作为新闻伦理道德的一个重要特征，就是指新闻的采访及其内容与播发，均要坚持以人为本，对人的尊严与价值予以尊重，并且对人的自由与全面发展有利。

第二，侵害公民隐私权。由于一些记者受到有闻必录的纯客观主义理念的误导，因此在报道灾难性事件的时候，当事人的隐私权被忽略甚至是被无视。这类现象具体表现为：没有对伤亡者身体特殊部位损伤的画面进行处理；未经许可，擅自使用当事人及其家属的详细资料；未对死亡者尸体进行脸部遮挡；等等。这些侵害当事人隐私的新闻报道不但在很大程度上伤害了当事人，而且也严重地损害了新闻媒体自身的信誉及地位。

第三，颠覆事实，造假撒谎。该行为与真实性的新闻传播原则严重不符。新闻信息的真实性是新闻所有价值的基础与源泉。但是，目前一些不确定性、虚假性新闻时常出现，使得新闻工作的社会责任、职业精神以及道德底线丧失了，并且对社会造成了十分恶劣的影响，长此以往就会使新闻工作的公信力丧失。

第四，受贿受托。受贿委托通常是指新闻记者对自己的权利及业务专长加以利用，给一些单位或者是个人制造某些"新闻"，以此获得好处的一种行为。某些利欲熏心的记者为了吃宴请、收红包，无端编造出一些单位或者个人需要的稿件，这样的行为严重干扰了执法机关对案件的查处，违背了记者应当遵守的道德准则。

（二）新闻传播失衡的成因

1. 社会整体环境的影响

法律是最基本，也是最起码的道德，一切违法行为，一定是与道德相悖的；道德作为一种不成文的法律，它是人们内心之中的法律。通常，法律与道德相比，前者的威慑力更强，而后者则主要以良心发现、他人感化和劝诚等方式对人们的行为进行协调与矫正。人类步入阶级社会之后，世界各国将法治和德治相结合作为治国的一种普遍手段。而在新闻体制之中最为重要的还是将新闻法制确立起来。我国实行的是成文法，迄今为止尚未制定出一部专门针对新闻事业的新闻法。新闻事业的管理与规范，主要依据的是宪法、刑法、民法、经济法等法规来进行参照处理。

2. 媒介自身所产生的错误的商业伦理观

随着我国市场经济的持续发展，传媒商业化已成为社会主义市场经济发展的必然产物。商业伦理学中最严重的一个问题是利润和社会责任之间的错误对立。约瑟夫·普利策曾经说过："一个愤世嫉俗、唯利是图、蛊惑民心的媒体，最终会制造出像自己一样卑劣的民众。塑造共和国未来的力量掌握在未来的新闻记者手中。"新闻记者在从事新闻工作的过程之中，一定要对新闻组织的商业特征与内容加以区分。我国的许多媒体为了提高报纸的市场占有率采用使新闻记者去拉业务、对报纸进行推销等手段，这样使得新闻记者的有限精力被占用了很大一部分，记者的职责被模糊掉，新闻记者的角色无法定位清晰而使其根本没有心思专注于报道，更谈不上对新闻伦理原则的遵循了。还有一些媒体记者虽然没有将采访与广告这两种工作混淆，但是他们为了一些新闻报道利益（如争抢新闻抢头条、保持内容的新鲜性等）而罔顾新闻道德，忽略了作为一名记者更应具备的职业道德素质与人文关怀。

3. 新闻工作者自身的原因

人们对新闻行业往往会存在这样一个误区：新闻精神与道德伦理、社会责任没有必然联系，新闻工作者为获取新闻真相、讲述新闻事实通常会不择手段，更有甚者会千方百计地争头条、抢独家。其实不然，新闻工作者必须具备较高的道德素养，这样才会在工作中拥有敏锐的洞察力。新闻工作者具有的人文关怀精神与其工作环境及文化素养之间存在着一定的关系。而某些记者由于职业冷漠而缺乏人文关怀，他们更为孜孜不倦地对新闻真相进行追求，却忘记了如地震过程这样的报道是一个十分特殊的情况，这不仅需要记者进行客观记录，而且更加需要充满人情味与投入感情的新闻报道，体现出对生命的尊重。

（三）解决新闻传播伦理失衡的对策

第一，加快新闻立法。当前，我国正处于社会转型的关键时期，价值标准呈现多元化的态势，因此，仅仅依靠道德准则是难以制约和规范人们的社会行为的，这就需要通过法律的手段来调整社会关系、规范人们的社会活动。我国正处在法制化建设相对缓慢的社会主义初级阶段。因此，管制新闻活动采取的模式是法律和行政并重。该模式在对新闻活动各主体的关系进行协调、对各类新闻行为进行规范时，不但重视行政管理也重视法律控制，既注重事先检查和事中干预，也注重事后的追惩，也就是要"双管齐下"。此种模式较为适用于当前我国的国情。

第二，加强从业人员的道德修养及服务意识。《新闻工作者职业道德准则》对新闻传播主体做出了一些明确的规定，要求新闻传播者以人民群众的根本利益为出发点，全心全意为人民服务。新闻传播事业要想获得持续发展，就必须要保证新闻内容的真实、准确，以赢得广大人民群众的信任，这便是忠于公众；新闻传播者应确保新闻内容是有价值的，是人民群众需要的，这便是尊重公众；在新闻采访、报道过程中，如果发现了危害公众利益、不利于人民群众安全、健康发展的事件，新闻传播者应勇于揭露其丑陋本质，对其进行监督、批判，这便是维护公众利益。

第三，坚持正确的舆论导向。真实报道、客观评价是新闻传播者在新闻报道中所应遵循的基本原则，禁止为博取公共眼球而炒作。此外，坚持正确的舆论导向还要求新闻报道者在报道新闻的过程中，坚持公正立场，不带有偏见，以确保舆论导向的正确性。

第四，提高社会整体道德水平。在整个社会活动中，新闻活动的存在与发展离不开社会整体环境，因此，社会道德准则必然会对其有制约和引导作用。改革开放以来，在西方资本主义价值观念的影响下，我国社会中出现了一些负面的思想观念，享乐主义、利己主义等不良风气逐渐蔓延，这在一定程度上影响了人们的价值观念。当这些风气波及新闻领域时，就必然会出现新闻道德问题，从而阻碍新闻事业的稳定发展。因此，我们要正视现实，加强公众的道德教育和道德修养，形成良好的社会风气。

第二节 新闻传播中的新闻侵权研究

一 新闻侵权的特征及其认定要素

（一）新闻侵权的概念

关于新闻侵权的定义，许多新闻、法律专家学者都做了一定的研究，并下了一些定义。《中华人民共和国民法通则》第一百〇六条规定："公民、法人由于过错侵害国家的、集体的财产，侵害他人财产、人身的，应当承担民事责任。没有过错，但法律规定应当承担民事责任的，应当承担民事责任。"由此可知，所谓侵权行为就是指行为人由于过错对他人的财产与人身造成侵害，并且依法承担相应民事责任的行为，以及按照法律的特殊规定承担一定民事责任的其他侵害行为。《新闻侵权法律辞典》对新闻侵权的解释是"新闻单位或个人利用报纸、广播、电视、新闻电影等新闻传播工具，以故意捏造事实或过失报道的方式向公众传播有损公民、法人或社会组织的真实形象，降低对他们的社会评价，影响公民个人宁静的生活和尊严的违法行为"。这一解释侧重强调新闻媒体对公民或组织的名誉权的侵害。有的专家认为："新闻侵权行为是指新闻单位或个人利用大众传播媒介，以故意捏造事实或过失报道等形式向公众传播内容不当或法律禁止的内容，从而伤害了公民和法人的人格权的行为。"从上述的专家观点中可以看出，新闻侵权行为都是在新闻活动的过程之中发生的，并且其对公民或者法人的侵害利用了新闻媒介，这就与一般意义上的民事侵权行为区别开了。

通常情况下，一般的民事侵权行为就是指对他人人身或者财产权造成了不法侵害，并且承担相应民事赔偿责任的行为。此类民事侵权行为需具备的条件具体包括以下内容：行为人具备承担责任的能力、侵权行为真实存在、行为与事实之间存在因果联系、行为人存在主观上的故意或过失。作为一般民事侵权行为之中的一种类型，新闻侵权行为也具有以上所说的侵权行为所具有的那些特征，但是它还有一些自己的特征。所以，所谓新闻侵权行为，就是指新闻媒体与新闻记者对新闻传播工具加以利用，进而对公民、法人或者其他组织造成不法侵害的行为。

（二）新闻侵权的特征

第一，从侵权的主体上来看，由于非法成立的机构不能从事新闻活动，因此，新闻侵权的行为人一定是一些诸如新闻报社、新闻期刊社、新闻通讯社以及广播电台、电视台等经过合法程序成立的新闻机构。而新闻侵权的主体就是那些从事新闻活动的新闻工作者。但是难免也有一些从事新闻工作的非新闻工作者，如写小说、提供新闻资源的人员，他们所提供的内容涉及侵害他人权益时，同样构成新闻侵权。未从事新闻工作的公民在日常生活中侵害他人权利，应为一般侵权行为。可见，非新闻机构或非从事新闻工作的公民所从事的一般侵权行为不构成新闻侵权。新闻机构及那些专门从事新闻活动的公民在从事新闻活动的时候，被他人殴打的、因履行职务而受到打击陷害、人身安全受到威胁、新闻机构的财产遭受他人侵害等，也不属于新闻作品本身侵害他人权益行为，因此其也不属于新闻侵权。同时，由于新闻侵权人的多样性，因此新闻侵权中的责任分担较之于一般侵权行为而言更为复杂。其中，新闻侵权以报刊侵权为多。因为我国的报业发展历史较悠久，报业媒体数量众多，近年来其又得到了巨大的发展。各报业媒体人员素质参差不齐，容易发生新闻侵权案件。另外，报业间的激烈竞争也使各报纸纷纷寻找"独家新闻"和争取"在第一时间内发稿"，这便容易引起侵权。此外，报纸的特点决定了其一旦构成新闻侵权，便白纸黑字无法逃避，证据确凿。近年来，随着电子媒介的发展和推广，广播电视及网络传播而引发的新闻侵权也日益增多起来。

第二，从新闻侵权的具体内容看，新闻侵权都对公民的人格权造成伤害，其中尤以侵害公民的名誉权和隐私权最为多见。来自公民个人方面的消息是广泛、纷杂的，其不像官方消息那样容易得到证实，许多消息即使能够得到证实，也要花费很多的人力、物力和精力，这也许是造成新闻侵权的最主要的原因。同时，为了让新闻具有"可读性"、"可视性"以及"可听性"，新闻媒体常常会想尽办法挖掘那些独家新闻，有的时候他们甚至将报道公民的隐私作为其所追求的"独家新闻"，这样就侵害了公民的隐私权。

第三，从侵权的后果看，其往往会使侵权行为具有广泛性和迅速性。覆盖面和时效性正是新闻媒体所孜孜追求的。我国的新闻媒体一般具有十分广泛的读者和听众，发行量在百万份以上的报纸有多家，中央电视台更以其拥有全球最多的观众而雄踞世界新闻界，再加上新闻传播技术的迅速发展，新闻传播的快捷性和广泛性会使新闻侵权的影响进一步增强。所以，一旦构成新闻侵权，其后果也是十分严重的。考虑到这样的特点，我国对新闻侵害人格权的处理特别规定并强调了"赔礼道歉"和"消除影响"这些必经程序，以充分抵消对受害人的不良影响。而现场直播等方式的出现，更使新闻的时效性不断加强，一旦构成侵权，其便会在第一时间内迅速将侵权行为传播出去。

第四，从行为特征方面来看，新闻侵权定然是经由大众传播媒介公开出版一些文字作品以及对一些新闻进行公开发表而造成的。新闻侵权构成的条件首先是可以进行公开发表或者出版。若是新闻或者言论并没有发表，稿件或小说并未刊印、出版，则其没有造成侵权的后果，新闻侵权尚不成立。虽然不能构成新闻侵权，但是不能否认其构成一般侵权。其次还要具备在大众传播工具（如报纸、期刊、电台、电视台）上发表的条件。如果仅仅是在内部刊物上发表的内容，尽管内容存在偏差，同样不能构成新闻侵权。例如，"侵犯海灯法师名誉权"这个案件并不是新闻侵权，因为这一案件的报道是刊登在党内的机密材料之中的，因此其不应被认为构成新闻侵权。有一些学者认为，"就新闻侵权而言，发表是作者与新闻单位两者行为的结合，只有一方的行为，尚难成立新闻侵权"[1]，这种观点是有一定道理的。

（三）新闻侵权的认定要素

1. 出现损害事实的违法行为

违法行为指的就是自然人或者是法人违反法定义务、违反法律的禁止性规定而实施的，以自然人、法人为侵害客体的作为或不作为。作为的侵权形式是指在新闻采写、编辑过程中，因把关不严等原因，采编人员有意或无意发表侵权文章；不作为的侵权形式是指新闻媒体接到受害者被侵权的告知后，不采取更正措施，以消除影响，应被认定为侵权。衡量新闻侵权行为是不是违法行为，主要从三个方面看。

---

① 杨立新：《新闻侵权问题的再思考》，《中南政法学院学报》1994 年第 1 期。

第一，行为主体。在确定新闻侵权时，首先必须明确该侵权行为是谁所为；如果不是被告所为，对被告而言，则不存在侵权行为。如张三假冒李四的姓名在报纸发表侵权文章，对李四来说，没有侵权行为。从新闻侵权主体来看，新闻侵权行为有两种：一是直接侵权，新闻媒体直接布置记者采写并公开传播侵权新闻，直接侵权责任应由新闻媒体承担；二是间接侵权，新闻侵权是由新闻媒体管理、监护或以某种合作关系支持下的人实施的，较为常见的是记者隐性采访侵害他人隐私权。根据我国法律规定，新闻媒体仍然承担侵权责任。

第二，行为内容。新闻侵权的违法行为内容包括违反法定义务和侵害他人合法权益两个方面。具体地说，其包括有些违法行为只违反特定的义务，却没有特定的受害人；有些行为没有违反法律禁止性规定，却侵害了特定人的合法权益，如新闻侵害死者名誉权、隐私权和肖像权等，这便构成违法。

第三，行为违法的依据。在判定新闻传播活动违法时，必须以法律法规为依据。在认定新闻侵权行为违法的法律依据时必须注意以下两点。一是根据新闻侵权发生时的法律，而不是根据事后生效的法律判决。法律规定随着社会进步不断调整，对同一违法行为，有的惩治越来越严厉，有的惩治则越来越宽松，乃至免除惩治。法不溯及既往，不能依据后来的法律规定，惩治此前发生的新闻侵权，更不能改变此前的判决。二是根据新闻侵权发生地的法律判决。目前，我国存在大陆、台湾地区、香港地区和澳门地区四个不同的法域，其对新闻侵权的法律规定不尽一致，如果发生跨地域新闻侵权（如网络新闻侵权），则依据侵权发生地法律判决。

2. 行为人主观上的过错

构成新闻侵权一定是作者或新闻机构出现了主观过错。过错责任就是行为人以违背法律与道德的行为表现出来的一种主观状态。过错就是指行为人在实施行为的时候漠视和破坏他人的权利及社会公共道德。故意与过失是过错的基本形态，而在新闻侵权的领域之中，过错的一种主要形式就是过失。出现此种选择是平衡言论自由的结果，同时也是对公民、法人合法权利进行保护的结果。

过失有重大与轻微的分别。重大过失在新闻侵权中往往表现为行为人避免新闻报道侵权的意识极度缺乏，其在新闻活动中连最基本的调查、核实工作都没有，致使新闻侵权极为明显。正是行为人对他人权利的不重视，滥用自己的新闻权利，使其对自己的侵权报道承担责任也就是理所当然的。而在新闻侵权中的轻微过失则主要表现为编辑或新闻机构对新闻信息的调查不够全面、充分，在进行详尽调查之后，可以发现侵权问题。

从新闻侵权的角度来说，重大过失要对相应侵权责任进行承担，而轻微过失并不构成侵权责任。一般情况下，不同程度的过失存在于一切侵权报道之中，若是轻微过失同样需要承担一些侵权责任的话，那么新闻侵权责任主观过错就失去了被研究的意义。

此外，新闻报道主要是为群众提供大量信息的行为，并不是编辑获得个人报酬的行为，而信息又是与人们社会生活密切相关的。因此，如果轻微过失也需要承担侵权责任的话，那么就没有人敢于进行报道新闻，公众也无从获得信息，这损害了整个社会的利益。因此，一般认为新闻报道中的轻微过失不应当承担侵权责任。

3. 违法行为与存在结果间的因果关系

因果关系指的就是违法行为是原因，损害事实是结果，在这两者间存在的客观联系是违法行为会引起损害事实，而损害事实被违法行为所引起。判定新闻侵权原因与结果之间的因果关系，有时比较简单，有时则比较复杂，在一些复杂的新闻侵权案件中，往往存在一因多果和多果一因的现象。因此，判定新闻侵权中的主要原因与次要原因、直接原因与间接原因，对划分侵权主体所应当承担的民事责任有着重要意义。

新闻侵权的主要原因，是指对新闻损害事实起决定性作用的原因，而起辅助性作用的原因则为次要原因。如为什么新闻侵权案件中媒体都是被告之一或承担全部侵权责任，其原因就是若没有媒体发表，则作者的侵权文章不会成为侵权事实，因此，在新闻侵权案件中，媒体承担主要责任，作者承担次要责任。

新闻侵权的直接原因，是指损害结果直接因侵权行为而发生的；损害结果并不是因侵权行为直接产生，而是由这一行为的后果而产生的被称为间接原因。如某单位领导因新闻虚假报道而名誉受损，精神痛苦，并被上级免职。新闻虚假报道是导致受害人精神痛苦的直接原因，是其被免职的间接原因。

4. 行为违法且产生了损害后果

新闻侵害隐私权的行为可能会造成受害者精神上和财产上的双重伤害。一般精神痛苦是新闻侵害隐私权所带来的直接后果。由于公民个人隐私被公开，受害者会产生紧张不安、羞辱、恐惧等心理。

需要明确的是，新闻侵害隐私权与新闻侵害名誉权之间的区别。新闻侵害名誉权主要是以客观的社会主流评价标准为衡量依据的，即不将受害者的主观认识作为衡量的标准。而新闻侵害隐私权则是与新闻侵害名誉权正好相反的，隐私是否公开、公开之后是否具有严重的伤害等相关问题都是由隐私主体的主观意识所控制的。如果隐私主体认为隐私的公开并不会造成伤害，那么其就不能构成新闻侵害隐私权。

新闻侵害隐私权和所造成的财产损失是一种不必然的联系，即新闻侵害隐私权不一定会产生受害人财产损失的后果。但是，在绝大多数的情况下，新闻侵害隐私权会导致受害者的财产损失。这种财产损失可以是直接的钱财损失，也可以是间接的财产损失，如受害者可能被单位（公司）辞退、受害人因隐私被披露可能失去生意机会等。通常受害者财产损失情况的依据是受害者提供的相关证明。值得注意的是，损害结果出现的直接前提应该是由于存在侵权行为。也就是说，在新闻传播之中那些侵害隐私权的行为一定会伤害到受害者的精神与财产，两者之间是一种必然的因果关系。精神痛苦是损害事实导致的必然结果，这不会存在什么问题。至于财产损失的因果关系，指的就是倘若因新闻侵害了隐私权进而造成了财产损失，那么应该有一种必然的因果关系存在于此种财产损失的结果和新闻侵权的行为之间。

二　新闻侵权的预防及承担方式

（一）新闻侵权问题的预防

1. 媒体积极克己自律

当前，媒体竞争很激烈，有些媒体为了追求市场占有份额和受众收听收视率，对记者、编辑要求不严，对新闻稿件把关不严，致使一些新闻报道产生新闻侵权现象，这既耗费媒体法人大量精力，也给媒体造成负面影响。

从媒体预防新闻侵权角度看，应该从以下两方面入手。第一，加强对所属从业人员的职业教育，使其站在党和人民的立场上用好手中的采访权、舆论监督权，新闻报道不掺杂个人私利，更不搞有偿新闻、打击报复。事实证明，只有恪守新闻职业道德，才能避免新闻侵权。第二，各媒体结合自己媒体新闻报道特点及容易发生新闻侵权的情况，制定预防新闻侵权的实施细则，从政治纪律、职称、奖金等方面惩罚新闻侵权者，可以起到良好的预防效果。

2. 新闻报道强调事实

事实是新闻报道的基础，也是最容易引起新闻侵权的因素。新闻侵权之所以发生，基本上是新闻采访工作不深入、不细致、不全面造成的。如果将仅凭道听途说、偏听偏信得来的素材写入新闻作品，则很容易引起新闻侵权。因此，要想避免新闻侵权事件的发生，就需要将新闻事实、法律事实和客观事实进行区分。新闻事实指的是新闻记者通过采访掌握的事实，法律事实是指经法院裁判文书认定的事实，客观事实则是新闻报道的事件的真相。一般新闻侵权行为一经发生，就伴随着三个事实冲突的出现。但是由于法律事实是法律所确认的并且具有法律效力的事实，因而其要求新闻事实的采写与编辑要尊重法律事实。由此可见，新闻记者在进行新闻事实的叙述时，要尽可能做到真实客观准确地描述，并使其经得起法律的检验，不能随意添枝加叶、夹带主观情绪。

152

3. 明确新闻写作规范

在新闻写作和编辑中，用词是否准确、规范，直接关系到是否能够准确地表述事实；做到准确、规范地用词，是预防新闻侵权的重要环节。

提高文字表达能力，预防新闻侵权主要从以下几个方面做起。

第一，发挥年轻新闻工作者对高科技手段掌握快、运用熟练的优势，并提高其遣词造句的能力，打牢其文字基本功。

第二，新闻报道中不使用禁用词和黑话、俚语、脏话，也不应使用"哇噻"等词语，如果在引语中必须使用这类词语，那么应用括号加注，表明其内涵。

第三，准确地使用专业词进行新闻报道，涉及各种行业的报道不能使用外行词。

（二）新闻侵权的承担方式

1. 非财产性承担方式

一是更正与答辩。

如果发生因虚假报道致使他人名誉受到损害的侵权事件，那么应在媒体上给予更正，以挽回名誉损失。新闻出版署于 1999 年发布了《报刊刊载虚假失实报道处理办法》，其中规定了关于新闻侵权行为发生之后的承担方式。如果新闻媒介刊播侵害公民、法人或者其他组织合法权益的报道和作品，受害人有权利要求相关新闻媒介进行更正或者答辩，而新闻媒介则应当在其出版的刊物上予以发表。凡是进行公开发表的更正或答辩，应该在与发现侵权作品的时间距离最近的一期报纸、期刊、节目的相同版位与时间段发表。对拒绝发表的新闻媒介，受害人可以向人民法院提起诉讼。根据这个规定，新闻媒体必须在报刊同等版位发表更正内容，以消除不良影响。

二是精神抚慰。

第一，停止伤害。如果新闻侵权行为已经出现，并且还在继续时，那么要立即让行为人停止其侵害行为，以尽可能地控制损害范围与损失程度。例如，在新闻单位与作者得知将要刊播的作品存在侵害他人权利的内容时，要对这种侵害进行制止，或停止出版和发行该作品，或对该作品中侵权内容进行修改删节后出版发行。相对人的这一权利可称为侵害防止请求权。在实践中，受害人行使侵害防止请求权的例子比较少见，因在侵权作品刊播之前，受害人大多不知其将要刊播。受害人的停止侵害请求权在诉讼前向行为人提出，也可以在起诉时作为一项诉讼请求要求法院责令行为人承担这一责任。受害人在起诉时或诉讼中提出这一请求的，因此时行为人的责任尚未确定，采取这一责任方式又可能造成新闻单位和作者的经济损失，所以法院对适用停止侵害的责任方式应持慎重态度。确有必要采取的，法院应令原告按民事诉讼法有关先予执行的规定，提供经济担保。

第二，恢复名誉。这主要是新闻媒介通过发表更正或者相对人答辩，向公众告知已发表的作品中存在的不真实内容或者其他违法的行为，并针对错误进行纠正，让公众知晓侵权作品所存在的错误，进而弥补对受害人造成的负面影响，力争恢复受害人的受损名誉。1993 年最高人民法院颁布的《关于审理名誉权案件若干问题的解答》（以下简称《解答》），针对恢复名誉、消除影响的范围进行了规定，即与所造成的损害范围相当。由于新闻媒介的影响范围具有在一定的阶段内处于基本稳定状态的特点，因此，应当在与侵权作品相同的新闻媒介、版面、播出时段发表更正或答辩。但是，如果侵权作品的负面影响范围过大，那么就需要在另外的具有更大覆盖范围的新闻媒介上进行刊播，其间产生的费用应当由侵权人独立承担。需要注意的是，这种方式对新闻侵害隐私权行为的情况不宜采用。

2. 损害赔偿方式

1993 年颁布的《解答》中，有关侵害名誉权行为赔偿损失的规定为："公民、法人因名誉权受到侵害要求赔偿的，侵权人应赔偿侵权行为所造成的经济损失；公民并提出精神损害赔偿要求的，人民法院可根据侵权人的过错程度、侵权行为的具体情节、给受害人造成精神损害的后果等情况酌定。"依据上述规定，可将新闻侵权行为的损失赔偿分为两部分，即财产损失的赔偿与精神损害的赔偿。

一是财产损失的赔偿。

一般来讲，财产损失可分为直接财产损失和间接财产损失。其中，直接财产损失主要包括以下几个方面。

第一，宣传广告费用和诉讼开支，即为了恢复新闻侵权造成的名誉、人格损伤，受害人所支出的必要费用。

第二，医疗费、护理费、营养费、治疗期间的交通费等，即受害人为了恢复新闻侵权行为造成的身体健康损害所指出的必要费用。

对上述直接财产损失的认定，需要从两方面进行考虑：其一，要明确受害人的损害与侵权行为之间是否具有因果关系；其二，要进行医疗治理费用的认定，以当地一般人医疗水准为限，从实际出发赔偿必要的医疗治理费用，超过这一限度的开支由受害人自负。

二是精神损害的赔偿。

所谓精神损害的赔偿，实质上是一种非财产损害赔偿，是侵权人对受害人所受到的精神损害进行的赔偿。精神损害赔偿的意义主要有抚慰性、补偿性和惩戒性等。精神损害的赔偿制度的确立不仅使人格尊严权成为一种完整的民事权利，并受到保护，而且还推动了法制建设的进一步完善。2001年最高人民法院颁布的《关于确定民事侵权精神损害赔偿问题的解释》针对精神损害赔偿进行了全面的规定，新闻侵权行为中的侵害人格尊严权、名誉权、肖像权、姓名权、荣誉权和隐私权等行为，受害人都可以请求精神损害赔偿。同时，如果侵权行为侵害了死者的名誉、姓名、肖像、荣誉等权利，或者侵权人非法披露、利用死者的隐私，那么死者的近亲属也同样可以请求精神损害赔偿。

第一，规定请求精神损害赔偿的主体只能是自然人。"法人或和其他组织以人格权利遭受侵害为由，向人民法院起诉请求赔偿精神损害的，人民法院不予受理。"大陆法系国家，通常认为精神损害主要表现为精神痛苦，法人不会产生精神痛苦，所以无从赔偿。

第二，重申赔偿精神损害只是一种辅助性的责任方式。如果出现因为侵权造成的精神损害，但是其并没有导致严重后果，那么受害人请求精神损害赔偿的情况，一般不予支持。由此可见，只有在造成严重后果之后，人民法院才可以"根据受害人一方的请求判令其赔偿相应的精神损害抚慰金"。

第三节　新闻传播的法律制度

一　新闻传播法律的内容及特点

（一）　新闻传播法律所规范的对象

法律、法规作为调节社会生活中人与人相互关系的一种手段，除维护统治阶级集团的根本利益之外，不可能单方面对某一个领域或层次的人们有利。从法学理论上来看，法律或者法律秩序的目的、作用，只是承认、确定、保障利益，并不是创造利益。

在实现个体目的的过程中，法律秩序主要发挥以下作用：对某些利益予以承认，如个人的利益、集体的利益或社会的利益；对应予以承认的利益进行确认，并通过司法和行政途径加以实现；对划定范围内承认的利益加以保证，因为法律规定予以承认和保障的利益就是权利。

新闻传播法律的调整对象都是相对独立的。一般新闻传播法律调整的对象主要是新闻媒体在创设、出版、传播过程中所形成的各种各样的社会关系。新闻媒体指的是报社、期刊杂志社、图书出版社、广播电台、电视台等传播媒介。这些媒体在创立、出版、传播过程中所形成的社会关系有其特殊性。它不是完全意义上的行政关系，因为新闻媒体本身不具有国家行政机关的属性，与广大受众之间没有强制接受和被强制接受的关系。但新闻媒体一般又依附于某一国家机关或社会组织，承担着这些机关或组织的大部分宣传职能。它也不是完全意义上的经济关系，新闻媒体的设立与传播和其功能的发挥，并不完全按照经济规律运行，但其在运行过程中，又离不开许多具体的经济关系。

具体说，新闻传播法律主要的规范对象可以分为以下几类。

①新闻媒体创设的条件、程序与活动原则。

②新闻媒体与作者之间的关系。

③新闻作品是否合法的界定标准。

④新闻媒体与党、政府及社会团体、群众组织之间的关系。

⑤新闻媒体与被报道对象之间的关系。

⑥新闻媒体与传播受众之间的关系。

⑦不同新闻媒体之间的关系。

⑧新闻媒体与国家各机关单位之间的关系。

⑨新闻媒体在经营活动中的角色以及与经营活动中其他主体之间的关系。

（二）新闻传播法律的内容

一般来说，新闻传播法律主要有以下六个方面的内容。

第一，各国宪法所规定的有关新闻自由的权利和义务。各个民主国家都在自己的宪法中明确确立了新闻自由的原则。例如，1789 年法国《人权宣言》第十一条，1791 年美国《权利法案》第一条（联邦宪法第一修正案），1899 年日本宪法第二十七条，都明确宣布了新闻自由的原则。英国虽然没有用成文宪法表达新闻自由的理想，但 1689 年的《权利法案》确认国会议员有言论自由，实际上也确认了新闻自由的原则。新闻自由原则的确立实际上是各国宪法对新闻自由权利的限制，这并不意味着新闻界可以为所欲为。《中华人民共和国宪法》第五十一条规定："中华人民共和国公民在行使自由和权利的时候，不得损害国家的、社会的、集体的利益和其他公民的合法的自由和权利。"由此可见，该规定不仅对新闻自由的原则进行了明确，而且又规定了行使新闻自由权利所应该履行的义务。

第二，新闻报道与国家安全和社会稳定。任何自由都并不是绝对性的，新闻自由也是一样。对新闻自由进行法律形式的限定和制约是保证国家健康、安全、有序稳定发展的重要前提。对新闻行业的限制主要包括以下内容：涉及国家安全、国家机密的事项；扰乱社会治安或煽动他人武力变更政府者；有意煽动、蛊惑人民犯罪者；发表、出版之物含有不良内容。在我国的法律体系中，很多法律对上述内容进行了明确规定，如《宪法》《刑法》《保守国家秘密法》《未成年人保护法》《报刊管理暂行规定》《出版管理条例》。这些法律法规对新闻行业的限定与制约主要是从以下方面进行的：一是发表、报道的内容不得违反宪法或法律规定；二是发表、报道的内容不得损害国家的安全和利益；三是发表、报道的内容不得损害国家统一、妨碍民族情感；四是发表、报道的内容不得有伤社会风气；五是禁止使用不正规的方法获取新闻事实，如威胁、欺骗、敲诈等。发展中国家一般是通过对新闻法律和新闻自由的限制来保证国家和社会的安全、稳定的。

第三，诽谤罪与新闻自由。诽谤（指口头的）是新闻侵权中最常见的类型，许多"新闻官司"均因"诽谤"而起。无论是国内还是国外，无论是大陆法系国家还是海洋法系国家，有关诽谤的规定在新闻法中均占有非常重要的地位。一般来说，新闻诽谤罪的成立要有三个要件：一是将不该传述的事实在新闻媒介上公开传播；二是故意歪曲或捏造事实；三是有足够证据证明所传播事实足以使受害人的名誉和社会评价降低，或者使受害人本来已经低的社会评价进一步降低。

第四，隐私权与新闻采访自由。侵害公民的隐私权也是新闻侵害中常见的一种。所谓隐私权，是公民拥有的对个人的身体或日常私生活不愿公开（"隐"）的情况（"私"）的权利。但是，如果涉及公众人物或与公共利益有关的事实或者是当事人愿意公开的事实，那么其不属于隐私权保护的范围。根据美国威廉·普洛塞教授的研究，新闻媒介侵害隐私权有下列四种情形：一是对他人的隐私或秘密进行窥探，影响他人安宁、稳定的生活；二是大肆宣扬、传播他人的私密事件；三是随意泄露他人的个人资料，使公众对其建立起错误的印象；四是为谋取私利，擅自利用他人的姓名和肖像。① 关于隐私权的保护，《中华人民共和国民法通则》第一百〇一条规定："公民、法人享有名誉权，公民的人格尊严受法律保护，禁止用侮辱、诽谤等方式损害公民、法人的名誉。"第一百二十条规定："公民的姓名权、肖像权、名誉权、荣誉权受到侵害的，有权要求停止侵害，恢复名誉，消除影响，赔礼道歉，并可以要求赔偿损失。"

第五，新闻出版管理制度。新闻出版管理制度是国家通过法律规定对

---

① 王利明主编《新闻侵权法律辞典》，吉林人民出版社，1994，第23页。

新闻传播事业采取的管理制度的形式。各国政府制定的新闻出版管理制度一般可以分为两类。第一类是追惩制或放任制，即国家对新闻出版物在发行前不加任何限制，任其自由出版，只是在出版后如发现出版内容有违反法律规定的，才依法加以追诉和惩处。所以，奉行这种制度的国家（如英国和美国）没有必要制定专门的新闻出版法。第二类是预防制，即出版品不仅在出版后可能因违法而受到惩处，而且在出版发行前依照一定的法律程序受到国家的干涉和管理。在这种制度之下，国家干涉和管理新闻出版的方式依照程度的不同，又可以分为以下四种：一是检查制，即在出版前将有关内容送主管机关检查，获得通过方可出版发行，未获通过则不能出版发行；二是保证金制度，即新闻出版主持者向主管机关缴纳一定数额的保证金，以便在出版内容一旦违法时即以保证金充作罚款；三是许可制或核准制，即新闻出版品在出版发行前应向主管机关申请，经获许方能出版发行，否则不能出版发行；四是备查制或登记制，即新闻出版品在出版发行前向主管机关办理备查或登记手续。

第六，舆论监督与司法独立。我国《宪法》和《中华人民共和国人民法院组织法》、《中华人民共和国人民检察院组织法》明确规定，司法机关可以不受行政机关、社会团体和个人的干涉，独立行使司法权，即审判权和检察权。司法独立，在各国都是一条重要的法制原则。新闻媒介对司法的舆论监督也必须遵守法律的规定，法院为了维护庭审秩序，可以限制新闻记者的采访，甚至控告记者"藐视法庭罪"。这种情形可以由以下四种情况导致：一是未经法官许可，在法庭上使用照相机、摄像机、录音机记录法官审理案件的过程；二是不顾法官要求，与当事人、证人和律师在案件尚未宣判前讨论案件；三是登载或使用法庭明令禁止的资料，对当事人、证人和国家安全造成不利影响；四是由评论案件对法庭和法官进行人身攻击。

（三）新闻传播法律体系的特点

通常情况下，关于新闻传播活动或大众传播活动规范性的法律被称为媒介法、传播法、大众传播法或新闻法等。目前，世界上很多国家的新闻传播法并不是单一的法律文件形式，而是一种"领域法"。同时世界上还没有出现专门对新闻传播活动中的社会关系进行规范的法律。究其原因，主要是新闻传播活动涉及的范围过于广泛，其同时与社会政治、经济、文化等各个领域都有联系，要想通过一部法律对这些错综复杂的社会关系进行调整和规范是相当有难度的，而且也是没有必要的。一般国家的新闻传播法几乎涉及了本国法律的全部门类，并与宪法的、民事的、刑事的、行政的各种法律部门有所交集。

第一，宪法。宪法作为近代民主制形成的标志，已然成为国家最根本的法律。诸多国家都将宪法当作新闻传播法的主要渊源。例如，公民表达权与知情权主要通过新闻传播活动来实现，特别是近代以来，随着民主意识与人权意识的觉醒与发展，表达自由日益受到人们的关注，并成为新闻传播发展的核心内容。因此，宪法对公民新闻出版及言论自由都进行了规定，使其成为宪法权利。一些国家的宪法还直接规定禁止事先检查以保障这一权利。著名的如法国《人权宣言》（1789年）第十一条、美国《宪法修正案》（1791年）第一条和德国《基本法》（1949年）第五条与第十八条等。

第二，普通法。普通法是指调整整个社会生活或者某一方面社会生活的社会关系的法律规范，包括成文的法律性文件和被认可的习惯、司法判例。世界上不同的国家分别在本国的民法、刑法或者单行的成文诽谤法与隐私权法中针对名誉权、隐私权等在内的人格权进行了法律规定，以保护公民的个人权利。诽谤法在新闻传播法中的地位仅次于表达自由。西方学术界认为，诽谤法的价值主要体现在维护表达自由与人格权合理平衡发展方面上。几十年来，一些国家的诽谤法有两个值得注意的趋向：一是强调以民法来调整媒体和公民在这个问题上发生的权利冲突，很少甚至基本不再采用刑事制裁，诽谤法和隐私权法成为民事侵权法的组成部分；二是直接援引宪法规定来制衡民事活动，如美国萨利文案，就对许多国家的诽谤法产生了重大影响。

第三，专门法。世界上有多少国家制定有专门的新闻传播法或媒介法，目前尚难对此做出精确的统计。根据现有资料，世界各国关于媒介的专门法律、法规可以大致归纳为以下两类。其一，主要针对新闻传播活动及其原则，一般是对公民从事新闻活动基本权利的规定，例如，古老的瑞典《新闻自由法》（1776年，现行文本为1974年修订），其副标题是"瑞典宪法性文件之一"，其把调整新闻出版活动中公民、媒介同政府之间的权利和义务关系作为一根主线。虽然这部法律只提及印刷品，但是由于其中基本权利的主体是公民，所以其基本原则理应适用于所有的新闻传播活动。其二，着重规范和管理各类媒介活动的法律性文件，如出版法（报刊法）、广播法、电视法。这类法律性文件主要是调整国家的行政机关与新闻媒介之间的管理和被管理的关系，有的由立法机构如议会制定，有的则由主管行政机关制定。有的国家没有出版法（报刊法），只需从经营方面按公司法、企业法等对出版者加以管理。但是由于广播电视频道资源的有限性，所以必须制定特别法规，实行许可证制度。随着互联网络的兴起，各国开始着手制定相关的管理规范，其中德国于1997年制定了世界上第一部网络媒体法律——《信息与通讯服务法》。

第四，国际惯例与国际条约。在《世界人权宣言》与《公民权利和政治权利公约》以及各个区域的人权公约中都有关于公民表达自由等人权保障的相关规定，这些规定要求各签约国家必须要遵守。同时，伴随新科技的发展，国际联系日益密切，国际新闻法作为新闻传播法渊源的比重会增大。

第五，自律规则。在英国、意大利等国家中，新闻记者的自律规则已经被授予了准法律的地位。比如，"报业投诉委员会"（PCC）和"广播电视道德标准委员会"（BSC）是英国新闻界的两个自律机构，它们由英国议会以立法的形式设立，其权力相当于准法律。它们的准法律权力可以通过戴安娜车祸事件后对有关媒体的警告、处罚以及对《业务规则》的修改体现出来，特别是修改后的《业务规则》，成了"欧洲最严格的传媒准则"。所以媒介法论著也要涉及这些规则和机构。

二　新闻政策与法规建设

（一）新闻传播法制建设的意义

第一，能够促进社会的平等，宣扬公平正义。新闻传播的意义在不同的方面都有所表现，但是其中最主要、最显著的功能是信息的传递，这也是现代个人的基本人权之一。在新闻传播活动中，完备的法律体系既可以促进传播媒体的规范发展，也可以为整个社会公平正义的实现提供有力保障。由此可见，社会的稳定、健康发展，在一定程度上取决于新闻媒体的影响。当越来越多的国家意识到新闻传播对国家发展的重要作用后，这些国家均在本国的法律法规中明确了新闻传播的地位。例如，法国的《人权宣言》中规定，人类最宝贵的权力就是言论自由；德国认为个体直接参与社会活动的表现就是言论自由，言论自由应高于一切。因而，新闻传播法律、法规的完善与构建，既是言论自由的基础，也是社会民主的保证，更是社会公平正义的前提条件。

第二，有利于民主政治建设的发展。一直以来，新闻传播的自由就备受世界各国的重视，特别是在西方国家。马克思认为，法律是实现新闻自由的根本，因此他主张健全法律体系，以确保新闻自由的实现。新闻传播要想真正实现自由，就必须构建有效的新闻传播法律制度，只有这样，才能维护合理的新闻传播，同时也能制约滥用新闻传播自由的媒体。新闻传播法律制度的构建能够在法律的框架内保证新闻传播活动的自由实施，同时确保民主政治的进一步完善和实现。目前，正处于社会主义发展关键时期的中国，既面临着经济体制的变革，也需要应对政治体制的变革。为了使我国的民主制度更加健全、民主范围更加广泛，必须全面推进政治体制改革，以保障人们的自由权利。当然，任何自由都不是绝对的，在我国，权利的自由要遵从中国共产党的领导，并在依法治国的前提下，保障人民当家做主的权利，并要维护我国政治文明与法制文明的建设，只有这样才能保证我国民主制度的健全，丰富民主形式，确保人民权利的实现。

（二）我国新闻法的基本原则

第一，保障新闻自由原则。有学者通过对宪法中公民言论出版自由的相关规定条例的理解，引申出保护新闻媒体言论出版自由的基本原则。这些学者将新闻自由和言论出版自由作为同一概念进行论述。本书在此采用我国台湾学者林子仪的观点，将新闻自由和言论自由予以区别对待。[①] 新闻自由是保障新闻媒体能充分发挥其监督功能的一种基本权利，也是新闻媒体从事新闻传播事业所依据的权利。新闻自由的理论基础是在西方盛行的第四权理论。该理论认为宪法保障新闻自由的目的在于使有组织的新闻传播媒体有所保障，进而维护该新闻媒体的自主性，以便能够让其成为政府立法、行政、司法三权之外的第四权，使其对政府实施更有力的监督，避免政府滥用权力行为的出现。该权利的享有主体应该是新闻媒体而非一般大众，它属于一种制度性而非个人性的基本权利。在我国加入 WTO 的背景下，法律与国际社会接轨的必然选择，与我国新闻法以保障社会公共利益为价值取向的目标相契合。在新闻实践中，保障新闻媒体的新闻自由权的落实，指的是从符合社会公共利益的层面上使公民知情权能够从根本上得到保障并实现。一直以来，依法保障社会公共利益都是我国社会建设的重要目标，并将其作为基本的价值诉求以建构各项制度，进而使其被广大民众所接受。在新闻法领域，其也必须以维护社会公共利益为价值取向，这也就要求法律必须保障社会上绝大多数人各项法律权利的实现。在现今主张民主的国家中，最有标志性的宪法性权利就是公民的知情权，因而这就要求国家必须通过新闻媒体自由权的保障来推动公民知情权的完美落实。

第二，平衡保护原则。平衡保护原则指在保障新闻媒体新闻自由权立法的前提下，也必须维护新闻活动中其他主体的权利。我国《宪法》第五十一条规定："中华人民共和国公民在行使自由和权利的时候，不得损害国家的、社会的、集体的利益和其他公民的合法的自由和权利。"虽然该条文只是对公民行使权利的限制性规定，并没有针对新闻媒体，但是其规定的内容对新闻媒体也同样适用。任何权利和自由的行使都必须有所限定，新闻自由作为一种权利，它的行使同样应该有所限定。新闻立法必须同其他立法一样，应该兼顾多重价值，因此平衡保护各种利害关系理所当然地应该成为新闻法的基本原则。其具体内容包括：怎样让在公民人格权

---

① 黄瑚主编《新闻法规与职业道德教程》，复旦大学出版社，2003，第 51 页。

得到保障的前提下使媒体的新闻自由权得以充分行使，要如何合理约束个人的人格权等。只有在对上述问题进行充分论证探讨的基础上，制定的新闻法才是合乎潮流的法律，才是经得起考验的良法。

保障新闻自由原则是制定新闻法的价值基础，是整部法律的核心内容，其具体条文要围绕保障新闻自由进行设置，失去了这个基本原则和价值就使得新闻法失去了存在的意义。所谓的平衡保护原则实质上是对保障新闻自由原则的补充，它能够保障新闻法顺利地进行运作。但是需要注意的是，这一原则的使用必须慎重，要避免出现因过度强调这一原则而对新闻自由的实现造成威胁的现象。

（三） 新闻法规与新闻政策的辩证统一关系

在阐述新闻法规的时候，还必须同时阐述一下新闻政策这一概念。新闻政策，一般是指一个国家的执政党在一定历史时期为实现一定的任务所制定的调整新闻传播活动中所产生的各种社会关系的行为准则。在社会主义国家里，共产党的领导是由宪法所明确规定的社会政治生活准则，因而共产党为新闻事业制定的政策，即新闻政策，具有指引方向和调动各方面积极性的巨大力量。当然，共产党在贯彻执行这些新闻政策的过程中，要注意不断地总结经验，把实施新闻政策后形成的比较稳定的社会关系，及时地通过国家的立法程序制定为新闻法规。新闻法规与新闻政策，既有统一性，又有区别之处，两者之间具有一种辩证统一的关系。把新闻法规与新闻政策等同起来或者对起来的观点，都是错误的。

第一，新闻法规与新闻政策是相互统一的，这主要表现为三点。其一，新闻法规的制定必须以党的新闻政策为依据，新闻政策在贯彻执行中经过检验是正确的，然后通过国家立法机关使其定型化、条文化，使其成为法律规范；此外，新闻法规在适用过程中，也必须以党制定的新闻政策为指导，才能更好地实施。其二，新闻法规是新闻政策得以实现的重要工具。新闻法规由国家强制力保证实施，能够建立良好的新闻关系与新闻秩序，保证新闻政策的贯彻执行。其三，新闻法规与新闻政策有许多共同点：相同的政治方向——以坚持四项基本原则为前提；相同的基本内容——以社会主义经济为基础，将广大工人阶级及劳动人民的利益放在重要位置；相同的社会作用——巩固人民民主专政政权、发展具有中国特色的社会主义经济、建设社会主义精神文明；相同的服务对象——为广大人民群众服务、为社会主义服务。

第二，新闻法规与新闻政策相互区别，这主要有以下四点。其一，新闻法规是由国家制定与认可的，具有国家意志的属性；新闻政策一般是由共产党的代表大会或领导机关制定的，在它没有用法律形式体现之前，不具有国家意志的属性。其二，新闻法规是由国家强制力保证实施的，对全体成员具有普遍的约束力；新闻政策则不具有国家的强制性，其主要靠宣传教育、靠思想政治工作得以贯彻执行。其三，新闻法规具有相对的稳定性，一般都是在总结贯彻执行新闻政策的经验的基础上，进一步集中了人民群众的意愿而制定的，是政策的定型化，比政策更加稳定、成熟和完善。当然，法律的稳定性也是相对的，情况变化了，法律也要修改，但法律的修改须由法定机关按法定程序进行。其四，新闻法规作为调整新闻关系的一种行为规范，对人们应该做什么、能够做什么、不能做什么规定得比较具体；而新闻政策往往是比较原则性的规定或号召，而且会随着形势的变化而变化，伸缩性很大。

| 第六章 |

新媒体环境下新闻传播事业的探索

20 世纪末，随着互联网的出现，新媒体产生了，它的出现使人类采集和阅读信息的方式、传播信息的载体都发生了巨大变化，给传统新闻传播事业带来了巨大冲击，人类文明进入了一个新的时代。因特网迅速成为新闻发布的重要渠道和"媒介"，被称为继报纸、广播、电视之后的"第四传媒"，这就使一批以传播新闻信息为主业的网络站点应运而生。它们一出现就与利用报纸、广播、电视进行新闻信息传播的媒介机构形成鼎立之势，对后者构成现实的挑战。

新媒体催化、推动了传媒业的变革，新闻信息的发布权快速向社会分散，一个公民参与信息发布的时代已经来临。本章主要是对新媒体与新闻传播的研究，对网络新闻传播在整个新闻事业中的定位及微博新闻传播的路径等问题进行了探索与论述。

第一节　新媒体与新闻传播研究

一　新媒体的发展历史与特征

（一）新媒体的产生与发展

新媒体是一个热门词，也是一个使用比较混乱的词。从媒体使用的历史来看，它不是一个严谨的概念，而是人们对不同时期出现的新的传播载体的习惯性称呼。目前，世界上对"新媒体"的定义还远未统一。

　　"新媒体"这一概念的出现，是在美国 CBS 技术研究所于 1967 年发表的一份商业计划中。而美国传播政策总统特别委员会主席罗斯托在向尼克松提交的一份报告中，曾多次使用"新媒体"的概念，此后，"新媒体"一词在美国开始流行，甚至流传至全世界。因为"新媒体"本身就不是一个严谨的概念，所以不同的组织和个人出于不同的理解和目的，给"新媒体"下过很多不同的定义，其大致有以下几种说法。

　　①联合国教科文组织曾直接将网络看成新媒体。

　　②有人认为新媒体就是音频、视频技术与互联网的结合。

　　③有人认为新媒体是新兴的数字媒体、网络媒体，它是建立在计算机信息处理技术和互联网基础之上的各种媒介的总和。

　　④有人认为新媒体是一种既超越了电视媒体的广度，又超越了印刷媒体的深度的媒体，而且由于高度的互动性、个人性和感知方式的多样性，其达到了以前任何媒体都不曾达到的高度——互动式数字化复合媒体。

　　新媒体如印刷媒体、电子媒体等，在一定的时间段内，有其相对的稳定性。一般，新媒体指的是以 20 世纪后期巨大的信息技术进步为背景，以数字技术、通信技术和网络技术为基础，以互联网为代表的具有跨越时空性、即时性、互动性、传受一体性等特点的新型媒体。新媒体主要包括基于无线传输的移动互联网、基于电缆宽带连接的互联网、都市型双向传播数字电视网、电子计算机通信网、户外数字媒体、多媒体技术以及利用数字技术播放的广播网等。从上述例子中可以看出，对新媒体最通俗的理解是利用数字技术传播信息，利用计算机和网络来生产、分配和展示信息。因此，通过电脑和互联网进行文字信息传播的载体可以被看作新媒体，如新闻网站和电子图书，相反，文字信息通过纸张进行传播就不是。同样的照片如果需要通过计算机来进行浏览就被认为是新媒体传播，而将其放在图书中进行传播就不是。

　　然而，新媒体的含义比以上所提到的要复杂和深远得多。以计算机网络和数字技术为基础的媒介革命影响了信息传播的每一步，包括信息的获取、信息的控制、信息的储存和信息的发布。以什么方式使用数字技术和计算机进行信息采集、创造、保存和发布的状态使得媒体成了"新"媒体。关于新媒体的定义,其中广义的概念是将新近出现的与传统报刊、广播和电视传播方式不同的媒体都纳入新媒体范畴,如网络、手机、数字电视、移动电视、户外广告、楼宇电视等;狭义的定义是基于计算机网络技术的新兴媒体及基于移动通信技术的新兴媒体。本书采用狭义的概念,重点介绍互联网和手机的发展历史。

1. 互联网的兴起与发展

互联网是新媒体的开山鼻祖,是一切新媒体发展的起点。互联网区别于传统媒体的主要特征就是信息传播的数字化、互动性和跨越时空性,并且其信息量有无限扩大化趋势。基于互联网的新兴媒体包括门户网站、博客、网络视频、搜索引擎等,这些新兴媒体都允许使用者上传与下载信息,具有很好的互动性。

20 世纪 60 年代初,古巴导弹危机使美苏冷战状态更加紧张。为了保护美国军方的信息免受核打击,为了在战争状态下实现情报资源共享,美国军方开始试验将不同地点的计算机相互连接。1969 年,美国国防部的研究人员和一些大学共同开发了军用计算机网络 ARPANet,将计算机与公用电话交换网连接。1985 年,美国国家科学基金会开始建设 NSFNet,将各大学和研究所的计算机连接起来,用于支持科研与教学,这使互联网出现了第一次快速的发展。1988 年后,美国的网络逐渐连接到其他国家,并开始向社会开放,进入 1990 年,ARPANet 正式被 NSFNet 接管,并改名为 Internet。

1990 年,在欧洲高能粒子物理协会工作的英国人提姆·伯纳斯 - 李,提出了万维网(WWW,World Wide Web)计划,采用超文本标识语言(HTML),使得网上浏览如漫步花丛。20 世纪 90 年代初,商业机构开始进入互联网,成为互联网发展的强大推动力。1993 年,美国政府提出建设"信息高速公路"计划,互联网发展开始起飞。1995 年,美国停运 NSF-Net,互联网彻底商业化,迎来第二个发展高峰。1995 年 10 月 24 日,美国联邦网络委员会(FNC)给互联网进行了系统的定义:①基于网际协议(IP)及其后来的扩展/改进,通过全球唯一地址空间有逻辑地连接起来;②能够支持使用传输控制协议/网际协议(TCP/IP),以及其之后的扩展、改进或其他 IP 兼容协议的通信;③可以公开或秘密地提供、使用或访问通信层，还包括在这里描述的关于基础结构的高级服务。① 由上面的定义可以看出，互联网是使用 TCP/IP 协议的计算机网络，是由用户和数据组成的全球信息系统。网络是"第四媒体"的说法，是于 1998 年 5 月在联合国新闻委员会举行的年会上被提出的。

1994 年 4 月初，中美科技合作联合会在华盛顿举行，会前中国科学院副院长胡启恒代表中方向美国国家科学基金会重申连入互联网的要求，这一要求得到了美方认可。1994 年 4 月 20 日，中关村地区教育与科研示范网（NCFC）通过美国 Sprint 公司连入互联网，实现了我国与互联网的全功能连接。这一事件被我国新闻界评为 1994 年中国十大科技新闻之一，从此中国被正式承认是真正拥有全功能互联网的国家。今天，基于网络技术的新媒体，正在实质性地改变着我国的传媒生态。

2. 手机的兴起与发展

手机的普及和发展满足了随着社会的发展人们日益增多的随时随地、不受时空限制的信息交流的需求，实现了人们实时进行信息交流的愿望，而且其与互联网一样，正在引发一场媒体应用的革命。

随着移动通信技术与互联网络技术的融合，手机与 iPad 等成了一种新媒体，并且是最具有想象力的媒体。随着移动终端媒体功能的不断增强，不仅原本基于固定互联网的新媒体能够更为方便地发挥作用，而且还引发了更多的新媒体，这些新媒体是适合移动传播特点的，如微博、微信、手机游戏、手机出版等。这些均是典型的融合媒体形式，属于新媒体的范畴。

在信息时代，人们更加重视信息交流的及时性，而手机恰好具有实时性好、空间限制少等特征，这使人们能够更为有效地利用时间和信息。手机普及的社会意义毫不逊色于互联网，它和互联网一道为人们提供了一种数字化的生活方式。自此，新媒体的自媒体性得到强化，个人化传播的信息可以及时便捷地实现社会化共享。微博、微信等社交媒体允许使用者通过手机将自己的最新动态或想法用短信、彩信或者视频等形式发到网络

---

① 夏凡：《网络信息采制》，新华出版社，2002，第 8 页。

上。其中，微博和微信是移动通信技术与互联网络融合最出色的新兴媒体。

移动通信技术最早是在第二次世界大战期间运用于军事领域的一项通信技术。但是因为移动通信设备昂贵，所以直到 20 世纪 80 年代第一代模拟蜂窝电话技术（模拟大哥大）出现后，手机才开始在民用领域迈开步伐。1973 年，摩托罗拉（Motorola）公司展示了世界上第一款便携移动电话的原型机，机身与人脚一样大小，重量为 2 磅（0.904kg），该款手机后来成为 1983 年的商业化机型。第一款手机虽然看起来不漂亮，但是它终于实现了人们移动通话的梦想。

20 世纪 90 年代，数字技术被引入移动电话领域，80 年代设计的 GSM（全球通）系统于 1992 年率先在欧洲各国投入运营，它的最大好处是在 GSM 覆盖的国家能够实现自动漫游。其后，CDMA 系统也开始登场，CDMA 数字蜂窝通信是扩展频谱技术在多址移动通信中的一种运用，其系统容量可以达到 GSM 的 4 倍，而且话音质量更好。90 年代中后期，手机功能进一步完善，而且外形变得更加小巧、轻薄和时尚。目前，4G 移动通信系统的手机正在普及，不仅具有照相、音乐、游戏、计时器等传统功能，而且更主要的是它真正成为功能强大的网络和媒体的载体；不仅能够实现看报、看电视的功能，而且还可以用来上网查资料、发邮件。手机作为个人通信的终端，将随着电子技术的发展不断向智能化、微型化、安全化和多功能化的方向发展。

（二）新媒体的基本特征

关于新媒体的特征，许多学者进行了探讨。曼诺维奇曾经从数字技术的层面提出了新媒体的五个特征，包括以数字的方式展示（Digital Representation）、模块化（Modularity）、自动化（Automation）、可变性（Variability）和转编码性（Transcoding）。对以上几点进行通俗意义上的解读，新媒体具有以下几点特点。

第一，信息数字化。新媒体建立在传播技术数字化发展的基础之上，从信息的采集、编辑到发布都采用数字化技术的传播形态，包括互联网媒体、手机媒体、数字电视、机航媒体、户外液晶显示屏、移动电视、电子报刊等，并且更多新的形式不断涌现。

第二，自媒体性。新媒体突破了传统媒体的单向传播模式，实现了双向传播。新媒体平台上集中了很多信息，用户自己选择，用户自己可以决定接收信息的内容与方式。同时用户有高度的个人参与性，每一个用户在接收信息时还可以发布自己想发布的信息，很容易实现信息反馈并可以参与到媒体信息重组的过程中。所以，新媒体为个体提供信息生产、积累、共享且传播内容兼具私密性和公开性的信息传播方式。

在自媒体时代，人们的观点都可以表达，并不存在一个有绝对掌控力的声音来号令四方。所谓的主流是相对的，并且主流可以演变为非主流，而非主流也可以变化为主流。每一个人都在从独立获得的资讯中，做出对事物的判断，这从而使新媒体传播带有强烈的个性化特征。

第三，开放共享性。新媒体以互联网为主要代表。互联网是跨越时间和空间界限的，是全球化媒体，遍布世界每个角落。新媒体的开放共享性特征，意味着每个人或组织机构都可以通过网络发布、接收与查询任何信息资源。如今，网络媒体已经成为人们传递信息的重要中介，人们可以随时随地查询任何信息。网络为信息的充分共享创造了便利的条件，人们在获得网络传播这种媒介的同时也获得了信息，从而能够摆脱封闭的传统媒体束缚，自由地表达每一个人的思想。

二　新媒体与新闻传播

（一）新媒体与传统媒体的关系

要把握好新媒体与传统媒体的关系，首先要了解新媒体与传统媒体各自的发展特点。新媒体的出现既是历史趋势，也顺应了社会的发展规律。新媒体的出现，虽然阻碍了传统媒体的发展，但是促使了传统媒体发生根本性的改变。传统媒体要想在激烈的媒体竞争中生存和发展，必须尊重自然规则、顺应趋势、按规律办事，而且要学习新媒体的优势，将新媒体视为把握未来的重要机会，才能让自己立于不败之地。

在目前媒体生态环境中，最强势的媒体仍然是电视媒体。新媒体也并不会立刻就取代传统的电视媒体，电视媒体与网络媒体处在一个你中有我、我中有你、共同演化的进程当中。当然，电视媒体更多地从网络上汲取新的传播方式，网络电视是数字技术与网络技术的结合体，它将两者的优势很好地集于一身，完美地保留了电视直观、形象的播出优势。

网络电视的特点主要体现在以下几个方面。

①超强的互动性。

②传播的分众特性。

③对传统媒体的包容性。

④服务的个性化。

在数字技术成熟与媒介产业形态不断演进的背景下，传统的印刷媒体面临着巨大挑战。报纸媒体的信息及时性、跨越时空性以及互动性等远远落后于网络媒体，特别是当信息的及时性跟不上节奏时，报纸等于废纸一张。杂志媒体和其他纸质媒体也面临着其他的挑战，如信息制作成本昂贵、信息传播范围狭窄等。同质的信息可以通过网络无偿并且快速地被获得，这对传统媒体形成了很大的冲击。传统印刷媒体需要充分借助网络技术，发展数字印刷，在此基础上发展电子期刊、电子报纸、网络新闻站点、网络读者论坛等，并进一步在手机和移动互联网基础上发展手机信息传播机制，如手机彩信、移动媒体信息终端等。

传统媒体必须与新媒体进行整合。这种整合首先是技术上的整合，即将传统媒体的内容与新的媒介形态和技术进行整合；其次是传播理念上的整合，即改变过去那种权威的、居高临下的以及无反馈的传播理念，强调平等的、互动的传播理念；最后是商业和盈利模式上的整合，要充分模仿和吸收新媒体的商业模式，探索传统媒体内容在新媒体技术基础上的新商业模式。这是从媒介联动走向报网互动并最终形成媒介融合的过程。媒介融合的终极目标是实现技术上的融合、技能上的融合，以及资本、运营和机构的融合。

（二）新媒体传播的基本模式

新媒体的传播模式是对传统媒体传播模式的创新，这种创新模式也是适应社会文化和社会关系的发展而产生的，科学技术的进步使其成为可能。

"传者—内容、渠道—受众"的这种模式是传统媒体传播的经典模式。这种传播模式由于内容是由传者生产的，所以传者是居于主导地位的；而受众一般是处于被动地位的，是模糊的、难以辨认的群体。

在新的环境下，新媒体所带来的传播方式的革命，形成了新的交流传播模式，这主要体现为几下几点。

一是融合传播渠道与内容。在传播渠道上，新媒体将电信网、有线电视以及互联网高度地融合在一起，使其相互渗透、相互兼容，打破了传统媒体单一的网络模式，形成了"三网融合"的发展模式。而且媒体的功能也越来越多样化，如报纸的发展，其结合新媒体技术，逐渐摆脱了单纯的"纸质媒体"的特性，形成阅读形式多样化、直观化、个性化的特征；智能手机结合新媒体，不仅可以打电话、发短信，而且还可以上网、看电视，将文字、声音、图片、视频等多媒体形式融为一体。

二是去中心化，即个人门户对门户网站带来冲击。个人门户指的是以个人为中心的上网入口。与门户网站时代传统集中式的服务不同，个人门户的传播方式更多地以个人关系为渠道，使每一个个体成为信息传播的"中心"，这是一种"去中心"的传播方式。这种传播方式的兴起和繁荣，对现有的大众传播模式形成了巨大的挑战。

三是交互式的传播模式。新媒体的出现，打破了传统媒体单向传播、"点对面"的传播模式，形成了一种"点对点"的新模式。新的传播模式，不仅克服了受众接收信息不确定的缺陷，而且使受众成了信息的发布者，满足了受众随时随地发布信息、与他人进行互动的需要。

四是移动传播促进实现"无所不在的网络社会"。移动传播的社会影响是一方面，其带来的即时分享改变了传播方式与社会结构；另一方面，其使碎片化时空有了信息到达的可能，同时也形成了"海量信息"，社会信息过载的问题因此变得更为严重。

五是"公民新闻"的兴起。"公民新闻"即社会大众参与制作新闻报道。"公民新闻"的兴起为主流媒体"增添了声音，而且是不经过加工的真实声音"。"公民新闻"使传统新闻机构日益受到冲击。

（三）新媒体传播的优势

相对于传统媒体来说，新媒体在很多方面实现了超越，这主要体现在传播特点、传播能力和传播效果上。

第一，新媒体比以往任何媒体在传播速度上都要快得多。在高新信息技术支持下，其突出的优势是信息传播的速度大大加快。传统媒体的信息收集、发布与传播方式因种种原因而使信息滞后，新媒体的出现则使信息传播的方式变得更加便捷，不仅将信息传播的时间大大缩短了，而且还实现了信息的"零时间"传播。在信息的传播过程中，如果通过传统大众媒体进行传播，信息的逐级审核，信息转化成文字、图片以及影视等不同的表现形式，报纸、电视新闻等的制作发行，每一个环节均会使信息的传播时间延长，使信息滞后。如用书信、电话等传统手段进行信息反馈，也会延迟反馈信息的速度。但是经由互联网或者手机等新媒体，信息只需进行简单的处理与加工，就可以快速地被传播与扩散，甚至于，信息获取与传播同步进行。新媒体的应用，突破了时间限制，可以使任何信息在极短的时间里传到任何一处联网的终端，新媒体的出现解决了交流双方在时间上的间隔问题。

第二，新媒体大大增加了信息传播量。新媒体信息传播集中了大量的信息，连接了无数个庞大的数据库。从总体上看，网络媒体可供利用的信息是"源源不断"的和充分的。新媒体网络并不受时间与空间限制，只有计算机的存储空间及网络的带宽会限制新媒体的容量，此两者均易于千万倍地被进行扩大。从理论上来讲，若要新媒体平台满足全世界的信息存储需要，则仅需满足其计算条件就可以了。

新媒体不但具有大容量的特点，并且还具有"易检索性"：新媒体能随时存储内容，任何一个网站的相关链接信息都是非常丰富的。

第三，新媒体对包容性、平等性以及参与性有了最大限度的体现。在这个平台上，所有参与者的意见可以进行传播，他们关于社会各个方面的观点和信息得到最大限度的包容。普通人能够实时实地利用随手可得的新媒体打造自己的传播平台，探讨自己设置的议题，并交流自己的观点，发布自己的声音。在进行信息交流的时候，没有任何一方比另一方更高贵，自以为掌握控制权的一方如果一意孤行往往会遭到多数人反对，最后失去话语权。对新媒体的一些表述如自媒体、公民媒体等，都在说明新媒体与传统媒体的一个显著区别就是媒体的平等参与。新媒体传播时代的到来，不仅使全球网民改变了他们在传播格局中的地位，而且更是创造了新的社会文化和新的媒介生态环境。

（四）新媒体发展趋势对新闻传播的影响

第一，云计算技术催生出云传播和云媒体。云计算，基于互联网，是一种超级计算模式，是美国的谷歌（Google）公司在 2006 年提出的一种理想的网络应用模式。云计算的应用思想是形成一片电脑云，将分布在各处的千万台电脑以及庞大的服务器集群计算机连接成一张大网，使其连接到一个远程的数据中心。云计算的"云"指的是存在于互联网服务器集群上的硬件资源和软件资源。

云传播改变了以往媒体和互联网点对点、面对面、点对面和面对点的传统传播方式，其只存在由"云"到"端"。信息云、新闻云、视频云等庞大的数据库，都可以在"云"的层面进行建设，不仅简单便捷，而且还能保证各类云的通用与安全；用户享受的定制化服务与一些个性化的内容等，都是在"端"的层面完成的。

云检测的最大特点，即可以借助云计算实时监测原始内容的浏览量，包括散布于论坛、微博及 SNS 社区的一切再传播内容的浏览量，其对传播内容的变异与参与者的特性进行深度的挖掘，并且锁定特定媒体或者特定传播人，迅速全面地掌握网上传播态势。

云计算时代带来了云编辑的革新。云计算和云存储不仅使媒体之间获取信息的时间差缩短到了最低，而且使获取信息的成本近乎可以忽略不计。

在云计算这一个完全崭新的平台之上，云媒体的实现指日可待。一些复杂内容的分发和复杂的用户订制与广告细分以及多媒体的呈现都将在"云端"完成，媒体业不必再对服务器以及终端设备等进行重复的购置。

第二，视频化为新媒体内容的未来发展趋势。通过图文形式发布网络内容是中国互联网第一个十年的主要实现形式，而视频化即中国互联网下一个十年的主要实现形式。互联网基础设施的投入与高速带宽的铺设以及用户浏览习惯的自然转变是促使网络视频时代到来的重要因素。视频化的呈现方式在全感官触动、可控性播放以及多样化内容等方面，较图文网络静态更容易赢得用户的青睐。国内外研究数据表明，在线视频浏览已经成为网民喜闻乐见的互联网应用的主要方式。

新媒体内容的呈现方式在很大程度上受到用户网络行为的影响。而网络视频将成为用户使用范围最广、最频繁的互联网形式，将在很大程度上改变用户获取信息、新闻的网络行为。在对 2012 年伦敦奥运会的报道中，国内外的网站都将视频内容作为报道的重点。国内的新浪、搜狐、网易、腾讯除购买央视的视频节目外，还投入人力、物力、财力做了大量的视频原创和视频访谈。《纽约时报》在其网站也尽量突出视频内容，将 video（视频）按钮放置在导航条的显著位置。

如今，已经有约 612 家网络视听节目服务持证机构、14 家网络广播电视台，获得了广电总局的批准。一些门户网站、新闻网站以及一些商业机构全都从事网络视频业务，其中网络视频新闻传播的主要力量为中央电视台、新华社以及一些各地方电视台支持的新闻网站。其中一些门户网站的主业务是以传播图文为主的，但是随着新媒体的发展，一些门户网站获得了相关资质后，开始加大对视频内容的投入和制作。用户行为、网站新闻报道和广告走向都预示着新闻传播内容视频化的发展趋势。

第三，新媒体的传播渠道趋向于社会化网络。社会化网络及社交网站的发展历史可以追溯到 1997 年上线的 Six Degree，社交化网络与社交网站发展迅速，从 Friendster、Myspace 到 Facebook、Twitter，从开心网、人人网到 QQ 空间、新浪微博，从 Web1.0 时代到 Web2.0 时代再到 Web3.0 时代，各类网站不断地涌现出来，至今已有十五年的发展历史了。社会化网络作为一种新渠道出现，不但吸引了大多数网民的眼球，而且还成为网民获取新闻、信息的重要途径。

网民进行网络浏览，一方面是为了寻找自己感兴趣的信息，另一方面也是在寻找对自身有价值的信息。从之前用户被网络的海量信息淹没，到搜索引擎相对精确的搜索，这既是信息网络高速发展的重要体现，也是用户对网络所提供的信息质量要求日益增高的本质体现。社会化网络的发展，使得智能化和海量个人信息相结合，不仅能够满足用户获取精准信息内容的需求，而且社会化网络也将成为新闻传播的主渠道。

第四，新媒体引领新闻传播进入移动与应用时代。随着4G网络的推广、智能终端的普及和移动资费的下降，手机、平板电脑等移动设备越来越成为用户接触新闻、资讯的第一媒体。

移动时代对新闻传播提出了相应的要求。手机的个性化特点和准确的定位系统，要求新闻传播能基于手机终端所在地理位置和用户的行为特征，推送用户可能感兴趣的周边新闻和资讯，以达到精准性和个性化。而精准性与个性化的背后则是应用时代的到来，在这一时代将涌现出大量优秀的新闻阅读类手机客户端，为用户搭建起一个可随身移动的优质信息获取平台。因此，新闻传播机构需要为各类不同操作系统和不同类型的终端设计APP应用；需要挖掘用户的碎片时间，设计出有针对性的阅读类产品；需要运用自己的传统品牌为新的APP应用进行价值推广。虽然说"每个APP都有自己的粉丝"，但每个用户平均使用的只有100个左右的APP，而仅苹果应用商城就有70万之多的APP。移动应用时代也就意味着新闻媒体将面临更激烈的竞争和更残酷的拼杀。

三　新媒体带来的舆论环境变化

（一）传统媒体的垄断地位被打破

报纸、广播、电视等传统媒体，在传统媒介环境下掌握着信息的选择权与发布权，占据着绝对的垄断地位。受众接收到的信息经过了媒体的加工与选择，体现的是媒体既定的标准价值，因此，受众在信息传播的过程之中处在了被动的地位。随着新媒体，如手机、网络电视等的出现与发展，传统媒体的规模虽有所壮大，但是新媒体的迅速膨胀，使得传统媒体在媒介领域之中的占有率越来越低，其在信息传播中的垄断地位受到了动摇。

通常我国传统媒体的所有权是归国家的，所以传统媒体在发展的过程中，不仅资源配置权受到限制，而且其发展的速度与规模也受到了严格限制，这从而阻碍了传统媒体的发展。而新媒体从一出现就吸引了诸多的社会资本，其股权和技术处于高度分散和变革的状态，这些均促使了新媒体非一般规模的发展。伴随手机、网络等一些新媒体的发展，一系列的信息传播形式也相继出现，如可视电话、手机电视、网络电视、网络报纸、车载电视等。新媒体和信息网络的发展，使人类的信息生产进入了无限传输、无限消费的时代，传媒规模也越来越庞大。而传统媒体在这些新传媒模式的冲击下，各方面的控制功能和整合功能逐渐衰弱，社会影响力也在减弱。

（二） 非专业队伍崛起

传统媒体是组织严密的社会机构，它们既拥有传播渠道，也垄断传播内容。传统媒体的采编人员都经历过严格的专业训练，具有丰富的理论知识，因此，他们能够在媒体编辑方针的指导下，采集符合传播者意图的信息进行传播。在传统媒体环境下，受众处于被动的信息接收地位，不能够直接表达自己的心声，自我诉求只能通过代言人（编辑、记者等媒体从业人员）去表达。

新媒体的信息传播模式由播放模式向交互模式演化，当前的社会信息有很多不是由专业的媒体从业人员发布的，而是由非专业的社会大众发布的。新媒体的出现促使很多非专业的大众加入信息发布的行列中，这使新媒体传播信息的速度更加快捷，信息输出量更加庞大。在新媒体环境下，公众不但可以自由地获取信息，而且还能够自由地发布信息。这种信息获取与传播的新模式，让新兴媒体变得更为开放，内容制作壁垒降低，信息传播正逐步回归到大众中间，这弱化了专业人员对信息生产和发布的控制权，撼动了传统媒体对信息的垄断地位，使政府的媒介管理政策面临前所未有的考验。

（三）信息把关形势日趋严峻

传统媒体传播的最大特征是点对面，但是，在新媒体中公众可以不受限制地发布信息，每台电脑或者手机都是接收端，同时也是发射端，因此，新媒体是不具有中心节点的。"土豆网的定位是'原创'，其主编公开表明：不对用户上传的内容做任何价值判断，即为土豆网的内容策略。"①传统人际传播是双方均核实了对方的身份，而新媒体"点对点"的传播模式不但保留了传统人际传播的"传播关系"和"信任基础"，而且新媒体在空间与时间上较传统人际传播有所不同。电话和手机上的信息传播具有很强的说服效果，因为其拥有信息资源并且还不受制度的限制。手机可以通过短信将一些社会信息用简短而生动的语言迅速传递给受众。现今，手机信息的发展越来越成熟，出现了信息群发的功能，这让手机短信把"点对点"与"点对面"的传播模式进行了有效的结合，使其具备了人际传播的功能，同时也可以进行大众传播。手机短信不受审查、不受窥视，能够储存，方便阅读，因此，它已经成为非官方话语传播的一个主要载体。

传统媒体的传播是一种组织化的行为，而新媒体的传播却是一种非常社会化、个性化的行为。面对纷繁复杂的网络信息，分散的、个性化的、隐蔽的公众，政府对网络的把关不是很严谨，而且技术控制和行政控制的力量也相当微弱。在现代复杂多变的环境中，政府要加强对主流媒体公信力的培养，让它们充当舆论领袖，更好地引导社会舆论。

（四）社会舆论的力量壮大

在传统媒体环境下，由于政府会通过审查传播内容、控制传播渠道、

---

① 石长顺、周莉：《新兴媒体公共传播的核心价值》，《华中科技大学学报》（社会科学版）2008 年第 1 期。

追惩违规媒体等一些方式对信息的发布进行控制，所以公众在传统媒体环境下缺少意见交流与思想碰撞的机会，其意见是离散且卑微的，这些意见往往被公众决策忽略，从而限制了公众对信息的知情权和决策权。在信息时代，新媒体的出现，使信息成了重要的公共资源。这在客观上放大了公众的知情权与表达权，其不但可以满足公众对客观世界"知"的要求，同时也为大众提供了一个宽广的公共平台，让大众可以发表自己的意见。

在新媒体环境下，每个人都有就发生的某一重大事件发表自己意见的权利，这在很大程度上大大地缩短了舆论的产生时间。在网络中，社会舆论是"以忽略具象的个人的方式来凸现抽象的个人"[①]，个体的意见聚合在跨地域、超链接的网络空间之中，让"宏观的个人"显得更为强大。

（五）多元舆论格局形成

在国家发展史上，曾经出现过"臣民""市民"等概念，而"公民"概念则是在现代国家形成过程中产生的，它"表明个人拥有了一定的相对于国家的主动性"[②]。理斯曼认为，传统的报纸、电视、广播往往将知识精英和政治人物的观点奉为经典，却忽略了广大受众的态度。新媒体增强了人们的交往能力，聚合了个体的精神力量，能够促使社会边缘群体和弱势群体采取主动的方式维护自身权益。当不同个体在意见交往中同类相聚时，社会舆论变得越来越多元化，而多元的意见表达是多元舆论格局形成的一个重要前提和条件。

中产阶级阶层的公民是社会的主体，他们大都接受过良好的教育，有强烈的权利意识和批判意识。他们往往需要通过积极的舆论表达来参政议政。而现代媒体是一个重要的公共产品，它为公众发表意见提供了公共平台，促进了国家与社会的高度融合。在一些发达国家，公民在社会生活中的地位不断提高，在线参与、电子会议、电子政党、跨边界投票、电子院外集团等新的政治活动，正变得越来越活跃，国家正在从政治统治向公共治理转型。

---

① 杜骏飞：《弥漫的传播》，中国社会科学出版社，2002，第42页。
② 张康之、张乾友：《对"市民社会"和"公民国家"的历史考察》，《中国社会科学》2008年第3期。

（六）国际信息传播中的互动与冲突并存

在交通工具、传播工具比较落后的年代，各国相距遥远，联系较少，整个世界处于相对静止的状态。而在新媒体创造的虚拟空间内，"人们不再受土地的羁绊，也不再受他们的社会阶级、阶层、等级或身份的限制"①，一个虚拟的"世界性社会"已经显出雏形。信息在全球的自由流动，一方面使人类获得了一个"体外神经系统"，认知能力快速提高，个人意识和权利意识不断增强；另一方面，其在对拉近各国人民之间的精神距离和塑造人类的共同兴趣和相似的价值观方面发挥着重要的作用。

在全球化浪潮中，在国际的竞争与冲突中很少出现争夺领土的情况，更多地表现为经济与文化之间的较量。随着世界政治、经济、文化的全球化，各国之间的文化矛盾也越来越突出，西方一些发达的国家凭借其庞大的传播系统以及其自身独特的传播技巧左右国际社会对有关问题的认知与评价，掌握国际舆论的主动权。

新媒体的出现与发展是社会技术变革的结果，逐渐发展壮大也是新媒体未来的必然发展趋势。传统媒体要想在当前的国际中生存和发展，避免被边缘化的风险，必须不断变革，并积极适应新的传播环境。

第二节 网络新闻传播在整个新闻事业中的定位

一 网络新闻传播的发展与特征

（一）网络新闻传播的发展

新闻传播的发展经历了口头传播、文字传播、印刷传播和电子传播四个阶段。然而科学技术的进步促使新闻传播手段不断改进，使其具有迅速及时、声像并茂、不受空间限制等特点。当代传播技术中最具有革命性意

---

① 〔德〕哈拉尔德·米勒：《文明的共存》，郦红、那滨译，新华出版社，2002，第36页。

义的莫过于网络技术。于是，出现了现在常说的人类信息传播的第五个阶段——网络传播阶段。在很大程度上，互联网已被看作一个为所有使用者提供相对公平的信息传播交流机会的超级平台。它不仅为传统媒体提供了新的传播手段，而且还造就了一种全新的新闻传播形式，即网络新闻。

将两台计算机或两台以上的计算机终端、客户端、服务端通过计算机信息技术的手段互相联系起来，人们就可以与远在千里之外的朋友相互发送邮件、共同完成一项工作、共同娱乐。作为一个信息系统，如今的互联网能够提供的服务越来越多，如网页浏览、信息检索、电子邮件、新闻组、BBS、即时通信、文件传输、视频通话、网上直播等。其中与新闻传播活动密切相关的早期服务，主要是电子邮件、BBS 和新闻组。

第一，电子邮件。在互联网络发展初期，电子邮件是网络系统中直接面向人与人之间信息交流的重要工具。它的数据发送方和接收方都是人，所以电子邮件极大地满足了大量存在的人与人之间的通信需求。最初的电子邮件被设计为一对一的邮件传送工具，但随着一对多发送信息需求的增加，电子邮件发送清单、发函清单应运而生。借助发函清单，人们可以方便地向组内其他用户发送信息和文件。

第二，电子公告牌系统（即 BBS）。BBS 是目前流行的网络论坛的前身。它先后经历拨接式 BBS、登录式 BBS、Web 式 BBS 几个阶段的发展，实现了成千上万人参与文件传输、阅读新闻与信息交流的愿望。按不同主题，BBS 划分出很多个小的布告栏，在感兴趣的板块中，用户不仅可以阅读他人关于某个主题的看法，而且也可以在公告栏中毫无保留地发表自己的看法。因此，在 BBS 系统中，人们很容易形成针对某个问题的集中讨论，故 BBS 又被称作"计算机讨论小组"。

在 BBS 上，大家可以自由发布消息，和成千上万的人进行讨论，但不能做到离线浏览、离线回复，不能很快地访问近千个帖子。用户发表带有附件的帖子（或新闻组邮件）时，也会受到一定限制。因此这就需要一种不但可以在线使用，而且也可以离线浏览和回复、将同一帖子同时发送至好几个板块的传播方式。这就是新闻组。大家谈到互联网时，往往对 BBS、电子邮件、文件传输甚至网络电话了解甚深，但对新闻组则只闻其名，不知其实。其实，新闻组是一种高效实用且应用广泛的工具。

第三，新闻组。用户加入新闻讨论组后，他们发送的信息会直接送至BBS，而不是每个组员的信箱。用户可以在数不清的服务器上、近万个新闻组中查找自己喜爱的新闻内容，在某个特定的服务器上，可以订阅世界各地有关同一个主题的新闻。

新闻组与 Web 页面最大的不同，就是服务器之间互相传递数据，使本地用户无须登录到远处就可以读取信息。世界各地的人们加入一个新闻组就可以就感兴趣的问题进行深入探讨，而不需受网络速度的干扰。新闻组不仅具有时效性强、自由度高的特点，而且还拥有题材涉及面广、信息量大等优点。于是，为了方便接收和向他人发布信息，互联网上出现了个人主页和 BBS 经营，产生了定时向用户发送新闻的传播方式。这种新的传播信息的形式引起了传统新闻媒体、政府机构、企业的注意，它们均开设站点，以发布新闻与信息或者是获得新闻服务，促进了网络新闻的蓬勃发展。

电子邮件、邮件列表以及新闻讨论组的出现，不仅开了网络新闻传播的先河，而且大大地丰富了新闻的内容和表现形式。但是，它们所传递的信息往往掺有一些主观甚至是猜测的成分，所以从严格意义上来讲，电子邮件、邮件列表以及新闻讨论组所传播的信息还不能算是真正的新闻。随着专业性、体制化的新闻传播机构在网络上的出现，真正的网络新闻才算诞生了。

依据现有资料，美国加利福尼亚州的《圣何塞信使报》是世界上第一家具有网络版的报纸。这家报纸在美国的硅谷，其于 1987 年把纸上的内容放在了还处在起步阶段的互联网，也因此开启了电子报刊与网络新闻传播的新纪元。1993 年，中国新闻机构的"网上行"开始了。1993 年 12 月 6日，中国还没有和国际互联网联网，《杭州日报》的报纸传输是通过杭州市的联机服务网络进行的，拉开了中国报纸电子化序幕，1995 年 1 月 12日，国家教委投资创办了中国第一份在互联网上的电子期刊——《神州学人》。《中国贸易报》于同年 12 月 20 日正式发行电子版，成为中国第一家在互联网上发行的电子日报。

网络新闻媒体，一般是指借助互联网发布新闻和进行新闻信息服务的站点。现在的网络新闻通常是指由报社、电视台、杂志社、广播电台以及通讯社等建立起来的或者是其他专门化的具有新闻性的网站发布的新闻。网络新闻和网络媒体随着互联网的日益成熟和不断发展以及万维网和浏览器的推出，而获得了快速的发展。

（二） 网络新闻传播的特征

网络新闻较报刊新闻、广播电视新闻具有以下特征和优势。

第一，及时性。网络新闻的发布是不受时间和空间限制的。传统媒体，如报纸的出版周期是按天计算的，电视、广播的周期是按天或者小时计算的，而网络新闻的制作较传统新闻简单，其可以在制作完成后直接发送，而且网络上的数字信息是以光速传播的，所以网络新闻的速度是按分秒来计算的，强调实效性，尤其是在报道突发事件的时候，速度和时间就显得更加重要。

网络媒体还具有容量大、制作成本低廉、可传送声音和图像等优点。网络新闻的语言既是口语化的，又是书面的，口语化的新闻传播是比较普遍的，书面语多出现在新闻站点上。网络新闻不受地域条件的限制，不但能报道生活中的小事，而且也能报道全球的重大新闻。

第二，承载信息海量性。传统大众传媒大都是有限的，其承载的信息量也是有限的，如报纸种类与版面、广播波段与时间、电视频道等都限制其承载的信息量。全球化网络和新媒体的发展，将全球的计算机网络连接了起来，为信息交流提供了一个巨大的平台，将信息汇集到互联网上，形成一个庞大的数据库。互联网就像是信息的汪洋大海，个人在网上就能轻而易举地找到一系列的相关文章，这突破了传统媒体煞费苦心才能完成专题报道的局限。网络新闻媒体不断融合传统媒体的新闻观念，并在此基础上不断更新发展。

第三，网络新闻内容丰富、形态多样。网络新闻不仅集广播、电视、报纸三者的优势于一体，而且实现了文字、图片、声音、图像等报道手段的有机结合，形成兼具数据、文本、图形、图像、声音的超文本结构与超链接表现形式。这种表现形式是立体的、网状的、多维的、有声有色的、图文并茂的，用户只要单击文本中加以标注的一些关键词与图像，就可以把另一个文本打开，用户可以随时进行跳转阅读。人们将超媒体的超文本所链接的信息类型进行了进一步的扩展，用户不仅可以从某一个文本跳转到另一个，而且可以将某一段视频图像播放出来，使某一个图形显示出来，或者将某一段声音激活。在超文本结构中，任何一个词语、句子或者关键的人名、地名都能链接另一个声音或影视文本或动画。网络以超文本、超媒体将新闻信息组织起来的方式，比较符合人们的阅读和思维规律，这样用户在接受新闻内容时才能方便地进行联想和跳转。

第四，信息检索方便。传统媒体在为用户提供新闻资料查询方面非常欠缺。如报纸、杂志虽较易收藏和保存，但对于一个普通读者来说，要常年坚持完整保存所有的报纸、杂志，是很难做到的，而且即使有资料，但是搜索查询起来也是很困难的。而广播和电视由于其节目内容的"暂留性"，难以满足用户随时查询资料的需求。但是对于网络媒介来说，信息搜索、查询、保存易如反掌。用户可以按照需要查询的内容或查询时间，从成千上万的网络媒体、图书馆、政府部门、国际组织、公司企业和非营利组织公开的数据库中搜索各种信息，这充分展示了互联网所有的内容都是建立在功能强大的数据库之上的优点。

第五，强有力的交互性。传统新闻媒体的新闻传播基本上是单向性的，人们被动地获取传统媒体提供的新闻信息。而网络新闻媒体的出现和发展，使读者和网站可以通过电子邮件、BBS和讨论组等方式进行实时沟通和交流，使得人们的信息反馈更加通畅、快捷。交互性的网络媒体的出现，不仅使公众可以以这种方式直接参与新闻报道、交换评论意见，使网络新闻成为一种大众可以共同发言的新闻类型，而且网络新闻传播者可以通过统计软件获取读者在一天之中每个时间段的访问量并且精确地定量分析读者状况、掌握读者状况。交互式的新闻传播方式，既做到了媒体和网民彼此间的沟通，也使受众对受众的传播得以实现，对及时有效地调整传播策略具有极其重要的意义。

第六，全球性。网络新闻的受众可能遍及世界各地，所以它的发行是全球性的。互联网上的信息传输速度和成本与其所在的物理位置几乎一点关联都没有，这让网络新闻能在几乎任意地点之间进行传送发行，例如，一家市报上网之后，其网络新闻将有许多关心该地区情况的读者，这些读者既包括省外的，也包括国外的。网络新闻具有全球化特征，这一特征对地方性及全国性媒体的公平竞争有利，并且还有助于改变国际新闻信息被西方大的通讯社垄断的局面。

二 网络与传统媒体的关系

网络新闻传播是随着互联网被应用于新闻传播活动而产生出来的一种新的传播形态，也是从媒体角度区分出来的一种新的传播种类。随着网络新闻传播的发展，一个重要的理论与实践问题自然而然地凸现在人们面前，这就是如何认识与对待网络与传统媒体的关系，也就是如何在整个新闻事业的格局中来定位网络新闻事业。

（一） 网络新闻传播的优势与局限

1994 年，互联网刚刚被引进国内的时候，已经有学者对网络的优势，即拥有报纸、广播、电视三大传统媒体的功能，感到震惊，认为网络媒体的出现会使传统媒体成为信息高速发展进程中的"泡沫"。20 世纪 90 年代后期，国外学者杰·尼尔森曾在其发表的《传统媒体的终结》中进行预言，他认为在以后的 5 年至 10 年中，传统的传播媒体形式会被网络媒体所取代。然而，经过这些年的讨论与实践，这个预言正在被传播媒体的发展所击破，网络媒体虽然有其自身的优势，在社会生活中发挥着不可替代的作用，但是传统媒体也具有自身不容取代的独特优势，具有其存在的独特价值。网络媒体与传统媒体相互借鉴、相互补充才能促进人类信息交流的全面进步与发展。

媒体之间之所以会存在不同，是因为不同的媒体本身具有独特的性质。但是媒体本身所具有的特殊性又普遍存在于一般的共性当中，因此可以说一切媒体的特殊性指的就是在共性当中相对突出的一种或多种性质，其并不一定就只属于某一种媒体所独有。只有对这一概念有所认识和理解才能进一步比较出某一媒体所存在的优势与局限。与此同时，媒体的特殊性针对的主要方向是技术与传播过程，一般很少涉及媒体在实际使用过程中所带来的社会效果及其所引起的社会影响力。所以，在对不同媒体的优势与局限进行比较时，需要在关注媒体特殊性的基础上，兼顾媒体在社会中的实际使用和传播的社会效果。

一般来说，网络媒体与传统媒体（即报纸、广播、电视）之间具有很大的互补作用。这种互补性同样体现在传统媒体之间。而这种所谓的互补性，实际上指的就是媒体所存在的特殊优势，并且自身的这种优势恰恰又是另一种媒体的局限所在。

1. 网络新闻传播的优势

第一，网络媒体不受版面和时段的限制。传统媒体往往受到传播形式的限制，如报纸受版面的限制，而广播、电视则受到播出时间段的限制。但是网络媒体打破了这些因素的限制，它既可以进行大容量新闻信息的传播，又可以让受众在任意时间进行有选择的信息获取行为。

第二，网络媒体不受传统线性时间观念的限制。首先，网络媒体可以对事件进行直播报道，这样就保证了新闻内容的时效性；其次，网络媒体的新闻在经报道、播出之后，受众仍能在事后的任何时间内对其进行重新阅读。

第三，网络媒体不受空间、地域的限制。网络媒体在网上进行信息传播时，受众只要输入网址，找到网站，就可以进行信息选择。例如，要想收听英国 BBC 的节目，只要输入英国 BBC 的英文网站名，就可进入 BBC 网站，就能同步收听 BBC 的英文节目。

第四，网络媒体突破了传统媒体的从媒体到受众、受众处于接受者的角色的僵硬单一向线性传播模式，而是趋向于网状的多向传播方式。这种传播方式，既能让媒体与受众之间顺利、快捷地进行双向传播，又能实现受众与受众之间的信息传递，进而构建丰富的信息传播网。

2. 网络新闻传播的局限

第一，由于网络新闻所承载的信息量过大，因而其会造成人们在筛选信息的时候花费大量的时间。所以，信息量过大不仅会提高人们获取和使用信息的成本，让人在一定程度上望而却步，而且会极大地限制网络在信息承载量方面的优势。

第二，新闻公信力低和媒体权威性差，会严重影响到网络新闻的传播速度。这样，即使人们从网上获得了信息，也会因为公信力差而不会对此十分相信。此外，公信力的降低、权威性的变差会对网络渠道的开放、信息的交互造成不良影响。

第三，网络媒体是依托网络技术而发展起来的信息传播媒介，因此其具有明显的技术依赖性的特征，这就使得网络新闻的传播受到技术因素的影响，不能像报纸、广播、电视一样进行大众化的传播，而只能停留在理论层面。而且网络传播可能会因遭到破坏或电力中断不能迅速及时地让受众获得新闻和信息。

第四，网络新闻传播的自由开放会受到大众化程度的影响。这一影响所导致的结果就是在网络当中只有一部分的社会成员才能享有言论自由的权利，进而让全民共享信息的理想成为"泡沫"。

总而言之，网络媒体并不是万能的，它在具有独特优势的同时，也存在一定的局限。而网络媒体与传统媒体之间的互补决定了网络媒体在发展中要始终与传统媒体共求生、共发展。正如人民网负责人在"中国网络媒体运营与发展高峰论坛"上所说的："电视、报纸和广告不会被网络取代，它们是共存、共荣的关系；通过竞争，四种媒体的特色会更加明显，特长也会更突出；通过竞争，这四种媒体的未来将有消有长，但是从目前来看，网络媒体的兼容能力更强一些；未来四种媒体谁主沉浮，取决于它们所占有的市场份额和各自的赢利能力。"[①]

（二）网络媒体与传统媒体兼容共济

1. 优势互补促进合作

第一，时间上的相互配合。经调查研究发现，我国的网民具有一定的

---

① 邓炘炘、李兴国主编《网络传播与新闻媒体》，北京广播学院出版社，2001，第66页。

上网时间模式，人们在 8 点上班之前基本不会上网，一般上网人数最多的时间是上午 8 点和 9 点多，传统媒体（报纸、广播、电视）就可以在这段时间之前加强早间报道；一般人们也不会选择在晚饭的时间段看报纸和上网，这时候电视就可以利用这个时间段加强报道。虽然报纸在香港仍然是传播信息最普遍的方式，但是在信息量、时效和便捷程度方面，网络有着无可比拟的优越性。另外，人民日报网站为追赶时效，采取了"先网络，后报纸"的策略，其首先将所有的稿件统一发给人民日报网站，并实施全天 24 小时滚动发布新闻的方法，实现最快发布新闻的目标。《人民日报》通过传统媒体与网络媒体之间的密切配合，将新闻信息最快速地传递给受众，这一措施使其在实效性方面取得了显著的突破，并成为新闻事业发展史上一个重要的里程碑。

第二，内容上互补。传统媒体的优势主要体现在对信息资源原生和聚合的创作能力、新闻工作者专业规范的业务能力以及媒体品牌优势和读者资源等方面，针对这些优势，传统媒体可以朝着让网络媒体转载传统媒体内容的方向发展。而传统媒体也可以借鉴网络媒体的内容，如广播、电视可以在节目当中选择一些网友的言论对其进行精彩的评述，并通过评述的内容吸引受众。通常情况下，对于同一事件的报道，如果传统媒体与网络媒体共同参与、相互配合，新闻和媒体就会产生深远的影响。[①] 由于不同的传播媒体具有不同的特点，因此网络媒体与传统媒体不能相互完全取代。但是网络媒体与传统媒体之间是可以进行优势互补的，如电视媒体可以发挥广告的作用，让报纸继续维持高曝光度的优势，通过产品的画面展示，发挥电视广告的优势，同时借助网络媒体进行营销，构建媒体与消费者之间的互动关系网。将网络媒体与传统媒体结合起来建立的这种互动关系，营造的是一个双赢的局面。

第三，资源相互整合，促进优化配置。通过调整现有的产业结构，促进网络媒体与传播媒体的整合，不仅可以实现媒体资源的优化配置，而且还可以避免一切不必要的浪费，尽可能地节约成本，这对媒体品牌价值的

提升具有重要的作用。欧美等发达国家和地区通过新旧媒体的整合，形成了一股强大的媒体合力，这一趋势不仅对市场竞争力有所增强，而且还产生了巨大的经济效益，同时还带动了世界传媒的新发展。比如，2000年初美国在对自身进行资源整合的基础上，将拥有高科技、基础设施和世界第一网上品牌的美国在线，与拥有世界级的媒体、娱乐和新闻品牌的时代华纳进行合并，组建了美国在线—时代华纳公司。这一举措在震惊全世界的同时，也深深地影响了全球传媒业的发展。随着我国社会主义市场经济的发展，传媒市场运行机制的完善，加之国家政策的鼓励和支持，出现了如中青在线网站这样的媒体联盟，这昭示着我国媒体网络和传统媒体的集团化进程在不断加快，传媒整合的浪潮已经到来。

2. 在竞争中共同进步

目前，在市场经济的影响下，媒体之间的合作总是有条件的且是暂时的，而竞争始终处于无条件性和长期性的状态。网络新闻事业要想进一步发展，就必须适应市场竞争的环境，并在这一环境中立足。优胜劣汰是市场竞争的基本法则，网络新闻事业要在市场和各类网络媒体中胜出，就必须明确自己在市场中的定位，不断创新。

第一，找准网络媒体的优势。不同的传播媒体拥有不同的传播技术手段，一般新的媒体总是能够以其独特性优于先前的媒体，所以找准网络媒体的优势至关重要。

在解析了网络媒体优势的相对性之后，我们会看到网络媒体的独特优势：时间上可即时，可长期或随时播报，受众只要上网就能随时进行查阅；空间上，其容量是无限大的，是全球性信息海洋；媒体与受众关系方面，受众不再是之前的被动地位，其头一次使媒体和受众的平等得以实现。这些都是其他三类媒体在目前所难以企及的。从网络新闻传播形态来说，关键就是要办好网络新闻专题和网络新闻论坛。因为突发事件报道和重大事件报道，都是以专题形式出现的。实践证明，在新闻专题和新闻论坛这两种新闻传播形态上，网络媒体具有其他媒体难以替代的优势。

第二，明确网络媒体的市场定位。网络媒体在网络新闻专题和网络新闻论坛上的优势，是一种"类优势"，即所有网络媒体都具有的优势。在与传统媒体竞争时，网络媒体充分发挥这种"类优势"是有效的。然而，如果面对网络媒体之间的竞争，那么单靠这种"类优势"就不行了，因为这是大家都具有的。面对网络媒体之间的竞争，任意一个网络媒体，都必然要有一个明确的市场定位。虽然网络是开放地面向全体社会成员，但是并没有任何一家网络媒体能够满足所有人的新闻信息需要。其要满足某一部分人的新闻信息需要，将这部分人的目光吸引住，进而才能够拥有属于自己的受众群体以及与之相对应的消费市场，因此，网络媒体要在竞争过程中引入市场定位的概念，切实做好自身定位。从操作意义上讲，合理地确定网站功能、目标受众、网站内容，才是网络媒体定位的核心之所在。正如有学者指出的那样，新闻传媒要在传播市场上成功"定位"，就需要一直贯彻将自己看作社会传播网络中一分子的指导思想，善于抓住机会，致力于将自己擅长的提供给社会，同时还要生产优于其他传播媒介的产品（即所谓的"人无我有，人有我优；长人之所短，略人之所长"）[1]，以保证自身能够始终具有独特的魅力而在竞争中立于不败之地。

第三，不断进行网络新闻传播的创新。网络媒体的市场定位所解决的是宏观战略问题，即针对什么人办一个什么样的网站。在明确市场定位以后，非常关键的就是提供能够满足特定目标受众需要的新闻信息。要满足特定目标受众的需要，新闻传播就必须具有个性特色；而要有个性特色，新闻传播就必须进行创新。当越来越多的网站利用传统媒体等新闻信息源编写新闻时，网络新闻的同质化就变得十分突出、让人难以忍受了。这时，人们越来越渴望看到那种由记者耳闻目睹的、有现场感的第一手新闻报道，没有什么可以替代亲临其境的现场感和真实的现场录音、录像、摄影。

当然，要真正在竞争中成功胜出，任何一家媒体都必须有适应市场竞争的经营管理体制做基础，必须有适应市场竞争的宏观社会环境做保障。而这两个方面的实践探索，正是中国网络新闻事业乃至一切媒体事业所面

---

① 喻国明：《媒介的市场地位：一个传播学者的实证研究》，北京广播学院出版社，2000，第 79 页。

临的时代课题。

第三节　微博新闻的传播路径与传播流程探析

一　微博的发展与传播特征

（一）微博的兴起与发展

作为一个社交及微博服务网站，Twitter 诞生于 2006 年，由博客技术的创始人埃文·威廉姆斯最早提出，其早期被称为 Twine，这是世界上最早的具有微博服务性质的网站。Twitter 在《牛津英汉大辞典》中被解释为"鸟叽叽喳喳叫的声音"，也可以用来形容"人们讨论说话似的声音"。于2009 年出版的《科林斯英文词典》对 Twine 的名词解释为一个供人们表达个人现状的短消息网站；其动词表示在 Twine 网站上写短消息。Twitter，中文称为推特，是指利用通信技术、有限网络以及无线网络进行即时通信的社交网站，这也是微博的典型应用。Twitter 的宣传口号是"What are you doing?"，从该宣传口号中可以看出，用户能通过简短的文字将见闻、感想发送到微博上，并且这个过程不受时间和地点的限制。生活中的一点小满足或是不如意、情绪上的波澜起伏，都能在微博上通过简短的文字展示出来，将自己的生活分享给大家。

对微博的概念，官方的解释有两种，其中，百度百科的释义为：微博是一个信息传播、获取、分享的平台，这一平台以用户关系为基础，以WEB、WAP 以及各种客户端组件为手段，在个人社区中以 140 个左右的文字发布信息。维基百科对微博的解释为：微博的主要功能是方便用户更新信息、发布博客，用户发布的内容通常要在 200 字以内，并且其所发布的信息可由任何人阅读或者由用户自己选择、指定阅读群体。

尽管对微博有多种界定方式，但被大家广泛接受的一种界定为：微博，又称微型博客，是一种集信息传播、互动、分享于一体的新型平台，是 Web2.0 时代特有的社交网站。用户在更新或获取信息时受空间、时间的制约较小，其可通过即时通信设备如手机、QQ 等，或者 Web 等方式组建个人社区、更新信息、关注目标对象等。

伴随现代信息技术的迅猛发展，微博的信息传递方式不仅仅局限于文字、图片，音频、视频等传播方式不断涌现。因此，当今时代微博的价值更多地体现在新闻事件的发布、信息资讯的传播、个人生活体验的记录等方面。此外，微博还能对将要关注的对象进行选择，随时获得有关的信息。[1]

2009 年 8 月 14 日，新浪网推出微博服务，成为国内第一个提供微博服务的门户网站。新浪推出新浪博客时，首先邀请了许多名人开设博客，借助这些文娱明星或者学术名流的影响力扩大博客的影响力，从而吸引普通民众加入博客队伍。事实证明，新浪的"名人博客"取得了巨大成功。新浪网推出微博服务时，采用的是和新浪博客相同的"名人路线"，众多名人很快成了新浪微博的博主，如娱乐明星姚晨，企业精英李开复、潘石屹，新锐作家郭敬明，等等，都成了新浪微博的用户。这些名人有庞大的粉丝群，在名人效应带动下，大量粉丝加入新浪微博，新浪微博在很短的时间内便聚集了大量的人气，成为国内用户最多、影响最大的微博。

新浪微博的火爆带动了国内新一轮的微博热。2009 年 10 月，嘀咕网重新恢复访问，人民网也于同年年底推出了微博服务。2010 年 1 月，国内另一家大型门户网站网易的微博开始内测，此后腾讯、搜狐等也相继测试并推出了自己的微博服务。凤凰网也在 2012 年 4 月推出了微博服务。门户网站在微博领域的"圈地"运动，促进了国内微博的发展，为微博客赢得了巨大的发展空间和市场。

（二）微博新闻传播的特征

1. 传播内容碎片化

微博的出现，带来了自媒体的兴盛。现实生活中数量众多的个体在微

---

[1]　胡会娜、李杰：《从需求理论看微博对受众需求的满足》，《新闻世界》2010 年第 8 期。

博上自立门户，其直接影响就是微博内容日益增多，网络世界的中心观念也日趋淡薄。作为一种全新的传播形式，微博为普通群众带来了较多的话语权，信息发布不再是专业媒体机构特有的权利；与此同时，曾对传统媒体具有显著效果的制约与监控手段，对于微博而言却收效甚微。因此，微博内容也呈现碎片化、个性化的特征，许多内容相对零散、可信度不高。但是，由于微博内容的数量是庞大的，当某一主题受到了人们的广泛关注，大量的、相对零散的内容汇集到一起时，就会在社会上形成热门话题，这促使了一种崭新的话语权诞生。

2. 裂变式信息传递方式

在以往的社会关系中，人际关系的复杂性，使得信息传递中个体间的交往与联系是复杂多变的，而微博传播信息则是单向的、点对点的。在微博世界，用户并不需要得到他人的同意便可对其进行关注，由此形成了一种不对称的跟随关系。在这种关系中，信息发送者与接收者是"熟悉的陌生人"，他们既亲密又陌生。每一个用户可以通过自己独立的粉丝，将信息不断推广、扩散，通过这种广播式的信息传递，使信息流动产生裂变效果。

3. 传播速度即时性

手机和互联网的结合为微博的走红奠定了基础。手机和互联网的结合，使得微博可以实现即时性的传播。也是因为微博，手机的照相功能得到重视，手机拍照变成了图片直播，手机的短信功能则变成了微博实时文字报道。从这个角度而言，手机和微博的联姻是多种媒体传播形式的融合。手机的普及使微博真正成为一种流动的网络传播渠道，随时随地的记录与分享由此成为可能。微博信息发布的即时性使得微博传播的速度大大提升，在国内多起重大新闻事件中，如温州动车事故、央视配楼失火等，微博都成为事件的第一消息源。

4. 传受双主体性

在微博世界人人都是传播者，也都是受众，传播者与受众之间界限模糊，原有传播者和受众的主体性与主体间性被打破，取而代之的是双主体性，传播者和受众地位平等，两者相互融合。微博不仅仅是一部分人的传播工具，而且成了全民（主要是网民）参与信息传播的公共平台。

5. 传播媒介移动化

微博的一个最基本的技术理念，就是打破互联网和移动通信网的界限，形成互联网和手机之间的简洁交互，互联网和手机的互通互联是微博最有价值也是最实质的创新所在。移动通信网与互联网的结合为手机与网络之间的交叉互动提供了前提，手机和互联网应用之间建立了无缝对接，手机用户的上网习惯由此养成或被进一步强化，手机用户顺利过渡成无线互联网用户，手机端同互联网的互动得到增强。

二 微博新闻传播的路径与流程

（一）微博新闻传播的路径

第一，多点对多点，微博新闻的裂变式传播。当某个微博用户发布一条新闻信息后，该条信息会迅速完成一点对多点、多点对多点的传播过程。微博的这种传播是一种裂变传播，或者也可以称之为病毒式传播，其既不同于传统媒体的线性传播，也不同于网络媒体的 Web2.0 传播，其以几何递增的传播速度传播，和之前任何一种媒介产品相比，其传播速度更快、传播广度更广。在微博的转发中，人们对传播的内容又在不断地补充着事实与观点，从不同角度进行"拼图"。这样的一个社会空间的传播"场域"，不但形成了相互依存的事实整体，而且也形成了一个动态的、客观与主观交织的观点与情绪场域，人群间的相互影响会快速叠加，进行能量积聚。

第二，面对面，微博新闻的即时传播。微博不同于 QQ、MSN 此类"点对点"的传播方式，其是"点对面"的。微博能进行即时传播，是源于 140 个字萎缩变形的一种信息变种。微博用户可以将自己的最新动态与想法发给其他的人。但其不再仅仅是发送给某一个人，而是发送给那些个性化的网站群。微博中的每个人均为传播者，用户可以通过手机客户端等方式即时更新个人信息，从而成为一个即时报道者，简洁并且迅速地报道那些正在发生的事情。以前，时间及地域等因素会限制传统媒体的更新，微博传播正是弥补了传统媒体的这种不足，并且，此种迅速快捷的通信方式使得微博有了一种十分巨大的社会影响力。

第三，从分众到大众，微博新闻的分级式传播。著名的传播学者罗杰斯曾经在他的多级传播理论中提到，传播主要包括两个阶段：一是分众传播，这种传播是通过人对人、人对群体传播的；二是将发布的那些信息进行转载，使第二次大众传播转移得以实现。第一阶段的分众传播即面向一个具体的受众群进行细分化传播，并且该受众群具有清晰的特征。分众传播的特点主要包括细分受众群、动态调整以及内容创新这三项内容。当微博用户发布某一新闻信息的时候，此微博用户的所有关注者（受众）就可以立刻接收此条信息，而该微博用户自己也只能接收到他关注的那些用户的信息。根据新浪的统计，微博平台平均每一秒就产生大约40条微博。在浩瀚广阔的微博信息海洋之中，用户最开始看到的内容基本上是用户自己及其关注者所撰写和转发的那些信息或者是评论，此为微博新闻的第一级传播。

第四，多样化的微博收发方式。微博用户不但可以通过登录微博网站收发微博信息，而且还可以通过移动信息终端传收信息，或者由开放的API接口连通MSN、QQ、Skype、Gtalk等第三方软件传收信息。所有的消息都经由手机客户移动终端或者是第三方软件汇总到微博数据库，所以所有的用户都可以查看到这些消息。微博用户可以将一些文字通过价格低廉的手机短信、实时消息软件、电子邮件、MP3或者网页，将图片、录音乃至视频报道发送出来。在收发信息过程中，人们使用的其实不单单是微博这一种信息沟通工具，而是由微博与别的网络媒体一同组建的新型信息传播网络。

此外，微博的第一级传播中有明显的分众传播。微博里有各种各样的微群，微博用户可以加入任何自己感兴趣的微群里，微博网站还会根据微博用户的个人"标签"向用户推荐比较合适的微群，用户加入微群后还可以和微群里的微博用户探讨自己感兴趣的话题。另外，微博组织的"#话题#"讨论，也具有群体传播的特征。微博传播者借助加"#"功能，不仅能够通过话题使分散的信息得以采集，而且在无形之中将受众细分化，让那些关注这个热点的受众能比较方便地搜索到与其有关的微博，使受众对某一同类信息的集中获取得以实现。这也使分众传播的定义得以满足。

在微博的第二级传播中，由于微博的多样化传播路径，微博新闻传播者传播信息的时候，可以面向任意不特定人群。微博新闻的传播者和受众在微博传播的时候彼此交织在一起，在初级分众传播完成的时候，通过转发与评论产生了又一次的传播，进而使第一级传播活动的受众转化成信息再次传播的生产者与信息增值的服务者，受众群体的人数将呈现一种几何增长的模式，传播的范围也更加的广泛。从个体、小群体快速地扩大成大众，完成传播状态的升级。

在通过微博完成某一个话题或者事件的分众传播的时候，那些从受众中区分出来的小群体并非只对信息进行一种简单地浏览，也并非仅仅评论和反馈信息给该传播者，初级受众往往会在信息传播的时候继续对这个话题进行更加详细的解释及说明，甚至提出一些自己的更为具体且具有鲜明个性的观点，使之前的信息更为完善，并且使其可探讨性得到增强。微博可以使用超链接或者多媒体展示方式对信息进行补充，使其更具完整性。因此，在微博的第二级传播中，微博平台能够对信息进行整合与链接，将最全面、最立体、最符合受众眼球的信息传递给他们。这时，微博分众传播向大众传播的过渡已经完成，继而更多级的传播也随之形成了，传播内容、范围、深度以及广度与效果的几何级扩大得以实现，达到了与首次进行个人与个人、个人与群体传播时的那种对比鲜明的传播范围以及效果，从而使得微博的作用及价值更大程度地被体现出来。

（二） 微博新闻的传播流程

在微博新闻的传播流程中，不仅任何微博用户可以通过微博平台成为新闻信息的生产者和传播者；而且任何人都可以对所接收到的信息进行补充或评论，微博用户既是"信息传播者"，又是"信息接收者"的双重角色打破了传播者和受众的界限，完全实现了新闻的开放性、互动性传播。

第一，微博新闻的生产。在微博新闻的生产者不再是职业新闻工作者，而可以是任何人，也可能是新闻事件的知情者或当事人。在微博用户发布和接收到新闻信息的同时，其也可以评论和继续补充转发这些信息。虽然评论的信息是简短的、碎片化的，但是通过成百上千人的评论与补充，可以从不同角度、不同的立场对同一事件进行持续报道，所以微博新闻是始终在变化着的。

这种微博受众的互动促使新闻生产由记者主导、媒体把关的单次传播，变成了公众参与、社会协同补充信息的接力赛跑与循环报道。在传统新闻生产中，一篇长篇幅深度报道可以挖掘整个新闻事件的真相及其深层意义，而微博新闻中突发信息的传播，则满足了公众对"速度"的要求，新闻背后更多的信息和真相则是以碎片的、连续的、循环的方式在微博上加以呈现的。

第二，微博新闻的发布。传统的新闻传播是由大众传播媒体单向地向受众传播和发布新闻，这种单向传播是由控制信息资源的媒介组织主动实施的自上而下的大众传播，大众只能被动地接收媒体所传播的信息。因此，在传统媒体新闻传播流程中，传受双方的地位是不平等的。

微博平台具有非常多样化的信息传播渠道。微博用户可以用电脑登录微博页面后进行新闻的发布，或者也可以选择不登录微博界面，而在别的网站上直接把信息分享到微博，进行微博信息的更新。除互联网之外，用户还可以使用手机等聊天工具发布微博新闻。微博用户使用手机发布新闻，简单快捷，只要一条手机短信（彩信）就能发布信息。微博与手机的紧密结合降低了新闻传播的门槛，使得一个人就能完成微博新闻的传播，真正实现了"人人都是记者"。所以，微博新闻的传播打破了传统媒体自上而下的单向传播，实现了传受双方平等而自由的传播和多对多的互动传播。

因为微博的便捷、快速的新闻发布方式和裂变式的传播方式，其信息更新的速度都以秒来计算，比传统媒体在报道突发事件中的"插播新闻"还要快，所以越来越多的意识到微博新闻传播优势的传统媒体，选择母媒的官方微博作为新闻的首发地，稍后再在传统母媒上发布深度与综合报道，此种发布流程的新变化，使得媒体能取得第一时间报道的优势，这不但滋养了传统媒体所开办的那些新媒体，而且还可以提升传统媒体的内在价值。① 这种发布渠道的多元化，也使受众的接收渠道变得多样化，受众既可以使用微博接收新闻信息，也可以选择传统媒体接收新闻信息，还可以综合微博和传统媒体的新闻信息进行全面了解。

第三，微博新闻的反馈。网民们将自己身边发生的那些大大小小的新闻事件用手机记录下来，最终将其上传到微博，使其不断形成新闻源，而当某种新闻事件引起传统媒体的关注时，专业记者的加入和调查就会使该新闻事件完全走向专业化、大众化传播。如果说，一张报纸是以点对点的方式进行传播，一档新闻节目是以点对面的方式进行传播，那么微博新闻就是以网状化的方式进行传播的②。因为在微博的传播中，每位新闻的传播者均能与互联网之中的任意一点产生交流与互动，并且受众往往会在新闻传播过程中进行信息的转发和反馈。

在传统媒体介入微博新闻事件之前，一直是由微博上的民间力量来挖掘、发布信息，但是这些"草根记者"提供的信息往往存在着失真的可能，而传统媒体的接力，使得微博新闻由非专业传播走向了新闻专业传播。微博新闻成为传统媒体的新闻源，传统媒体的专业报道和深度调查，也是对微博新闻的反馈。传统媒体的加入，使得热点话题的深度与广度不断地获得加深与拓展，最后其把那些来源于受众的信息更为全面地、更为多样化地反馈给那些最初的信息传播者。因此，也可以说微博新闻使一种全新的传播流程建构了起来，并且使原先的新闻传播生态发生了一些改变。

传统新闻传播媒介往往会受到一些严格的控制，并非谁都可以随时随地地进行信息的发布，相关的作者是传统新闻的绝对主体，而社会大众却是被动地接收新闻，其接收的新闻往往是信息全面且深刻，经慎重筛选之后的。微博的出现使这一点发生了改变，微博使受众有了获取相关信息的

---

① 栾轶玫：《微博媒体化与传统媒体发布流程之变》，《视听界》2010 年第 3 期。
② 刘志祥：《微博新闻：信息技术革命下的双刃剑》，《新闻爱好者》2012 年第 7 期。

自主权，不再像以前一样被动地接收信息。微博用户因此成了发布新闻信息的主体，在这样的信息传播平台上其可以对各种信息进行自由的选择和接收，这大大降低了其对主流媒体的依赖，并且信息的透明度也随之扩大了。用户在信息的发布与接收的过程之中是平等的，与传统的那种说教态度相比较，微博凭借其平易近人的低姿态得到了广大用户的青睐。由于这个原因，微博拥有的信息发布者越来越多，也就会出现越来越多不同的声音以及一些更为详尽的信息更新，在此过程之中微博使新闻的时效性有了很大程度的提高，并且使得受众对主流媒体的依赖降低了。

但微博新闻也在一定程度削弱了传统媒体的影响，一方面其扩大了公民的话语权，形成社会对话机制，利于舆论监督和促进政治民主；另一方面，微博中也存在大量的谣言及一些虚假的新闻与社会负面信息，这致使微博倾向于无序化和暴力化，给网民对现实世界的理性判断造成一定的影响，并且在一定程度上对正常的社会秩序造成了冲击。[1] "有关于微博侵权行为的规制主要在宪法、民法、著作权法、侵权责任法、信息网络传播权保护条例等法律中有所体现。但网络技术的飞速发展、新商业模式的层出不穷等都对现行的法律规范提出了一些新的挑战，微博是仍然缺乏具体的法律法规规范的一种新生的媒体。"[2] 这仍然需要对网络立法建设进行不断的完善，并对立法滞后的相关问题进行改善。

---

[1] 王正、陈宏斌：《微博传播视角中的网络负面舆情处置研究》，《公安研究》2012 年第 1 期。

[2] 邓勇、肖光申：《微博侵权亟须法律制度监管》，《人民法院报》2011 年 2 月 20 日。

第七章

现实观下中国新闻事业发展的问题与对策研究

改革开放后，我国新闻事业蓬勃发展，逐渐进入鼎盛时期。新闻事业的发展速度也不断加快，在早期，新闻传播形式是以报纸为主的。但是在真正意义上使新闻事业发展发生历史性转折的，是以电视为媒介进行的传播，而且以电视为传播形式的新闻传播是能经受住考验的，在电视之后也出现了更多的传播方式。本章对当今中国新闻事业在发展过程中存在的问题及其解决的对策进行了论述。

第一节　中国新闻事业的发展存在的问题

一　中国新闻事业的发展模式及原因

在中国，新闻事业一直被党和政府高度重视，同时新闻事业也是我国的政治产物。因此，我国的新闻事业处于管理相对规范、新闻市场有序的状态。

中国社会主义新闻事业的特征包括两层含义。其一，中国新闻事业必须具备社会主义的基本特征，必须在领导体制、管理体制、新闻宣传等方面坚持社会主义性质。其二，必须具有中国特色，其精髓在于把马克思主义的普遍真理同中国新闻事业现代化建设的具体实践结合起来。中国社会主义新闻事业的特征归纳起来有以下几个方面。

第一，我国新闻事业具有在共产党领导下，以党报为中心的多层次、多样式、多种类型的社会主义新闻事业的结构体系。这种结构是在我国社会主义新闻事业逐步发展成熟过程中确立起来的，党报是社会主义新闻事业的主干和龙头，党报又分为中央机关报、省委机关报、市（县）委机关报。除党的机关报外，还有政府机关报和其他社会团体机关报。我国现有报纸还分为综合类报纸、专业报等九大类，这些报纸虽然不是党的机关报，但都以党的路线、方针、政策为指针，坚持党的领导，坚持社会主义方向。

第二，具有理论联系实际，密切联系群众，开展批评与自我批评的传统。理论联系实际是我党思想战线的重要内容，对新闻工作有着重要的指导作用。坚持群众性原则，开门办新闻事业，一切为了群众，一切依靠群众，是我党新闻工作的宝贵经验。运用新闻媒介开展批评与自我批评有利于增强党的战斗力，克服官僚主义，密切党和群众的联系。这些都是我国新闻事业的宝贵财富，我们要倍加珍惜，并在新的形势下发扬光大。

第三，拥有世界最广泛的受众、作者和编者，这是中国新闻媒介的优势。我国幅员辽阔，人口众多，受众数量居世界各国之最。新闻工作者队伍也日渐壮大。到1997年，从事采、编、播、译和相关工作的新闻工作者已有55万人，我国还有一支庞大的通讯员队伍。

第四，承担着建设社会主义物质文明和精神文明的长期任务。这是由新闻事业的社会主义根本性质决定的，是新闻事业光荣伟大的使命。

第五，依靠群众，实行专业新闻者与非专业新闻工作者相结合的方式。这是党的群众路线在新闻实践中的运用，依靠群众办新闻事业，使新闻事业真正成为联系群众的纽带和桥梁。通讯员队伍既是新闻事业的生力军，也是专业新闻工作者的后备军。近些年来，随着国民素质整体的提高和专业教育、专业培训的加强，通讯员队伍的水平有了较大提高。

第六，中国作风，中国气派，形成了为中国人民喜闻乐见的形式和文风。

第七，中国新闻事业是一个开放的、善于接受一切有益经验的、不断发展和不断完善的体系，它主要依靠自己的力量艰苦奋斗，同时又吸收国外一切有益的东西来壮大自己。

马列主义的新闻思想是我国新闻事业的重要思想起源。新中国成立之前，我国新闻事业经历了由资产阶级、无产阶级等掌控的多个历史发展时期，并最终随着新中国的成立建立了以马克思列宁主义为指导思想，与中国具体国情相结合，坚持"党办报、政府办报"的方针的中国特色现代新闻传播事业，实现了新闻传播的多元化发展。

二　中国新闻事业面临的问题与挑战

（一）传播手段落后制约新闻事业的发展

据了解，我国的新闻传播手段和工具还相对落后，如报纸的覆盖率相对较低、广播的使用率不高、有线电视的普及不全面以及计算机网络的不完善等。我国新闻事业的物质基础一直都是限制新闻事业飞速发展的关键，只有解决物质基础问题，才能保证我国新闻事业获得长足的发展。

一般来说，物质基础和新闻的特点和功能是新闻的两大条件。而新闻事业的发展必然是在"硬件"与"软件"相结合的基础上，进一步升级发展的。新闻事业在发挥其原有信息传播作用的同时，还要与现实的国际、国内政治经济形势相适应，为我国与世界的接轨发挥积极的促进作用。

（二）全球化进程下的世界性问题加剧

目前，信息传播技术的不断更新与发展，使得信息革命步伐加快，这不仅打破了传统的时空观念，而且还通过信息传播技术将世界编织成了一个密集的"网络"。因此，新闻传播也逐渐渗透到人们日常文化生活中。

在这一时代背景下，世界上不同国家和地区之间的联系日益密切，人类社会也因此面临着诸多以前并未共同面对的问题：人口控制、环境污染、局部战争冲突等。随着这些问题的世界化，人们的视野开始跨越国界和地域的界限，携手发动舆论，解决共同问题。

（三）信息量变动频繁考验新闻报道的及时性

新闻不仅是一种传播媒介，而且也是一种舆论工具，因而新闻报道既可以真实地反映群众对某一现实问题的情绪和意见，又可以将其引向符合传播者利益的轨道上。

新闻机构的不同态度和行动往往取决于他们对舆论的不同认识。一般来说，对机构有利的舆论会被新闻机构抢先关注，并积极地将其反映给受众，进一步加大舆论的影响。而新闻机构采取批评和缩小其影响范围的舆论一般都是对机构有损的。

当今社会，新闻事业作为人们信息传播和思想交流的物质手段之一，已经在人们的日常生活中占据了重要位置。邓小平同志曾经指出："要把是非讲清楚，要把利害讲清楚。是非是涉及我国根本利益的是非，利益是关系到我国社会主义发展能不能达到本世纪目标和下个世纪目标的重大利益。"这也明确了在信息高速传播的现代，新闻事业的重要作用和努力方向。

20 世纪末以来，新闻事业在总结改革实践经验的基础上有了质的飞跃。其具体表现为新闻工作者以报纸、广播、电视、网络为媒介，在以"团结、稳定、鼓劲"的传统基础上，继续发扬"以正面宣传为主"的风格，成功组织了一些有影响、有成效的宣传报道活动，充分发挥了新闻传播覆盖广、速度快、信息大的特点和优势。然而，随着科学技术的不断发展、社会的变迁，人们的信息需求越来越大，人际交往越来越频繁，为了更全面地反映社会状况，新闻事业要不间断地进行新闻报道活动，以满足人们的需求。这是我国新闻事业所面临的重要问题。这就要求新闻工作者要及时掌握各方面的信息内容，并能随时根据实际情况的变动调节自身的语言和行为，以便更好地完成新闻工作。

（四）知识经济对新闻业的挑战

作为知识经济时代重要标志的信息高速公路，自问世以来取得了空前高速的发展。据联合国开发规划署提供的资料，因特网用户从 1988 年开始，每年以翻番速度递增，至 1997 年年底上网用户已达 1 亿。中国内地的上网人数从 1995 年的 1.5 万增到 1997 年年底的 62 万。因特网的发展正在全球范围内改变着人们的工作和生活方式。网络的出现对大众传播媒体来说既是机遇，也是挑战。其挑战在于因特网上将载有数量巨大的、比大众媒介更丰富的、更方便使用的信息和娱乐资源，一部分大众媒体受众已开始采用这种新的传播技术获取信息和娱乐；其机遇在于与日俱增的网络人口正在形成一个巨大的媒介市场，传统媒体可以让自己融合到这一崭新的传播领域中去，获得新的、更为广阔的生存发展空间。

1. 网络对媒体经营的挑战

随着网络的普及和数字化技术的发展，网络传播的成本较之传统媒体更为低廉。网络式的信息传播方式使每一个人都加入信息传播的行列中来，用户可以轻松地像职业传播者一样在网络上发布新闻。这要求传统的传播机构必须进一步降低信息传输的成本。

网络传播的优势还在于它融合了文字、声音、图像三种媒介的全部优点，是多媒体传播。多媒体传播即数据、文本、声音及各种图像，在单一、数字化环境中的一体化。它不仅能向用户显示文本，而且还能同时显示图形、活动的图像和声音；一条讯息有多个化身，能以不同的方式述说同一件事情，可在多种形式之间自由转换；能触动各种不同的人类感官经验，受众可以从许多角度来审视同样的讯息，自由自在地游于不同的感官世界。并且，一条信息最终以何种面貌呈现，由用户决定，用户可以根据自己的需要从一种媒体转换到另一种媒体。这种优势是任何一种单一媒体都无法比拟的。

2. 网络对传播内容的挑战

数字技术的发展，使信息传播的速度越来越快，其结果是传播的内容越来越丰富。目前数据传输技术已达到这样的阶段：利用光纤，每秒钟可以传送 1 万亿比特的信息。以这样的速度来传递信息，一条光纤可以同时传送 100 万个频道的电视节目。信息匮乏的问题被解决之后，紧接着而来的是如何选择信息的问题。例如，当我们有 1000 个频道的时候，假如想浏览一下全部节目内容再决定收看哪个频道，每个台只停留 3 秒钟，就几乎要花一个小时的时间，观众还没来得及判断出哪个节目最有趣，节目早就播完了。要解决如何选择信息的问题，得依靠关于信息的信息。所以尼葛洛庞蒂认为，关于信息的信息，其价值可以高于信息本身。

网络对传播内容带来的另一个挑战，是如何对它进行控制的问题。信息高速公路极大地提高了人们跨越时间和空间的交往能力,从技术上为新闻信息的自由获取和言论自由市场的形成提供了可能。与此同时,伴随知识经济而来的全球化,对传统的权能制约提出了新的课题。在当前中国普通公民通过国内报纸、广播、电视难以直接接触境外新闻的情况下,他们可以在互联网上快速地得到各种新闻。尽管我国制定了《中华人民共和国计算机信息网络管理规定暂行办法》等法规条例,有时甚至下令禁止有关 ISP 向用户提供 BBS 服务,但这并不能完全杜绝自由获取信息和自由讨论的可能性。另外,网络传播一方面创造了空前的言论发表自由,另一方面也为不良信息创造了自由传播的条件。如何构建网上传播秩序,是知识经济时代里的一道难题。

3. 网络对传播方式的挑战

因特网改变了传统的受众概念。每一个使用网络的人,不仅是信息的接收者,而且也可能是信息的加工者、创造者、发布者或交流者。与大众媒体传播方式不同,网络传播不是媒体向接收者传递信息的单向传播,而是二者之间的交互性传播。传统媒介的"传—受"关系正在被一种新型的、平等的交互关系所取代。最显著的变化是用户参与到传播过程中,成为新闻报道的创造者的一部分。传统媒介主要依靠电话和读者来信了解受众对新闻报道的意见和评论,得到的反馈数量少、时效慢,且不一定能公开,受众对新闻的参与非常有限。而在网络中,大多数媒体都设有"用户论坛"、"快速反馈"或"电子公告牌"等栏目,用户看完新闻立刻就可在此类栏目中公开发表自己的意见,或者与其他用户进行交流。不仅如此,许多网络媒体还公布了记者、编辑的电子邮箱,鼓励用户与记者、编辑就新闻交换意见。这使得过去以传者为中心的传播方式受到挑战。

第二节　中国新闻事业发展的对策研究

一　中国现代新闻事业发展途径

(一)　以科学技术带动新闻事业发展进程

多元、集中、持久等多样的新闻传播特点促使着新闻发展的量的变化与质的飞跃。这也更加确定了科学技术是新闻传播的重要前提和手段。其中数字技术和互联网的飞速发展更是为新闻事业的未来奠定了良好基础。

（二）新闻事业发展凸显人文化

社会的多样化早已让陈旧俗套的传播方式从单个镜头或者表情中跳了出来。人们对其有了更高的追求，从满足社会需求的角度来分析，这也体现了一定程度的人文特点。它使得社会传播具有了包容性、广泛性等特点。这种特点成为社会生存及服务人民的常态化发展。

（三）注重培养复合型人才

从古至今的社会发展都离不开人才的成长与努力。新闻传播已经不是以前的按部就班的工作模式，它需要新闻工作者有更深入的社会感受和独特的社会观念，需要其有既能掌控住现场又能调动气氛增加现场互动的大局观。现代新闻工作者要具备活跃的思维、全面的理论知识，他不能以偏概全，偏激自私，其必须具有大局观才能成为一个当今社会需要的媒体工作者。复合型人才是现代新闻传播事业的必然要求，当今时代，社会关系复杂、社会发展快、新鲜事物层出不穷出的社会现象，使得新闻具有了复杂化、联系化多等多个特点。这要求新闻工作者需要具备处理多种多样的复杂联系的新闻的能力。如果新闻工作者不具备了解当今社会的能力或者没有走在世界信息化的前沿，那么他将很难具有处理复杂问题的能力，同时也不具备复合型人才的要求。复合型人才是当今市场必不可少的。

（四）注重广告的新闻效应

在新闻事业的发展过程中，广告在当今社会的飞速发展中除具有较为传统的散播信息的作用外，还增加了对现今社会的传播导向作用。社会资源、社会经济、社会群众的便捷生活等都在新闻广告的推动下努力地向前发展。新闻事业已经成了人们社会生活中必不可少的调味剂和推动器，其作用不容忽视。

广告信息需要一定的传播媒介才能发挥其真正的价值与作用，新闻媒介的传播优势很好地被运用和表现出来，它将各类新闻广告信息通过各种途径以最快的速度传递、分享给群众。与此同时，广告对新闻事业的影响也是相当明显的。新闻事业可以依靠广告的收入，为新闻事业的发展寻求经济支持和新的发展契机。

（五）做好舆论监督和新闻批评

20 世纪 80 年代初党的十三大提出，"建立社会协商对话制度""重大情况让人民知道，重大问题经人民讨论""发挥舆论监督的作用"的提议。这表明当时中国共产党已经开始寻找民主的沟通方式和群众宣泄的渠道。在这种基础下，新闻事业在给人们树立正确的价值观，并在监督社会舆论的同时必须要保证以下两点。

第一：自觉提高自我对新闻的认识批评和监督。

第二：新闻批评监督和正确的价值取向在于找到正确的方法。

二 中国新闻事业的发展对策

（一）坚持科学发展观

稳定社会的建立必须要在科学发展观的正确指导下进行。新闻事业只有在内外兼修方面坚持以科学发展观为前提，才能保证其被当代社会所接受和需要。从某些方面来说，科学发展观是新闻事业成长和进步必不可少的。

（二）以时代化审美推进新闻事业发展

时代的变迁与发展是新闻事业不断进步的现实基础，不同的时代背景会给新闻事业带来不一样的发展空间。当今时代的发展要求新闻传播要真实、客观，即新闻报道要真实有效地反映社会现实。同时，社会新闻的报道，要明确报道标准，保证内容与标准相符合，尤其是在评价新闻、传播新闻的时候，更要注重新闻表述中所展现出来的新闻工作者的工作态度。

新闻报道的内容能否适应时代发展的要求，能否满足广大人民群众的信息需求，以及能否表达人民群众的心声，都是新闻报道是否具有符合时代审美的表现。因而，需要新闻工作者努力做好自己的工作，始终保持这种时代的审美性。

（三）　新闻事业向"三贴近"发展

所谓的"三贴近"，在新闻事业当中指的是贴近真实、贴近生活、贴近人民。贴近真实是以社会主义初级阶段的基本国情为基础，进行新闻报道；贴近生活是要在掌握实际国情的前提下了解人民群众的生活状况，进而深入社会政治、经济、文化生活，甚至是深入人民群众的日常生活当中，报道与群众相关的真实生活状况；贴近人民则是要将新闻事业、新闻工作贯彻落实到人民群众中去，不断加强执政为民的宣传工作，尽可能地体现与维护人民群众的权利与利益。

新闻事业的"三贴近"发展策略要求新闻事业在发展的过程中要始终站在人民的角度上，坚持人民利益无小事的原则。发展新闻事业，关键是要让人民群众获得主动发言权，要将新闻播报的镜头聚焦于人民群众，在全面建设小康社会的进程中，要不断播报人民的真实情况，不断为人民排忧解难，帮助人民脱贫致富。

（四）　新闻事业要不断发展法制化建设

从中国新闻事业的发展角度来说，新闻工作者的愿望就是能够加快中国新闻事业法制化建设，制定一种完善的、规范的并与实际国情相适应的管理制度，进而维护新闻事业的蓬勃发展。

纵观新闻事业的发展历程可以发现，在新闻事业的不断发展进程中始终没有一部专门的新闻法。因此，在进行新闻管理政策的制定时，将人治贯穿于管理当中，这就导致一些部门在新闻政策制定的工作中违背人民群众的切身利益，甚至有些部门在自身管理的区域内，对新闻报道加以限制，只允许新闻媒体报道好的事情，不允许其提意见。

另外，新闻事业在其发展过程中，首要工作就是要明确新闻的性质。

针对我国新闻事业中出现的传统媒体及网络自媒体，它们各自执行不一样的发展方式，要在法律上明确自身的地位和特点。新闻媒体在一些角度上各具优势，各自能报道不同的新闻消息，这也可以使得不同的新闻媒体找到合适自己的发展方式。在不同发展道路上，新闻事业不断加强自己的优势，更好地向法制化方向发展。

（五） 坚持新闻事业市场化

很多人混淆了市场化和商业化的概念，认为它们是一体的。但其实商业化包含在市场化中。要尊重新闻工作者的劳动和其获得新闻的正规方式和途径，并肯定其社会价值并对其价值给予报酬。新闻市场确定了可以得到快速传播的新闻内容，如能引起社会强烈反响那么其收视率高，这一点便是它的新闻市场性，这是对市场资源和新闻市场起重要作用的一点。改革后的新闻事业，具有很大的市场竞争力并减少了以前的部分缺点和漏洞。可以肯定其价值的作用，但其也要注意尊重观众并给观众提供丰富的视觉体验与服务，做新闻传播发展的新一代标杆和榜样，这可以帮助新闻事业提高传播能力。

（六） 顺应发展趋势

中国新闻业未来的发展方向无疑受到两重因素的影响：一是国内媒介产业化的推动，二是国际上知识经济浪潮的冲击。因此媒介产业应该顺应以下几个重要发展趋势。

1. 集团化趋势

集团化是我国目前及将来媒介产业化过程中的一个重要趋势。组建媒介产业集团，是社会主义市场经济体制的必然要求。集团化意味着媒介产业由分散经营向规模经营、由粗放经营向集约经营方式转化。媒介产业集团借助市场机制，集中人力、物力、财力，发挥集团优势，相对于分散经营来说，其可加强集中统一，实现资源共享、优势互补，扩大对外影响力，获得规模效益；相对于过度集中来说，其又可以加强成员单位的自主权，提高他们的积极性和能动性，从而避免低水平的重复建设和机构设置，提高适应市场需求变化、环境变化的能力。

媒介产业集团的出现又是市场扩大、竞争加剧的必然结果。经过 20 年的发展，中国已形成了一个巨大的媒介市场。巨大的市场必然催生巨大的媒体。

媒介市场的国际化是不可逆阻的潮流。国际上的大资本、大媒介集团一直虎视眈眈，非常希望打入中国媒介市场。而我们有效抵御西方媒介对我们进行渗透的能力还不强。所以，整合现有媒介资源、组建媒介产业"联合舰队"，是保住和扩大我们的传播领域、抵御外来传媒影响、增强国际竞争力的最佳选择。

2. 网络化趋势

网络的发展正在全球范围内改变着人们的工作和生活方式，也改变着人们获取信息和娱乐的方式。国际互联网的出现，使传统的大众传播媒介的格局发生了结构性的变化。网络被国际新闻界称为继报纸、广播、电视三大传统媒介之后的又一新兴传媒——"第四媒体"。

网络媒体依靠多媒体电脑和全球通信网络，集电视、广播、电话、传真、录像等多种媒体功能于一体，打破了传统的地缘政治、地缘文化、地缘经济的限制，在全球的新闻竞技场上独领风骚，呈现异军突起之势。网络的兴起引发了传统媒体与互联网融合的趋势，形成一种新的媒体。传统媒体的网络化将现有的双向式传播与大众传播体系充分融合，这一趋势在未来社会里必将进一步得到加强，并促进中国媒介产业的发展。

3. 信息化趋势

1987 年，国家科委首次编制的我国信息产业投入产出表，将新闻出版业和广播电视事业纳入"信息商品化产业"序列。这使得新闻媒体过去淹没在喉舌功能之中的传播信息功能凸现出来，表明新闻事业既具有形而上的上层建筑属性，又具有形而下的信息产业属性。

知识经济社会是一个高度信息化的社会。信息产业和服务业是这个社会的主要行业。而媒介产业拥有丰富的信息资源，开展信息服务正是它的优势所在。在知识经济时代，信息匮乏问题已不存在，信息服务的主要作用是帮助人们选择信息、检索信息。随着知识经济的到来，人们对信息的需求将越来越迫切，提供关于信息的信息服务将是一个长盛不衰的行当。传统媒介产业应当抓住机遇，积极向资讯业拓展，培养新的产业增长点。

4. 开放化趋势

知识经济时代是一个高度开放的时代，国际互联网的出现使传统媒介之间的界限不复存在。无论是报纸还是广播电台、电视台，要单独与之较量都未免显得势单力薄。在这种情况下，传统媒介要维持生存发展，就必须走联合发展的道路，实现取长补短、优势互补。

由于历史上遗留下来的行业封锁和条块分割状况，我国要实现不同媒体产业的联合，难度要大得多。我国媒介产业在规模上与国际媒介巨人无法相比，一个重要原因就在于其开放程度不够。

开放化是社会发展的必然趋势。目前的媒介行业之间、媒介行业与其他行业之间的相互封锁，无疑是规模发展的一种人为障碍。只有突破这个障碍，才能真正在规模发展上迈上一个新台阶。

参考文献

[1] 〔德〕哈拉尔德·米勒：《文明的共存》，郦红、那滨译，新华出版社，2002。

[2] 〔德〕黑格尔：《法哲学原理》，范扬、张企泰译，商务印书馆，1961。

[3] 〔法〕贝尔纳·瓦耶纳：《当代新闻学》，丁雪英等译，新华出版社，1986。

[4] 〔法〕孟德斯鸠：《论法的精神》（上册），张雁深译，商务印书馆，1982。

[5] 〔美〕李普曼：《舆论学》，林珊译，华夏出版社，1989。

[6] 〔美〕沃尔特·李普曼：《公共舆论》，阎克文、江红译，上海人民出版社，2002。

[7] 〔美〕约翰·赫尔顿：《美国新闻道德问题种种》，刘有源译，中国新闻出版社，1988。

[8] 〔美〕约翰·罗尔斯：《正义论》，何怀宏等译，中国社会科学出版社，1988。

[9] 〔匈〕欧文·拉兹洛：《联合国教科文组织国际专家研究报告：多种文化的星球》，戴侃译，社会科学文献出版社，2004。

[10] 〔英〕霍布斯：《利维坦》，高永辉译，天津人民出版社，2009。

[11] 蔡铭泽：《新闻传播学》，暨南大学出版社，2010。

[12] 蔡铭泽：《新闻学概论新编》，暨南大学出版社，2004。

[13] 陈力丹：《新闻传播学：学科的分化、整合与研究方法创新》，《现代传播》2011年第4期。

[14] 程世寿、刘洁：《现代新闻传播学》，华中理工大学出版社，2000。

［15］丛春华：《新闻学概论》，西南师范大学出版社，2006。

［16］崔明伍：《新闻传播法》，合肥工业大学出版社，2006。

［17］邓炘炘、李兴国主编《网络传播与新闻媒体》，北京广播学院出版社，2001。

［18］邓勇、肖光申：《微博侵权亟须法律制度监管》，《人民法院报》2011年2月20日。

［19］丁柏铨：《中国当代理论新闻学》，复旦大学出版社，2002。

［20］杜骏飞：《弥漫的传播》，中国社会科学出版社，2002。

［21］方汉奇主编《中国新闻传播史》，中国人民大学出版社，2002。

［22］方汉奇：《中国新闻事业通史》，中国人民大学出版社，1996。

［23］冯健主编《中国新闻实用大辞典》，新华出版社，1996。

［24］高卫华：《新闻传播学导论》，武汉大学出版社，2011。

［25］戈公振：《中国报学史》，上海古籍出版社，2003。

［26］郭庆光：《传播学教程》，中国人民大学出版社，1999。

［27］胡会娜、李杰：《从需求理论看微博对受众需求的满足》，《新闻世界》2010年第8期。

［28］黄旦：《新闻传播学》，浙江大学出版社，1997。

［29］黄浩：《提倡"新三性"，深化新闻改革》，《新闻战线》1992年第10期。

［30］黄瑚主编《新闻法规与职业道德教程》，复旦大学出版社，2003。

［31］金梦玉：《网络新闻实务》，北京广播学院出版社，2001。

［32］蓝鸿文主编《新闻伦理学简明教程》，中国人民大学出版社，2001。

［33］李彬：《唐代文明与新闻传播》，新华出版社，1999。

［34］李广智等主编《舆论学通论》，黑龙江教育出版社，1989。

［35］李良荣：《新闻学概论》，复旦大学出版社，2011。

［36］李希光：《新闻学核心》，南方日报出版社，2002。

［37］李卓钧编著《新闻理论纲要》，武汉大学出版社，1995。

［38］林枫：《新闻理论与实践》，新华出版社，1986。

［39］林凌、濮端华、张帆编著《新闻学概论》，化学工业出版社，2011。

［40］刘建明：《基础舆论学》，中国人民大学出版社，1988。

［41］刘建明等：《新闻学概论》，中国传媒大学出版社，2007。

［42］刘建勋：《新闻传播理论概要》，北京大学出版社，2007。

［43］刘九洲：《新闻理论基础》，武汉大学出版社，2006。

［44］刘志祥：《微博新闻：信息技术革命下的双刃剑》，《新闻爱好者》2012 年第 7 期。

［45］栾轶玫：《微博媒体化与传统媒体发布流程之变》，《视听界》2010 年第 3 期。

［46］罗国杰：《马克思主义伦理学》，人民出版社，1981。

［47］骆正林：《新闻理论教程》，北京大学出版社，2010。

［48］宁树藩：《〈东西洋考每月统记传〉评述》，《新闻大学》1982 年第 5 期。

［49］宁树藩：《论新闻特性》，《新闻大学》1984 年第 8 期。

［50］牛钟顺、徐树芝：《当代新闻事业》，中国海洋大学出版社，2006。

［51］彭菊华：《新闻学原理》，中国传媒大学出版社，2006。

［52］石长顺、周莉：《新兴媒体公共传播的核心价值》，《华中科技大学学报》（社会科学版）2008 年第 1 期。

［53］（西汉）司马迁：《史记》，中州古籍出版社，1994。

［54］唐润华：《因特网对新闻传播的影响》，《新闻与传播研究》1999 年第 3 期。

［55］唐亚明：《走进英国大报》，南方日报出版社，2004。

［56］童兵：《比较新闻传播学》，中国人民大学出版社，2002.

［57］王丹：《新媒体环境下的网络编辑职业内涵》，《传媒观察》2013 年第 2 期。

［58］王利明：《侵权行为法》，法律出版社，1996。

［59］王利明主编《新闻侵权法律辞典》，吉林人民出版社，1994。

［60］王培智主编《软科学知识词典》，中国展望出版社，1988。

［61］王强华：《舆论监督和新闻纠纷问题研究》，《新闻与传播研究》1997 年第 3 期。

［62］王强华等：《新闻舆论监督理论与实践》，复旦大学出版社，2007。

［63］王枭：《默多克倾心全球卫星电视王国》，《中华工商时报》2003 年 4 月 21 日。

［64］王益民：《系统理论新闻学》，华中理工大学出版社，1989。

［65］王正、陈宏斌：《微博传播视角中的网络负面舆情处置研究》，《公安研究》2012 年第 1 期。

［66］吴高福：《新闻学基本原理》，武汉大学出版社，2004。

［67］吴文虎：《新闻经营事业》，高等教育出版社，1999。

［68］夏凡：《网络信息采制》，新华出版社，2002。

［69］杨保军：《新闻理论教程》，中国人民大学出版社，2005。

［70］杨立新：《新闻侵权问题的再思考》，《中南政法学院学报》1994 年第 1 期。

［71］杨师群：《中国新闻传播史》，北京大学出版社，2007。

［72］姚新中：《道德活动论》，中国人民大学出版社，1990。

［73］喻国明、刘夏阳：《中国民意研究》，中国人民大学出版社，1993。

［74］喻国明：《媒介的市场地位：一个传播学者的实证研究》，北京广播学院出版社，2000。

［75］詹晓明：《避免新闻名誉权三策》，《今传媒》2008 第 9 期。

［76］张康之、张乾友：《对"市民社会"和"公民国家"的历史考察》，《中国社会科学》2008 年第 3 期。

［77］张西民、康长庆：《新闻侵权：从传统媒介到网络》，新华出版社，2000。

［78］赵云泽、孙萍主编《中国新闻传播史》，中国人民大学出版社，2012。

［79］郑旷主：《当代新闻学》，长征出版社，1987。

图书在版编目（CIP）数据

历史与现实观下的中国新闻事业研究／张军军著
. -- 北京：社会科学文献出版社，2017.5
ISBN 978 - 7 - 5201 - 0459 - 3

Ⅰ.①历… Ⅱ.①张… Ⅲ.①新闻事业史 - 研究 - 中
国 Ⅳ.①G219.29

中国版本图书馆 CIP 数据核字（2017）第 047317 号

历史与现实观下的中国新闻事业研究

著　　者／张军军

出 版 人／谢寿光
项目统筹／高　雁
责任编辑／高　雁　于晶晶

出　　版／社会科学文献出版社（010）59367226
　　　　　　地址：北京市北三环中路甲 29 号院华龙大厦　邮编：100029
　　　　　　网址：www.ssap.com.cn
发　　行／市场营销中心（010）59367081　59367018
印　　装／三河市东方印刷有限公司

规　　格／开　本：787mm×1092mm　1/16
　　　　　　印　张：14　字　数：216 千字
版　　次／2017 年 5 月第 1 版　2017 年 5 月第 1 次印刷
书　　号／ISBN 978 - 7 - 5201 - 0459 - 3
定　　价／75.00 元